세상에 희망이 있느냐고 묻는 이들에게

세상에 희망이 있느냐고 묻는 이들에게

—

1판 2쇄 펴냄 2018년 7월 20일
1판 1쇄 펴냄 2016년 6월 3일

지은이 김기석
펴낸이 한종호
디자인 임현주
인 쇄 제이오

펴낸곳 꽃자리
출판등록 2012년 12월 13일
주소 의왕시 전주남이 4길 17, 102동 804호(오전동 동문굿모닝힐아파트)
전자우편 amabi@daum.net
블로그 http://fzari.com

Copyright ⓒ 김기석 2016

—
ISBN 979-11-86910-06-1 93230
값 17,000원

김기석의 편지

세속적 우상과의 싸움에서
회한과 절망 속에서
독사의 혀 같이 징그러운 바람 사이에서

세상에
희망이 있느냐고
묻는 이들에게

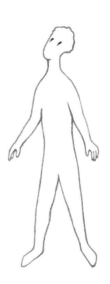

꽃자리

그리운
사람에게

시골에서 농사를 지으시던 아버지는 서울에서 공부하고 있는 아들이 보고 싶을 때면 편지를 쓰곤 하셨다. 잘 지내느냐는 안부 인사와 간단한 용건 그리고 어떤 경우에도 자중자애할 것을 당부하는 내용이 전부였지만 아버지의 편지는 아버지의 존재나 다를 바 없었다. 구불구불 써내려간 가전체의 편지를 받아드는 순간 아버지의 정 깊은 눈이 나를 바라보는 것 같았다. 호롱불 밑에서 한 자 한 자 정성껏 쓰신 그 편지는 아버지와 분리할 수 없는 일체였다. 그 편지는 고향의 냄새였고 아버지의 품이었다. 지금은 단 하나도 남아 있지 않지만 세들어 살고 있던 집 대문에 걸린 우체통에서 익숙한 아버지의 손글씨를 발견하는 날이면 천하를 얻은 듯 든든했다. 그 편지를 받아들고 눈물짓던 기억은 또렷하다. 외로웠기 때문일 것이다. 편지는 아버지와 나 사이에 그 아득한 거리를 일거에 좁혀주곤 했다.

연애 시절에 주고받던 편지가 떠오른다. 문학 작품 속에 등장하는 인물들의 이름을 빌어 주고 받던 편지, 지금 생각하면 낯간지럽기 이를 데 없지만 속 깊은 생각을 나누는 데는 그만한 게 없었다. 군대에서 훈련 받을 때, 집에서 온 편지는 휴가나 마찬가지였다. 같은 내무반의 동료들이 연인의 편지를 읽고 또 읽다가 모포를 뒤집어쓰고 훌쩍이던 모습도 눈에 선하다. 공무를 위해 쓰는 편지는 논외로 한다면 편지를 쓴다는 것은 누군가를 그리워한다는 뜻이리라. 그리움은 '너'의 빈자리가 강하게 환기시킨 마음의 공허이다. 그리움의 대상을 향해 편지를 쓰는 순간 그 그리움의 대상은 우리 앞에 현전한다.

편지 쓰기는 사유의 훈련이기도 했다. 편지는 우리의 영혼이 발하는 발신음이다. 편지를 읽어줄 그대를 생각하면서 우리는 시대에 대해 울분을 터뜨리기도 하고, 불시에 찾아오는 공허감이 빚어낸 어지러움을 호소하기도 하지 않았던가. 우리 젊은 날을 풍요롭게 해주던 이들이 있다. 괴테의 《젊은 베르테르의 슬픔》, 휠덜린의 《히페리온》을 거듭 읽으면서 쓸쓸하고 적막한 삶을 응시했고, 12세기의 아름다운 두 연인이 주고받은 편지인 《엘로이즈와 아벨라르》를 읽으며 가슴 시린 사랑을 꿈꾸기도 했다. 디트리히 본회퍼의 《옥중서간》이나 안토니오 그람시의 《옥중수고》, 문익환 목사의 옥중서한집인 《꿈이 오는 새벽녘》, 서준식의 《옥중서한》, 신영복의 《감옥으로부터의 사색》을 읽고 또 읽으며 격절된 장소에서 빚어진 사유의 향연을 부러워하기도 했다.

편지의 대가는 사도 바울이다. 신약성서 27권 가운데 그가 쓴 편지 혹은 그의 이름을 빌어 쓴 편지는 13권이나 된다. 바울의 서신은 '경經'이라는 이름에 값을 하고도 남는다. 지금처럼 인쇄매체가 발전하지 않았던 시기에 그는 기독교 신앙의 정수를 함축적이면서도 정교한 언어에 담아 냈다. 혼신의 힘으로 일으켜 세웠던 교회 공동체가 그릇된 가르침으로 인해 흔들릴 때마다 그는 편지를 써서 벗들과 소통하려 했다. 그렇기에 그의 서신은 곡진하고, 열정적이고, 애정에 가득 차 있다. 그의 편지를 회람하면서 초대 교회 공동체는 구부러진 길에서 돌이킬 수 있었다. 바울은 믿는 이들을 일러 하나님이 쓰신 편지라 했다. 강렬한 표현이다. 오늘 나라고 하는 편지는 누군가에게 기쁜 소식인가, 불쾌한 소식인가? 허나 그 어느 경우든 나의 있음은 그 자체로 발신음이 되어 누군가의 가슴에 가 닿게 마련이다.

삶은 만남이다. 누구를 만나고, 어떤 방식으로 만나느냐에 따라 우리의 삶의 질과 내용이 결정된다. 만남은 관계의 다른 이름이다. '관關'은 '빗장'이다. 열 수도 있고 닫을 수도 있다. '계係'는 잇는 것이다. 엶과 닫음을 통해 유기적으로 만들어진 만남의 양태가 관계이다. 산다는 것은 수많은 사람들과의 접촉과 저항을 통해 자기를 형성해가는 과정이다. 모든 만남이 다 기쁠 수는 없다. 그 반대도 마찬가지다. 하지만 모든 만남은 우리 속에 어떤 흔적을 남긴다. 그 흔적이 가시적으로 드러날 때도 있지만 감춰질 때도 있다. 감춰졌던 흔적이 슬그머니 드러나기도 한다. 삶은 오묘하다.

이 책은 수많은 사람들과의 만남의 흔적이다. 한 주에 한 번씩 꽃자리 웹진(fzari.com)에 글을 쓰기로 작정한 후, 매 주일 나의 삶의 지평 속에 등장했던 이들과의 만남을 기록하기 시작했다. 그들의 말 혹은 삶이 불러일으킨 정서 혹은 생각을 정직하게 직시했다. 그들 중 아픔이 없는 사람은 없었다. 열정적으로 살아가는 사람도, 맥없이 살아가는 사람도, 자기 삶을 의미 있게 살아내기 위해 몸부림치고 있었다. 이 책은 내게 다가와 자기 삶의 이야기를 나눠준 그 멋진 벗들이 들려준 고민에 대한 나의 응답이다. 어떤 경우에도 내가 답을 제시할 수 있다고는 생각하지 않는다. 다만 고민을 함께 나누고 싶었을 뿐이다. 충실하게 살기 위해서는 묻고 또 묻는 수밖에 없다. 그 모든 이름을 하나하나 호명할 수는 없지만, 나는 그들에게 사랑의 빚을 졌다. 그들이 있어 나도 있다. 참 삶을 향해 나아가는 길 위에서 그들과 만났던 것은 나의 복이다. 나와의 만남이 그들에게도 복이 될 수 있다면 얼마나 좋을까.

책의 모양을 갖춰준 멋진 벗 한종호 목사와 표지를 구성해주신 임종수 목사님께 감사드린다. 임 목사님은 맑고 올곧은 정신을 유지하고자 노력한다면 세속의 나이의 많음과는 상관없이 사유는 녹슬지 않는다는 사실을 말이 아닌 몸으로 증언하는 분이시다. 40년 전에 만난 후 한결같은 신뢰와 사랑으로 나의 동행이 된 희우에게도 감사의 말을 전한다. 병에 담아 물 위에 띄워 보내는 편지처럼 이 조촐한 글이 누군가의 손에 들어가 그들의 가슴을 따스하게 만들어줄 수 있으면 좋겠다. 길 위에서 이 편지를 기쁘게 받아 읽어줄 당신에게도 감사드린다.

복사골 서재에서

차 례

초대의 글 | 그리운 사람에게 4

1장 **티쿤 올람**Tikkun Olam 세상을 고치다

세상에 희망이 있느냐고 묻는 이들에게 14

빛의 어루만짐 20

해 저문 빛이라도 있으니 26

설산을 그리워하는 까닭 32

오르페우스의 노래 39

사람은 누가 됐든 유일무이한 존재 44

담백한 삶을 향하여 49

자기 속으로 구부러진 인간 55

2장 **칼로카가티아**Kalokagathia 고귀함

생성과 소멸이 한 자리에 62

소리가 이루는 장엄한 세계 68

나는 일필휘지를 믿지 않는다 76

프레드릭, 넌 시인이야 83

더 나은 사람의 꿈 89

움씨를 뿌리는 마음 95

하녀 딜시에게서 빛을 보다 102

목사 안수례를 앞둔 이에게 109

3장 이디오테스Idiotes 사사로움

이단자 칼릴 120

돈의 전능성을 해체하라 126

이디오테스Idiotes 132

바라보아야 할 별 하나 139

옹송그리며 쓰는 반성문 147

마주 잡을 손 하나 153

링반더룽의 상황 속에서 160

어느 장인匠人의 작업실 166

둘이서 함께 걷는 길 173

4장 호모 비아토르Homo Viator 길 위의 사람

　13인의 아해가 거리로 질주하오 182

　무거운 삶 가볍게 살기 190

　냉이 꽃 피어있는 담이었구나 197

　서로 따뜻하게 비벼대면서 204

　인간보다 이상한 존재는 없다 210

　호모 비아토르Homo Viator 219

　세속적 우상과의 싸움 225

　회한과 희망 사이 231

　아름다운 영혼의 성좌 240

5장 아케다Akedah 존귀함

　독사의 혀 같이 징그러운 바람이여! 250

　누구나 그 수심水深을 모른다 256

　타르튀프적 존재를 넘어 265

　세상의 모든 라헬을 위해 271

지중지중 물가를 거닐면 279

가시밭길을 걷다 288

성과 속의 경계를 넘어 296

치곡致曲의 삶을 향하여 305

눈 떠 바라보기를 잊지 마라 312

6장 베스퍼스Vespers 마음의 길

나는 길들여지지 않는다 322

나무가 부르는 노래 329

바늘로 우물 파기 336

인생은 '오늘'의 점철點綴 343

발가벗음, 발가벗기움 349

의미의 저장소 356

그 길이 나를 찾아왔다 362

조르바의 춤 369

길을 잃으면 어때 377

Chapter 1
Tikkun Olam

세 상 을   고 치 다

티쿤 올람

세상에 희망이 있느냐고
묻는 이들에게

　　　　　　　　평안하신지요? 아직 동이 트기 전이
라 사위가 고요합니다. 건너편 아파트를 바라보니 불이 밝혀진 집이 많
지 않습니다. 혼곤한 잠에 빠져 있을 사람들을 생각하니 왠지 가여운 생
각이 들었습니다. 도시에서 살아간다는 것이 얼마나 힘겨운지 알기에 그
런 마음이 드는 것 같습니다. 착한 잠을 자고 나면 새 사람이 될 수 있다
면 얼마나 좋을까요? 웃으시겠지만 이런 꿈을 꾸게 된 것은 김기택 시
인의 〈아기는 있는 힘을 다하여 잔다〉라는 시를 읽은 후부터입니다. 있
는 힘을 다하여 잔다니요? 늦장가를 간 시인이 선물처럼 자기 가정에 찾
아온 아기를 보면서 신비가가 된 것일까요? 시인이 달게 자고 난 아기가
마치 하룻밤에 이 세상을 다 살아버리고 다시 태어나는 것 같다고 말합
니다.

남김없이 잠을 비운 아기가 아침 햇빛을 받아 환하게 깨어난다. 밤사이 훌쩍 자란 풀잎 같이 이불을 차고 일어난다. 밤새도록 잠에 씻기어 맑은 얼굴, 웃음 말고는 다 잊어버린 얼굴이 한들거린다. 풀잎 위에 맺힌 이슬은 아기의 목구멍에서 굴러 나와 아침 공기를 낭랑하게 울린다.

_김기택, 〈아기는 있는 힘을 다하여 잔다〉 중에서

아, '남김없이 잠을 비운 아기'라는 구절이 마치 아득한 시원을 가리키고 있는 것 같지 않습니까? 우리는 언제 그런 잠을 누렸던가요? 자고 일어나도 늘 찌뿌드드한 것은 비워야 할 잠을 말끔히 비우지 못했기 때문임을 알겠습니다. 비워야 할 것을 비우지 못하는 것은 묵은 때처럼 우리 몸의 일부가 되어버린 염려와 근심 때문일까요? 시간 속을 바장이는 동안 우리 속은 이미 까맣게 타버린 것인지도 모르겠습니다. 이제 하나 둘 아파트 창문에 불이 들어오고 있습니다. 밝음과 어둠이 자리를 바꾸기 전, 이 잿빛 시간을 저는 참 좋아합니다.

성탄절이 지났습니다. 일 년 내내 죽음이 예기되는 땅에서 살아온 이들은 기쁨의 노래를 부르는 것도 저어하는 표정이었습니다. 아직 애도의 시간을 살고 있는 이들이 있는데, 그들의 숨죽인 울음소리가 이 땅 곳곳에 배어들고 있는데, 어떻게 기쁨의 노래를 부를 수 있는가 싶었던 것 같습니다. 그 마음이 참 고마웠습니다. 나와 무관하다 하여 참담한 현실을 외면해 버리지 않는 이들의 존재야말로 새로운 세상의 그루터기일 겁니다.

'하늘의 영광과 땅의 평화'를 노래하던 천사들의 노랫소리가 잦아들

티쿤 올람

세상에 희망이 있느냐고 묻는 이들에게

기도 전에 우리는 비명소리를 듣습니다. 자기 안위를 위해 무고한 영아들을 학살한 헤롯의 시간은 현재진행형입니다. 생활고를 비관한 한 가장이 세상을 버렸다는 소식도 들려오고, 부당 해고에 맞서기 위해 오체투지로 겨울 거리를 달구다가 방패 앞에서 멈춰선 이들도 있습니다. 굴뚝이나 전광판에 올라 '함께 살고 싶다'고 외칠 수밖에 없는 사람들, 삶의 터전에서 밀려나고 있는 밀양이나 강정 사람들, 그리고 골프장 건설로 몸살을 앓고 있는 산하의 피울음도 헤롯의 시간이 빚어내는 살풍경입니다.

이것이 우리의 현실입니다. 가끔 "세상에 희망이 있느냐?"고 묻는 이들을 만날 때마다 그 질문 속에 담긴 좌절과 무기력이 느껴져 안쓰럽습니다. 그러나 희망은 우리 외부에 객관적으로 존재하는 것이 아님을 그들도 알고 있을 겁니다. 루쉰은 길이란 처음부터 있는 것이 아니라 여러 사람이 걸으면서 생긴다고 했지요? 옳은 말입니다. 희망에 대해 생각할 때마다 정글도를 들고 덩굴 숲을 헤치고 나가는 사람들이 떠오릅니다. 마치 베어진 풀과 나무의 상처에서 피어나는 상큼한 향을 맡을 수 있을 것 같기도 합니다. 길을 만드는 이들에게 주어진 선물일까요? 얼음을 깨고 나가는 쇄빙선이 떠오를 때도 있습니다. 쩡쩡 갈라지는 얼음의 파열음이 들리는 듯합니다. 희망에 대해 말하기 위해서는 관념의 감옥에서 벗어나 실천의 벌판에 서야 하는 것인지도 모르겠습니다. 물론 실천의 벌판이 꼭 투쟁의 자리일 필요는 없을 겁니다. 각자에게 주어진 삶의 자리에서 갈라진 세상을 고치는 사람으로 살아가는 것 또한 희망을 일구는 일이라 생각합니다.

티쿤 올람

제2이사야는 그의 백성들이 부당한 결박을 풀어 주고, 멍에의 줄을 끌러 주고, 압제받는 사람을 놓아 주고, 모든 멍에를 꺾어 버리고, 굶주린 사람에게 먹거리를 나눠 주고, 떠도는 불쌍한 사람을 집으로 맞아들이고, 헐벗은 사람에게 옷을 입혀 주고, 골육을 피하여 숨지 않을 때, 이 땅에 비쳐 올 빛에 대해 증언합니다.

그리하면 네 빛이 새벽 햇살처럼 비칠 것이며, 네 상처가 빨리 나을 것이다 (이사야 58:7).

빛 혹은 희망이 어떻게 도래하는지를 알 것 같습니다. 이사야는 사람들이 그렇게 살아가는 이들을 가리켜 '갈라진 벽을 고친 왕!' '길거리를 고쳐 사람이 살 수 있도록 한 왕!'이라고 부를 것이라고 말하네요. 이 마음으로 살아야겠지요? 모색하고, 돌진하고, 고통을 기꺼이 받아들이는 용기가 절실히 필요합니다.

'티쿤 올람tikkun olam'이라는 말 들어보셨나요? '세상을 고친다'는 뜻으로 유대인들이 자녀들에게 제시하는 삶의 목표 가운데 하나라고 합니다. 내가 태어나기 전 세상보다 내가 떠날 때의 세상이 더 나은 곳이 되도록 하자는 것이지요. 지금의 유대인들이 하는 짓을 보면 이 말의 진정성을 받아들이기가 어렵지만 목표 자체를 나무랄 일은 아닌 것 같습니다. 삶의 곤고함은 사람들의 시선을 좁아지게 만듭니다. 자기 욕망 주위를 맴도는 동안 점점 작은 사람이 되는 것이지요. 먼 데를 바라볼 수 있는 여백만 있어도 눈앞의 일 때문에 시난고난 애끓이지는 않을 겁니다.

보들레르는 아름다운 암고양이 펠린의 눈을 들여다보며 시간을 읽는다고 말했습니다.

항상 같은 시간을, 공간처럼 무한하고 엄숙한 시간을, 분으로도 초로도 나누어지지 않은 시계 위에도 표시되지 않은 정지된 시간을, 그러나 한숨처럼 가볍고, 깜빡이는 일별처럼 재빠른 시간을(보들레르, 《파리의 우울》, '16 시계' 중에서).

그는 훼방꾼이 나타나서 "너는 시간을 읽느냐?" 하고 물으면 "그렇다, 나는 시간을 읽고 있다. 시간은 지금 '영원'이다!"라고 대답하겠다고 말합니다. 시간 속에서 영원을 보고, 영원 속에서 시간을 볼 수 있다면, 분초 단위로 우리를 몰아대는 시간의 폭력에 맞설 수 있을 겁니다.

객쩍은 말이 많았습니다. 투덜거려도 웃음 띤 얼굴로 들어주시리라는 확신을 핑계 삼아 부끄러운 속내를 드러내 본 것입니다. 눈 내린 산길을 하염없이 걷고 싶습니다. 후줄근한 일상에서 잠시 벗어나 찬 기운을 한껏 들이마시고 싶습니다. 어디에서 어떤 모습으로 외치든 메아리처럼 응답해주셔서 고맙습니다. 올 한 해 내내 하나의 중심을 향한 여정이 흥에 겨우시기를 빕니다.

티쿤 올람

빛의
어루만짐

　　　　　　　　새해가 되더니 기온이 제법 차갑습니다. 찬바람 앞에 서는 것을 좋아하기는 하지만 기침을 달고 사는지라 목도리로 목을 잔뜩 감싸지 않으면 그 바람을 반기지도 못하는 신세입니다. 눈길에 다리를 삐끗하여 원단 산행도 거른 채 집안에 틀어박혀 있었습니다. 잘 걷고 계신지요? 눈빛 맑으신 분이니 세상에 가득 찬 신비에 오늘도 놀라고 계시겠지요? 저는 아내가 오디오에 걸어놓은 '냉정과 열정 사이' 음반을 들으며 피렌체나 그리워하고 있습니다. 피렌체의 시뇨리아 광장에 서서 광장 민주주의의 가능성에 대해 생각하고, 우피치 회랑에 서 있던 동상들을 부러운 눈빛으로 바라보던 생각이 나네요. 정신적 거인들이 그리운 시대입니다. 자아의 한계를 끊임없이 돌파하면서 인간의 정신을 한없이 확장하고 심화하려고 고투하던 사람들 말입니다. 신자유주의 시대는 인간을 소비자로 전락시킴으로써 인간 정신을 왜소하게 만든 시대로 기록될 것입니다.

새해를 맞으면서 교우들과 함께 불렀던 '주님의 선하신 권능에 감싸여'(디트리히 본회퍼 작시, 지그프리트 피츠 작곡)의 멜로디가 자꾸만 되뇌어집니다. 지난해에는 많이 외로웠던 것 같습니다. 한치 앞을 내다볼 수 없는 어둠 속에서도 애써 자기 마음을 다독이며 희망의 불꽃을 꺼뜨리지 않으려는 디트리히 본회퍼의 마음이 느껴서서 울컥했습니다.

> 그 선한 힘에 고요히 감싸여/그 놀라운 평화를 누리며/나 그대들과 함께 걸어가네/나 그대들과 한 해를 여네/그 선한 힘이 우릴 감싸시니/그 어떤 일에도 희망 가득/주 언제나 우리와 함께 계셔/하루 또 하루가 늘 새로워

'그대'라 호명할 수 있는 이들이 있다면 춥고 쓸쓸한 인생의 계절을 넉넉히 이겨낼 수 있겠지요? 젊은 날에는 의지만 있으면 외로움쯤은 우격다짐으로 몰아낼 수 있다고 생각했습니다. 하지만 지금은 의지로는 해결될 수 없는 근원적 쓸쓸함이 있음을 실감하며 지냅니다. 신학자들은 인간이 무로부터 창조되었기에 '무의 끌림'이 있다고 말하기도 합니다. 그래서일까요? 가끔은 깊이를 알 수 없는 허구렁에 깊이 빠져들기도 합니다. 스스로는 그곳에서 벗어날 수가 없습니다. 누군가 내 이름을 다정하게 호명해 줄 때 그 허구렁은 슬그머니 뒷걸음질 쳐 물러나더군요. 인간은 '서로 함께 존재'가 맞습니다. '너' 없이는 '나'도 없다는 것이지요.

옛날에는 로마서를 읽을 때 신학적인 문제에 집중해서 보았다면 이제는 16장에 나오는 바울의 인사말에 더욱 마음이 갑니다. 바울은 각지에서 만난 인연들을 떠올리며 한 사람 한 사람의 이름을 호명하고 있습니다. 그들은 바울의 기억이라는 우주에 점점이 박혀 있는 별자리들인 셈입니다. 그 별들이 없었다면 아무리 믿음이 좋은 바울이라 해도 길을 잃거나 낙심했을지도 모릅니다. 있음 그 자체로 누군가에게 힘이 되는 사람들이 있습니다. 우리의 기억 속에 남아 있는 장소는 풍경이 아름다운 곳도 있지만, 대개는 누군가와 인연이 맺어졌던 장소일 때가 많습니다. 지속적이고 의식적인 인연도 그렇지만 스치듯 만난 인연도 우리 내면에 어떤 형태로든 흔적을 남기게 마련입니다. 오래 전 영국의 브리스톨 바닷가를 산책하다가 고적하고 쓸쓸한 바다 풍경을 바라보고 앉아 있었는데, 지나가던 사람이 "enjoy your view!"라고 외치고 가더군요. 그 순간 그 풍경은 그의 말과 더불어 제 기억 속에 확고히 새겨졌습니다. 그곳의 거리와 집들까지도 또렷이 기억납니다.

'지금이란 지나간 것의 가장 내밀한 이미지'라고 말한 것이 발터 벤야민이지요? 우리의 경험 세계는 순간적인 것, 우연적인 것, 소멸하는 것들을 통해 구성됩니다. 그 순간을 소홀히 할 때 인간의 시간은 미끄러져 사라지고 맙니다. 시인 혹은 작가들은 보통 사람들의 의식에는 좀처럼 포착되지 않는 순간들을 또렷이 자각하고 그것을 언어로 혹은 형상으로 구현해내는 사람들이겠지요? 좋은 작품은 우리 삶이 초점에서 벗어난 것은 아닌지 돌아보게 해줍니다. 일상의 분주한 흐름 속에서 잃어버렸던 경이의 감정 앞에 우리를 세우는 것이지요. 고통과 슬픔, 권태와 허무를

티쿤 올람

동반하는 일상 속에서 간혹 만나는 성스러운 순간들이야말로 우리 삶을 빛나게 해줍니다.

몇 해 전 비가 오는 날 저는 짤츠부르크의 카푸친 수도회 장원을 홀로 걸은 적이 있습니다. 아래로는 짤자흐 강이 흐르고 강 건너편 언덕 위에는 구름 속에 드러난 성이 신비롭게 보였습니다. 아무도 없는 장원의 숲길을 걷는 동안 무슨 생각을 했는지는 또렷이 기억나지 않습니다만 여행자로서의 외로움이 아니라 생의 근원적 쓸쓸함에 대한 생각에 사로잡혔던 것 같습니다. 장원을 한 바퀴 돌아 수도원 교회에 이르렀을 때 다리쉼도 할 겸 문을 열고 들어섰습니다. 작고 소박한 예배당이었습니다. 그런데 아무도 없는 줄 알았던 그곳에는 아름답고 영롱한 음악 소리가 공간을 가득 채우고 있었습니다. 누군가가 오르겔 연주를 하고 있었던 것입니다. 연주자는 보이지 않았지만 그가 온 마음을 담아 연주를 하고 있음은 분명했습니다. 바흐의 푸가였습니다. 연주를 방해하지 않으려고 숨소리조차 죽인 채 가만히 서 있었습니다. 어느 순간 차분하게 번져가는 오르겔 소리와 내가 둘이 아니라 하나라는 생각이 들었습니다. 그것은 위안이었고 기쁨이었습니다. 중세기의 가장 뛰어난 여성 신학자 중 하나였던 힐데가르트 폰 빙엔의 시구가 떠올랐습니다. "그렇지만 내 빛이 너를 만지니, 그 빛은 너의 깊숙한 존재에 가 닿는다." 그제서야 알았습니다. 그것이 빛의 어루만짐이었음을.

우리도 누군가를 어루만지는 빛으로 살 수 있으면 좋겠습니다. 의도한다고 되는 것은 아니겠지요? 다만 우리 속의 빛이 어둡지 않기를 바랄 뿐입니다. 객쩍은 말로 시간을 허비하게 한 것은 아닌지 저어되긴 합니다만 그래도 너그럽게 받아주시는 그 넉넉한 우정을 믿기에 이런 서신을 올립니다. 인간 세상에 사는 동안 어려움이 없기를 바랄 수는 없지만, 그래도 어처구니없는 일들은 일어나지 않았으면 좋겠습니다. 고통의 시간이 다가올 때마다 누구보다 살갑게 대해주시고, 함께 비를 맞는 마음으로 곁을 지켜주셔서 감사합니다.

《장자》에 나오는 이야기가 생각납니다. 가(假)나라 사람 임회는 적에게 쫓길 때 자기 관직의 상징인 옥(玉)을 버리고 어린 아이를 등에 업고 데려갔다고 합니다. 사람들이 그의 처사를 궁금해 하자 그는 이렇게 말했습니다.

> 옥과 관직에 대한 나의 매듭은 이익의 매듭이었고, 아이와의 매듭은 도의 매듭이었다! 이익으로 맺어졌을 때는 재난이 오면 우정은 녹아 사라진다. 도로 맺어졌을 때는 재난에 의해서 우정이 완전해진다. 어진 사람의 우정은 물과 같이 담백하다. 소인의 우정은 단술처럼 달콤하다. 그러나 어진 사람의 담백함은 진정한 사랑을 가져오고 소인들의 달콤한 사귐은 미움으로 끝난다(토머스 머튼, 《장자의 길》, 고려원미디어, 134~5쪽).

우리의 우정은 도의 매듭인 거 맞지요? 그렇게 되도록 저도 애쓰겠습니다. 하루하루 걷는 길이 그분의 중심을 향한 순례가 되기를 빌겠습니다.

해 저문
빛이라도 있으니

　　　　　　　　　　　그 동안 안녕하셨습니까? 참을 찾기
위해 늘 고투하시는 모습을 보면서 느슨해졌던 제 마음을 바루곤 합니
다. 평안함에 익숙해진 몸과 마음을 자꾸 도스르지 않으면 수도자들의
'아케디아^{懶怠}'에 빠지게 마련이니 말입니다. 조금 나이가 든 탓일까요?
요즘처럼 추위 몸을 웅크리고 지낼 때면 어린 시절 쩡쩡 소리를 내며 갈
라지던 얼음의 울음소리가 떠오릅니다. 그 소리의 부추김으로 생각은 시
간을 거슬러 올라가 유년 시절에 당도하기도 합니다.

　채워놓은 논물이 얼면 그곳은 아이들의 운동장이 되었습니다. 얼음판
위에서 팽이도 돌리고, 앉은뱅이 썰매도 지치고, 조금 커서는 외발 썰매
로 멋을 부리곤 했던 벗들이 떠오릅니다. 얇은 얼음이 꺼져 빠지기도 했
는데, 젖은 양말을 말린답시고 논두렁에 불을 놓았다가 나일론 양말을
호로록 태우기도 다반사였습니다. 솔가지를 꺾어들고 산이나 마을로 향

하는 불길을 두드려 *끄*기도 했습니다. 동네 형들은 속을 파낸 메주콩 속에 청산가리를 채워 넣은 후 그것을 눈밭 위에 던져두기도 했습니다. 꿩을 잡기 위해서였지요. 오랜 기다림 끝에 꿩이 그 콩을 먹은 게 확인되면 꿩이 날아갔음직한 방향을 향해 죽어라고 뛰어가던 광경이 지금도 선합니다.

참 대책 없는 사냥법이었습니다. 긴긴 겨울, 아버지가 건넌방에서 왕골자리나 봄에 쓸 가마니를 짜시면 심심한 아이들은 지푸라기를 골라 드리며 일손을 보태기도 했습니다. 동네 어른들은 가끔 날을 잡아 꽁꽁 얼어붙은 마을 둠벙의 얼음을 깨고 물을 퍼낸 후 뻘흙 속에서 쉬고 있던 물방개며 미꾸라지, 붕어 등속을 잡아 동네 잔치를 벌이기도 했습니다. 저녁이면 식구들이 뜨끈뜨끈한 아랫목에 둘러 앉아 이불 속에 발을 뻗고는 이야기 꽃을 피웠습니다. 새로울 것 없는 이야기라도 늘 새롭게 듣곤 했습니다. 아버지는 흐뭇한 표정을 지으며 화롯불에 밤을 구어주시기도 하셨고, 삼각형 인두로 화롯불을 정돈하시기도 했습니다.

우리는 이 풍경으로부터 얼마나 멀리 떠나온 것일까요? 입성도 나아졌고 먹을 것도 지천이지만 마음은 흥뚱항뚱 떠 있습니다. 흔연한 생각은 들지 않고 늘 초조합니다. 아이들은 더 이상 차가운 눈밭 위를 뒹굴지 않고, 시골 어른들도 둠벙을 뒤지지 않습니다. 저마다 바쁜 탓에 서로의 기색을 살필 여유조차 없습니다. 우리 삶은 이야기가 되지 못하고 반복되는 일상은 권태로 이어집니다. 그 권태로움을 잊기 위해 자극을 찾는 이들이 늘어나고 있습니다. 세상에 길들여지지 않겠다던 젊은 시절의 호기로움은 어디가고 하루하루 그저 '별일 없이' 지나가기를 바라는 남루한 영혼만 남았습니다.

객쩍은 소리를 한다고 꾸중하실까 염려되기도 하지만, 이런 소리라도 할 수 있는 것은 우리가 공유하고 있는 기억 때문일 겁니다. 우리의 경험세계가 마을을 넘기 어렵던 시절의 삶과 지구 전체가 한 마을처럼 인식되고 있는 오늘의 삶이 같을 수는 없겠습니다. 경험세계의 확장이 인식과 공감의 확장으로 귀결되는 것이 아니라 타자에 대한 의구심을 빚는 현실이 문제라면 문제일 것입니다.

며칠 전 신문에서 독일 극우파들의 '이슬람 배척' 시위에 반대하는 맞불시위가 여러 도시에서 펼쳐졌다는 기사를 보았습니다. 인종주의와 외국인혐오주의를 내세우는 극우 포퓰리즘 단체인 '페기다'(유럽의 이슬람화에 반대하는 '애국적 유럽인들'이란 뜻)에 맞서 '톨레랑스(관용)'를 외치는 시위였다고 합니다. '애국적 유럽인들'이라는 말이 목에 가시처럼 걸리네요. 애국을 명분으로 타자에 대한 배척과 폭력을 정당화하는 이들이 참 많습니다. 국가는 그런 이들을 부추겨 국가주의에 저항하는 이들과 싸우도록 만들기도 하지요. 누군가가 애국이라는 말을 선취하는 순간 그들과 생각이 다른 이들은 '비국민'으로 전락할 수밖에 없습니다. 우리 사회에서 '좌파' 혹은 '빨갱이'라는 말이 통용되는 장식만 보아도 그렇습니다. 타인에게 제멋대로 색깔을 칠하고 그 색을 빌미로 그들을 배척하는 것처럼 비겁한 일이 또 있을까요?

유럽의 극우집단들이 외국인, 집시, 무슬림 포비아를 만들어내는 까닭

가운데 하나는 장기 불황으로 경제가 어렵고 직업의 안정성이 확보되지 않기 때문일 겁니다. 어려운 일이 있을 때마다 사람들은 희생양을 찾습니다. 희생양은 언제나 그러하듯 폭력을 폭력으로 되갚을 능력이 없는 사람들이 선택됩니다. 앙겔라 메르켈 독일 총리는 신년사에서 국민들에게 "마음속에 편견과 냉담, 증오를 지닌 자들이 주도하는 시위에 참여하지 말아 달라"고 촉구했다지요?(한겨레신문, 2015년 1월 7일자 참고) 가까운 나라 일본에서 번지고 있는 혐한류嫌韓流가 떠오른 것은 어쩌면 당연한 일인지도 모르겠습니다. 세상은 점차 다문화 사회로 진입하고 있는데 '타자'와 더불어 살기를 거부하는 일이야말로 퇴행이 아니고 무엇이겠습니까? 누군가를 미워하고 배척함으로써 자기의 정체성을 구성하려는 태도가 일반화될 때 세상은 전쟁터가 되고 말 것입니다.

1월 7일, 프랑스에서 벌어진 테러 소식을 들으며 마음이 참 무거워졌습니다. 이슬람의 창시자인 무함마드를 조롱하는 만평을 몇 차례 실었던 '샤를리 에브도'가 테러리스트들의 공격을 받아 열 두 명 이상이 희생됐다 합니다. 파리의 도심에서 벌어진 이 사태는 매우 충격적입니다. 까뮈는 일찍이 희곡 〈정의의 사람들〉을 통해 정의를 세우기 위해 무고한 이들까지도 희생시키는 테러의 정당성에 대해 물은 바가 있습니다. 테러라는 극단적인 선택을 옹호할 생각은 전혀 없습니다. 테러리스트들은 반드시 단죄되어야 합니다. 오랜 세월 인류가 투쟁을 통해 확보해온 언론 자유가 어떤 형태로든 훼손되어서는 안 됩니다. 프랑스 사회는 이 일로 큰 충격을 받았지만 그 때문에 토대가 흔들릴 거라고는 생각하지 않습니다.

제가 걱정하는 것은 이런 일을 계기로 해서 사람들이 무슬림들을 극단적인 테러리스트와 동일시하는 정서가 확산되고, 그 때문에 증오를 선동하는 극우주의자들이 반사이익을 얻지 않을까 하는 것입니다. 톨레랑스가 철회되고 타자에 대한 의구심이 확산될 때 좋아할 이들은 누구일까요? 대부분의 무슬림들은 우리와 마찬가지로 '평화를 사랑하는 사람들'일 겁니다. 일부 과격한 폭력분자들이 있는 것은 사실입니다. 하지만 세상의 모든 근본주의적 종교는 폭력과 멀지 않습니다. 근본주의자들은 자기와 다른 이들을 용납하려 하지 않기 때문입니다. 종교학자인 카렌 암스트롱은 '십자군의 허무주의에 충격을 받았다'고 말합니다.

십자군은 자기네 땅에 살고 있던 유대인한테 손을 내밀 생각도 못했고, (자기들보다 훨씬 앞선 문명을 가지고 있었던) 이슬람한테서 배우려는 생각도 못했고, 자기들의 공포와 원한을 다스릴 줄도 몰랐다. 그들은 자기들이 정신적으로 이해하지 못하는 것을 죽이고 망가뜨리고 태우고 모독하고 부수었다. 그 과정에서 자기들의 도덕성을 무너뜨렸다. 아우슈비츠는 그런 의도된 증오가 어떤 결과로 이어질 수 있는지를 여실히 보여주었지만, 서양인이 계속해서 이슬람을 왜곡된 시선으로 바라볼 경우 오류는 더욱 깊어질 수밖에 없었다(카렌 암스트롱, 《마음의 진보》, 교양인, 435-6쪽).

샤를리 에브도는 시사풍자만화를 내는 출판사라 합니다. '풍자風刺'라는 말 속에 이미 '찌르다, 나무라다'라는 뜻이 담겨 있기는 합니다만, 풍자는 웃음을 무기로 하여 어떤 사람이나 계층이 담보하고 있는 권위에 저항함과 동시에 그들의 악덕과 어리석음을 수정하는 것을 목표로 하는 것일 겁니다. 풍자를 풍자로 받아들이지 못하는 극단주의자들의 경직성은 분명 문제입니다. 하지만 다른 한편 풍자를 누군가에 대한 조롱의 수단으로 삼는 것 또한 문제 아닌가요?

조롱은 모든 관계를 단절하겠다는 선언이나 마찬가지입니다. 조롱을 통해 관계가 좋아지는 예는 별로 없습니다. 남에 대한 멸시와 조롱이 일상이 될 때 평화 세상은 멀어지게 마련입니다. "자기 형제나 자매에게 얼간이라고 말하는 사람은, 누구나 공의회에 불려갈 것이요, 또 바보라고 말하는 사람은 지옥 불 속에 던져질 것"(마태복음 5:22)이라던 예수님의 말씀이 떠오릅니다. 풍자와 해학의 순기능을 모르지 않지만, 그 역기능 또한 심각합니다. 풍자가 조롱으로 귀착할 때 문제는 더 심각합니다. 진보적인 사람이든 보수적인 사람이든 서로에 대한 비판은 상관없지만 조롱은 삼가야 합니다. 그것은 또 다른 폭력이기 때문입니다.

시간은 불가역적이니 옛날을 그리워해보았자 소용이 없겠지요? 그렇다고 하여 추억조차 무의미한 것은 아닐 것입니다. 추억이 때로는 오래된 미래를 여는 문이 될 수도 있으니 말입니다. 오늘도 이런저런 말로 마음을 어지럽혀 드린 것은 아닌지 모르겠습니다. 소한에서 대한으로 넘어가는 이즈음을 두고 농가월령가는 "설중雪中의 산봉우리들은 해 저문 빛"을 띈다고 노래합니다. 쓸쓸하고 적막하기도 하지만 어떤 따뜻함도 배어 있는 듯합니다. 해 저문 빛이라도 있으니 고맙지요. 제게 그런 빛이 되어 주셔서 감사합니다.

설산을 그리워하는
까닭

　　　　　　　　　　그동안 잘 지내고 계셨는지요? 대한

大寒이 지났는데도 겨울답지 않게 날이 포근합니다. 몸을 옹송그리지 않
아도 되니 좋기는 하지만, 마치 누군가에게 겨울을 빼앗긴 것 같은 이상
한 상실감이 느껴지기도 하는 나날입니다. 한 번도 가본 적 없는 안나푸
르나를 떠올리는 것은 후텁지근한 일상에 지쳤기 때문일 겁니다. 눈이
내리면 산에 한번 다녀와야겠습니다. 흰 눈에 덮인 산정은 시원의 신비
를 숨기고 있는 것 같아 바라보는 것만으로도 즐겁습니다. 계곡에서 맞
이하는 찬바람은 제 느른한 일상을 내리치는 죽비입니다. 추위를 즐기는
것은 아니지만 저는 겨울 산을 참 좋아합니다. 잎을 떨군 채 겨울바람을
온몸으로 맞이하는 나무의 허허로움과 그 차가운 바위에 마음이 끌리기
때문일 겁니다. 아내와 겨울 산을 헤맬 때마다 떠오르던 노래가 있습니
다. 이원수 선생님이 가사를 쓴 〈나무야 나무야〉입니다.

나무야 나무야 겨울 나무야

눈 쌓인 응달에 외로이 서서

아무도 찾지 않는 추운 겨울을

바람 따라 휘파람만 불고 있느냐

평생을 살아봐도 늘 한 자리

넓은 세상 얘기도 바람께 듣고

꽃 피는 봄 여름 생각하면서

나무는 휘파람만 불고 있구나

　

다른 기억력은 부실하면서도 노래 가사만큼은 신묘할 만큼 잘 외우는 아내에게 가사를 자꾸 틀리게 부른다고 지청구를 듣곤 했습니다. 저는 '바람 따라 휘파람만 불고 있느냐'는 '바람 따라 휘파람만 불고 있구나'로 불렀고, '넓은 세상 얘기도 바람께 듣고'는 '넓은 세상 얘기는 바람께 듣고'로 불렀습니다. 어떻게 똑같은 대목을 늘 틀릴 수 있느냐는 책망에 그래도 일관성은 있지 않냐며 부르대다가 눈 흘김을 당하기도 했습니다. 아내가 발목 수술을 받은 후 온전히 회복되지 않아 겨울 산행은 이제 그림의 떡이 되었습니다. 아이젠 없이도 마치 제집 안마당을 걷듯 편안하게 산행하던 시절은 영겁의 저편처럼 아득하게만 여겨집니다.

　세상 어디를 둘러보아도 마음 둘 곳이 마땅치 않습니다. 요구받는 일이 많아질수록 일에 쏟는 열정과 정성은 줄어들기만 합니다. 이러다가 구도의 길에서 일탈하여 피상성 속에 갇힌 수인이 되는 것은 아닌가 싶어 정신이 아뜩해지기도 합니다.

흰 눈에 덮인 산정은 시원의 신비를 숨기고 있는 것 같아
바라보는 것만으로도 즐겁습니다.
계곡에서 맞이하는 찬바람은
제 느른한 일상을 내리치는 죽비입니다.

티쿤 올람

며칠 전 프란체스코 교종의 필리핀 방문 소식을 들었습니다. 어딜 가나 인산인해를 이루었다고 하더군요. 세상 어디서나 참 사람을 그리는 이들이 많다는 뜻일 겁니다. 교종은 마닐라에 있는 가톨릭 대학에서 젊은이들과 이야기를 나누다가 12살 소녀 글리젤레 팔로마의 질문에 그만 말문이 막혔다고 하더군요.

가정이 해체되어 길거리에서 살다가 얼마 전에 교회가 마련한 시설에서 살고 있는 소녀는 울먹이는 음성으로 교종에게 물었습니다. "많은 아이들이 마약과 성매매에 내몰리고 있습니다. 왜 신은 이런 일이 벌어지도록 내버려 두는 것일까요?" 프란체스코는 한동안 말을 잇질 못했다고 합니다. 그럴 수밖에요. 신산스러운 삶의 경험이 없었다면, 자신의 몸에 새겨진 모멸감의 기억이 없다면 이런 질문이 나올 수는 없었을 것입니다. 교종은 그 아픔을 알아차렸기에 아무 말도 할 수 없었던 것입니다. 그는 소녀가 고대하고 있는 답을 제시할 수 없었습니다. 그렇기에 답 없는 삶을 살아내기 위해 우리에게 필요한 것이 무엇인지를 말했던 것입니다. 누군가를 위해 울어줄 수 있는 마음, 함께 슬퍼할 줄 아는 마음 말입니다. 이 마음이 없어 세상은 지옥으로 변하고 있습니다. 눈물을 쏟지는 않았지만 그렁그렁한 눈으로 소녀를 바라보던 프란체스코의 눈길이야말로 사람들의 시린 마음을 감싸는 외투였을 겁니다.

딱딱한 것은 죽음에 가깝고 부드러운 것은 생명에 가깝다지요? 이 세상의 굳어짐을 풀어내는 것이야말로 종교의 사명이 아닐까요? 문제는 종교가 가르고 나누는 일을 본령처럼 여긴다는 사실입니다. 저는 얼마 전부터 예수의 사역을 '빗금 철폐'라는 말로 요약합니다. 어떤 사회든지 빗금을 만드는 일을 다반사로 여기는 이들이 있게 마련입니다. 예수가 살던 사회적 세계에서도 마찬가지였습니다. '유대인/이방인', '남자/여자', '거룩/속됨', '의인/죄인', '부자/빈자', '선/악', '미/추' 등이 구분되었습니다. 빗금의 이편과 저편에 따라 '우리'와 '그들'이 갈라지고 그러한 구별은 타자에 대한 배제로 이어집니다. 예수는 관습이 만들어놓은 그러한 경계선을 가로지르며 살았습니다. 그래서 서로를 백안시하며 살던 사람들이 서로의 아름다움에 눈을 뜨도록 했습니다. 하나님 나라는 그렇게 도래하는 것이겠지요.

좌든 우든, 진보든 보수든 사람들을 어떤 규정성 속에 가두는 언어를 사용하는 이들을 만나면 참 불편합니다. 다가가 말을 건네고 상대방의 이야기를 경청해 보려는 노력도 없이, 함부로 조롱하고 멸시하고 타매하는 것은 좀 문제 아닌가요? 나의 기준을 미리 정해놓고 그 기준에 부합하는지 여부에 따라 네 편 내 편을 가르는 만용이 빚어낼 세상은 끔찍하기만 합니다. 저는 흑과 백으로 갈리는 세상보다는 차라리 회색빛 세상에서 살고 싶습니다.

문제는 빗금을 철폐해야 할 종교가 빗금을 생산하는 공장 구실을 하고 있다는 사실입니다. 오늘의 개신교회가 보이는 배타성은 확고한 믿음을 표방하고 있지만 실은 내적 부실함을 가리려는 가련한 몸부림이 아닌가요? 자신들의 비릿한 욕망을 종교의 망토로 가리려는 이들이 참 많습니다. 프리드리히 폰 실러의 희곡《도적떼》의 등장인물인 카를은 기독교인의 위선을 신랄하게 비판합니다.

인간이 어쩌면 저렇게 눈멀 수 있단 말인가? 형제의 흠을 찾아내는 데는 아르고스의 백 개의 눈을 가진 자가 자신에 대해서는 어떻게 저렇듯 완전히 눈멀 수 있단 말이냐? 저자들은 구름 위에 서서 사람들에게 온유하고 너그러우라고 호통을 치면서, 자신들은 불꽃을 휘두르는 몰록처럼 사람들을 하느님에게 제물로 바치고 있다. 네 이웃을 사랑하라고 설교하면서, 팔순의 눈먼 노인은 문밖으로 내모는 족속들이다. 탐욕 부리지 말라고 아우성치면서, 금붙이에 눈이 멀어 페루인들을 말살시키고 이교도들에게 짐승처럼 수레를 끌게 한다(프리드리히 폰 실러, 《도적떼》, 열린책들, 119쪽).

카를의 말은 장군죽비처럼 우리의 영혼을 후려칩니다. 기독교인들은 이런 구절을 노엽게만 생각할 게 아니라 성찰을 위한 계기로 삼아야 합니다. 지금 제가 눈 덮인 설산을 그리워하는 것은 그곳에 올라 오욕으로 얼룩진 말들을 버리고 청정한 침묵을 채우고 싶기 때문입니다. 흐트러진 마음을 도스르고 싶기 때문입니다. 된비알을 허위단심으로 오르는 동안 숨이 깊어졌으면 하는 바람 때문입니다. 뭘 하든 철저하게 밀고 나가지 못하고 반거충이로 살아온 세월이 부끄럽습니다. 언제나 그 자리에 계시면서 제가 길을 잃지 않도록 이정표가 되어주셔서 감사합니다. 눈 쌓인 응달에 서 있는 나무가 새삼 위대해 보이는 나날입니다. 내내 평안하시기를 빕니다.

오르페우스의
노래

소한 추위가 지나더니 날이 제법 푸근
합니다. 건물 사이로 히뜩히뜩 머리에 눈을 이고 있는 산이 보입니다. 마
치 시원의 그리움처럼 내 속에서 뭔가가 꿈틀합니다. 지척에 두고도 가
지 못하는 고향 같습니다. 겨울, 따뜻한 실내에 오래 머물러 몸과 마음
이 느른할 때면 눈 덮인 평원을 헤매던 닥터 지바고가 떠오르기도 합니
다. 바리키노에 있던 얼음집은 지금도 그대로 남아 있을까요? 라라와 머
물던 그 집에서 유리 지바고는 시를 썼지요. 창 밖에는 늑대 무리가 우우
울고, 유리창에는 성에가 낀 그 집에서 그는 촛불을 밝혀놓고 언 손을 호
호 불어 녹이며 라라에 대한 사랑 노래를 지었습니다. 젊은 날 그 장면
하나가 제 마음에 콕 박혔습니다. 시를 쓴다는 것은 그런 차가운 고독과
열정을 버무리는 것임을 어렴풋이 짐작했던 것일까요?

1970년대 후반에 제가 다니던 신학교의 학장이셨던 윤성범 박사님이

세상을 떠나셨습니다. 사모님은 가족들과 상의한 후 교수님의 책을 학교 도서관에 기증하기로 하셨고, 당시 문예 부장이던 저는 그 책을 학교로 옮겨오는 책임을 맡았습니다. 홍제동으로 기억되는 그 이층집은 참 아담하고 소박했습니다. 한 겨울이어서 그랬을까요? 선생님의 이층 서재는 오싹할 정도의 한기가 느껴졌습니다. 한 뛰어난 신학자의 정신이 빚어진 그 공간에 있다는 사실이 다소 감동적이었지만 시린 손을 주체하기 어려웠습니다.

아래층에서 차를 한 잔 끓여가지고 올라오신 사모님께서 "춥죠?" 하고 물으셨을 때 철없는 저는 "예" 하고 대답했습니다. 그러자 사모님은 쓸쓸한 표정을 지으시며 말씀하셨습니다. "선생님은 평생 불기 없는 서재에서 공부하셨어요." 아, 그건 충격이었습니다. 가슴은 따뜻하게 하되 머리는 차갑게 하라는 옛 어른들의 가르침 때문이었을까요? 교수님은 선비셨던 것입니다. 자그마한 몸집에 베레모를 눌러쓰고 다니시던 선생님은 가끔 창고 같은 가건물에 있던 탁구장에 들러 학생들과 탁구를 치기도 하셨습니다. 그렇게 가식 없고 허물없던 분인데, 학문에 대한 열정은 그렇게도 엄정하셨다는 사실이 참 고마웠습니다. 결곡한 태도로 살아가던 그런 선생님들이 한 분 두 분 떠나시고 안 계셔서 세상은 더욱 빈곤해진 것 같습니다.

가끔 겨울에 제 사무실을 찾아오는 이들은 조금 당황스러워 합니다. 실내 기온이 좀 낮기 때문입니다. 사무실에서도 점퍼를 입고 목도리를 두른 채 일을 하니 좀 불편한 건 사실입니다. 그런데 어쩝니까? 홀로 지내는 공간을 따뜻하게 유지하는 게 죄스럽게 느껴지니 말입니다. 이것은 어쩌면 앞에서 말한 그 두 에피소드의 영향 때문인지도 모르겠습니다. 지바고나 돌아가신 선생님의 그 냉열冷熱한 태도를 내면화하지는 못했지만 흉내라도 내고 싶은 것이 솔직한 제 마음입니다. 하지만 세월이 갈수록 그 엄정함과 서늘함으로부터 점점 멀어진 채 순치된 동물처럼 세상에 적응하며 살아가는 제 자신을 발견할 때마다 마음이 아뜩해집니다.

조금 지친 듯한 느낌입니다. 삶이 지루하다는 생각이 들기도 합니다. 도시는 끊임없이 우리를 삿된 욕망의 벌판으로 몰아댑니다. 자유는 없습니다. 스스로 자기 삶을 주체적으로 선택할 가능성이 주어지지 않으니 말입니다. 욕망의 지배를 허락하는 순간부터 우리의 지성과 감성과 의지는 썩은 겨릅대처럼 허물어지고 맙니다. 모든 것을 버려두고 사막으로 들어갔던 초기 교부들의 마음을 알 것도 같습니다. 로마에 살던 귀족들의 타락한 실상을 보고는 수비아코의 동굴 속에 들어가 여러 해 기도에 정진했던 베네딕도의 마음이 어렴풋이 헤아려지기도 합니다. 7세기에 콘스탄티노플에서 활동했던 고백자 막시무스의 말도 같은 것을 가리킵니다.

욕망이 강해지면, 지성은 잠자는 동안에도 정욕적인 즐거움을 제공하는 것들을 상상합니다. 도발하는 힘이 강해지면, 지성은 두려움을 초래하는 것들을 상상합니다. 더러운 마귀들은 우리의 태만함 안에서 힘을 얻어 정념들을 자극하고 강화합니다. 그러나 거룩한 천사들은 우리로 하여금 덕을 행하게 함으로써 정념들을 연약하게 만듭니다(《필로칼리아·2》, 116쪽).

영적인 길을 걷는 사람들 중에는 정념에 물든 생각들을 거부하기만 하는 사람이 있고, 정념들 자체를 완전히 잘라내는 사람들도 있습니다. 그러한 생각들은 시편 낭송이나 기도, 정신을 하나님께로 들어 올림, 또는 비슷한 방법으로 주의를 집중함으로써 물리칩니다. 정념들은 그것들이 발생한 근원이 되는 사물들로부터 적절히 이탈함을 통해서 근절됩니다(《필로칼리아 · 2》, 168쪽).

막시무스는 우리의 정념들을 자극하고 강화하는 것을 일러 '더러운 마귀들'이라 하는군요. 소비 사회의 볼모가 되어 살고 있는 이들은 이 말을 매우 불쾌하게 받아들일 겁니다. 사실 욕망의 천국은 얼마나 휘황하며 자극적이고 아름답습니까? 저는 요즘 녹화를 위해 방송국에 오갈 때마다 현대 백화점을 통과하곤 합니다. 즐비하게 진열된 물건들 사이를 걷는 동안 제 시선을 잡아채는 것들이 참 많습니다. 19세기 파리의 아케이드를 걷는 이들의 심정이 저와 같았을 겁니다. 소비의 낙원은 참 매혹적입니다. 돈만 넉넉하다면 사고 싶은 것들이 정말 많습니다. 물론 그것이 꼭 필요해서는 아닙니다. 상품은 존재 그 자체로 우리 속에 결핍감을 만들어냅니다. 그 결핍감을 채우기 위해 사람들은 돈을 필요로 하고, 돈을 벌기 위해 수단 방법을 가리지 않습니다. 아름다운 노래로 뱃사람들을 유혹했던 마녀 세이렌이 떠오릅니다. 세이렌은 상반신은 여자이고 하반신은 새 모양을 한 바다 요정입니다. 스킬라의 바위섬들 사이에 있는 어느 벼랑 위에서 아름다운 노래를 부르곤 했습니다. 그 노랫소리에 홀린 사람들은 다 죽었습니다. 세이렌의 유혹에 저항하는 방식은 둘입니다. 세이렌의 노래를 꼭 듣고 싶었던 호메로스의 '오디세우스'는 부하 선원들에게 몇 가지 지시를 합니다. 자기를 돛에 묶은 후 협곡을 다 빠져나가기 전까지는 아무리 애원하더라도 절대로 풀어주지 말라는 것과 뱃머리를 섬 쪽으로 돌리지 말고 곧장 앞으로 나아가라는 것이었습니다. 그리고 선원들의 귀에 밀랍을 채워 넣어 아무 소리도 들리지 않게 하라고 했습니다. 그렇게 해서 오디세우스는 세이렌의 노랫소리를 들은 사람이 되었습니다. 짜릿하지만 오금이 저린 방식입니다.

또 다른 예는 아르고호를 타고 금양모피를 구하러 모험에 나섰던 이아손의 경우입니다. 그는 키론의 충고대로 자기 배에 오르페우스를 태웁니다. 세이렌의 협곡을 지날 무렵 오르페우스는 리라를 꺼내 연주하며 노래를 불렀습니다. 그 노래는 세이렌의 노래보다 더 아름다웠다고 합니다. 사람들을 죽음으로 인도하는 유혹의 노래를 이길 힘은 그보다 더 아름다운 노래를 듣는 것입니다.

아름다운 노래를 부르려면 내면을 깨끗이 비워야 합니다. 비운 자리에 울림이 깃들게 마련이니 말입니다. 혹한의 추위 속에서 유리 지바고가 쓴 시는 누군가의 가슴에 해바라기를 피웠는지도 모릅니다. 오늘 우리가 부르는 노래는 누구의 가슴에서 꽃으로 피어날까요? 이런 생각이 서리 병아리처럼 살아가고 있는 저를 일으켜 찬바람 앞에 세웁니다. 그곳에도 찬바람이 많이 불지요? 그 바람 앞에 설 때마다 제 이름을 불러주십시오. 지르된 처지이긴 하지만 거짓되지는 말아야 하니 말입니다. 눈비음에 지친 삶에 늘 진실의 전망을 열어주셔서 감사합니다.

티쿤 올람

사람은 누가 됐든
유일무이한 존재

　　　　　　　　잘 계시지요? 이 시절을 견디기 위해
서 그나마 가지고 있던 얄팍한 독기마저 잠시 내려놓기로 했다는 말씀
이 참 아프게 다가왔습니다. 수상한 세월을 건너다보니, 일상에서 느끼
는 사소한 행복조차도 죄스럽게 여겨집니다. 한편에서는 행복에 대한 은
근한 욕망을 품고, 다른 한편으로는 그런 욕망을 품었다는 사실 자체를
자책하는 동안 자기 불화의 골은 깊어만 갑니다. 가랑비에 옷이 젖는다
고 하지요? 날마다 접하는 어두운 소식들 때문인지 영혼에 드리운 구름
의 무게가 천 근으로 느껴지기도 합니다. 이렇게 마음이 무거울 때면 정
진규 선생의 시구를 떠올립니다.

　　지금 나 한 사날 잘 열리고 있어
　　누구나 오셔, 아름답게 놀다 가셔!

- 정진규, 〈몸詩 · 14〉 중에서

시인은 왈큰왈큰 알몸을 열어 보이는 진달래꽃을 바라보다가 그만 봄 신명에 지폈던 것 같습니다. 신명에 지피면 자기라는 감옥에서 벗어나오게 마련이지요. 신명은 언제나 타자에 대한 경계심을 완화시켜주니까요. 우리도 언젠가는 저 시인의 말처럼 잘 열릴 수 있을까요? 그래서 네 편 내 편 가리지 않고 누구나 초대할 수 있는 날이 오기는 올까요?

오늘 아침 라디오에서 나오는 오페라 아리아를 듣는데, 가슴 저 깊은 곳에서 어떤 무지근한 기운이 스멀스멀 기어올랐습니다. 굳이 감동이라고 말하고 싶지는 않습니다. 사실 어떤 곡이었는지 기억도 안 납니다. 시원의 아득함을 상기시키는 맑고 투명한 음색이 제 심금을 울렸던 것 같습니다. 울고 싶던 차에 뺨을 맞은 격이랄까요. 혼잣소리처럼 "아, 저렇게 노래를 잘 하면 얼마나 좋을까!"라고 말하자 곁님은 덤덤한 목소리로 "그냥 즐기세요"라고 말하더군요. 제가 이렇게 멋없는 사람과 삽니다.

어떤 분야에서든 탁월한 성취를 이룬 사람을 보면 참 감동적입니다. 그것이 예술 분야든 운동 분야든 기술 분야든 모두 마찬가지입니다. '아레테arete'는 그리스 사람들이 참 소중히 여겼던 가치입니다. 흔히 '덕'이라고 번역되지만 그것은 사람에게도 사물에게도 적용될 수 있는 단어이기에 '덕'보다는 '훌륭함의 상태'라고 번역하는 것이 나을 것 같습니다. 아레테가 사물에 적용될 경우에는 그 사물이 수행하게 되어 있는 기능을 잘 수행할 수 있는 상태를 가리킵니다. 자동차의 아레테는 안전하게 잘 달리는 것이고, 토지의 아레테는 비옥한 것이겠지요.

그것이 사람에게 적용될 때는 사람 구실을 할 줄 아는 것이라 하겠습니다. 사람 구실이 뭐냐는 질문은 일의적으로 답할 수 없는 문제입니다. 다양한 상황에 맞는 적절한 행동일 테니까요. 그래도 그리스 사람들은 사람의 아레테가 실현되는 몇 가지 방식이 있다고 가르쳤습니다. 지나치게 부족하거나 과도하지 않아야 하고適度, 조화로워야 하고均衡, 경우에 맞아야 하고適合性, 진실해야 합니다. 오늘 우리의 행동을 이 척도에 자꾸 비춰보아야 할 것 같습니다. 델피 신전에는 '너 자신을 알라'는 경구가 적혀 있었다고 하지요? 결국 사람의 아레테는 자기를 아는 데서 얻어지는 가치라는 뜻이겠지요.

아레테의 반대말은 '카키아kakia'입니다. '나쁜 상태'를 이르는 말이지요. 자동차의 카키아는 자꾸 고장이 나는 상태일 것이고, 토지의 카키아는 척박한 상태입니다. 인간의 카키아는 마땅히 해야 할 일을, 마땅한 방식으로 수행하지 못하는 상태일 겁니다. 기독교식으로 말하자면 '하나님 사랑과 이웃 사랑'에 실패한 삶, 즉 죄의 인력에서 벗어나지 못한 삶을 이르는 말이 되겠네요. 죄 혹은 타락에 대해 생각할 때마다 아브라함 조수아 헤셸의 말이 떠오릅니다. 그는 독자적으로original 태어난 인간이 다른 이들을 모사copy하며 사는 것을 일러 타락이라 했습니다. 돈이 주인 노릇하는 오늘의 세계는 우리를 끊임없이 타락의 길로 밀어 넣습니다.

잘 아시는 바와 마찬가지로 르네 지라르는 우리의 욕망이 주체적이지 못함을 정치한 언어로 밝혀낸 바 있습니다. 그는 욕망의 주체와 대상 사이에 한 가지를 더 상정했습니다. 욕망의 매개가 그것입니다. 내가 뭔가를 소유하고 싶다고 느끼는 것은 그것이 꼭 필요해서라기보다는 나의 욕망을 자극하는 누군가가 있기 때문입니다. 상업 광고만 생각해 보아도 금방 이해할 수 있을 겁니다. 타자의 욕망을 욕망하는 일처럼 허망한 노릇이 어디에 있겠습니까? 타자의 욕망에 사로잡힐수록 주체는 점점 부자유한 상황에 빠져들게 됩니다.

오스트리아 작가이면서도 나치에 협력했던 조국을 너무나 미워했던 소설가 토마스 베른하르트 기억나시지요? 그의 책《몰락하는 자》를 읽었습니다. 작가는 실존 인물인 천재 피아노 연주자 글렌 굴드를 등장시키고 있지만 허구와 현실을 기묘하게 뒤섞어 놓았습니다. 화자인 '나'와 '베르트하이머', 그리고 '글렌 굴드'는 잘츠부르크에 있는 모차르테움의 동기생들입니다. 그런데 글렌 굴드와의 만남은 '나'와 베르트하이머의 삶의 방향을 완전히 뒤바꿔놓고 말았습니다. 둘은 글렌 굴드가 연주하는 바흐의 '골트베르크 변주곡' 몇 소절을 듣는 순간 평생을 노력해도 글렌 굴드를 능가할 수 없다는 절망감에 사로잡히고 맙니다. 최고의 음악적 재능을 가지고 있던 그들이지만 글렌 굴드는 도저히 넘을 수 없는 태산처럼 느껴졌던 것이지요. '나'는 아끼던 스타인웨이 피아노를 음악적 재능이라곤 전혀 없었던 어느 교사의 딸에게 주어버리고, 베르트하이머도 음악으로부터 멀어져 아포리즘이나 쓰며 지냅니다. 글렌 굴드에 대한 열등감을 떨쳐버릴 수 없었던 베르트하이머는 서서히 몰락해갑니다. '나'는 다행히 몰락의 길에서 돌아설 수 있었습니다. '나'의 고백입니다.

베르트하이머는 글렌 굴드이길 원했고 호로비츠이길 원했고, 구스타프 말러나 알반 베르크이길 원했어, 절망하지 않으려면 스스로를 유일무이한 존재로 여기고 또 그래야만 하는데 베르트하이머는 그럴 줄 몰랐던 거야, 난 생각했다. 사람은 그 누가 됐든 유일무이한 존재라고 난 끊임없이 혼잣말로 중얼거렸고 그렇게 함으로써 살아남았다. 베르트하이머한테는 그런 정신적 지주가 없었다. 즉 자신을 유일무이한 존재로 바라볼 생각조차 못 했던 건 그런 조건을 조금도 갖추지 못했기 때문이야, 모든 사람은 유일무이하며 그 자체만 놓고 본다면 인간은 유례가 없는 최고의 예술 작품이야, 라고 난 생각했다. 베르트하이머에게는 그런 생각을 할 마음의 여유가 없었기 때문에 항상 글렌 굴드이기를 원했거나 구스타프 말러나 모차르트 혹은 다른 친구들이기를 원했던 거야, 난 생각했다(토마스 베른하르트,《몰락하는 자》, 문학동네, 91쪽).

'사람은 그 누가 됐든 유일무이한 존재'라는 인식이 '나'를 일으켜 세워주었습니다. 다른 이의 재능이나 삶의 조건을 부러워하기보다는 자기의 한계를 받아들이되 자기답게 사는 것이 곧 용기이고 지혜일 겁니다. 마치 블랙홀처럼 우리에게서 여백을 빨아들이는 현실에 저항하기 위해서라도 아름다움 앞에 자꾸만 서야 할 것 같습니다. 그리고 "우리는 하나님의 작품입니다"(에베소서 2:10)라는 말씀을 꼭 붙들어야 하겠습니다. 이제 곧 입춘이 다가옵니다. 겨울 같은 세상이지만 늘 봄소식처럼 다가와 주셔서 고맙습니다.

담백한 삶을
향하여

　　　　　　　　　　입춘이 지난 후 찬 바람이 좀 불기도
했지만 왠지 봄기운이 느껴지는 것 같은 나날입니다. 요즘은 무지근한
어깨 통증 때문에 잠을 설치곤 합니다. 통증은 마치 자명종처럼 일정한
시간에 제 몸을 깨워줍니다. 참 신기하지요? 어깨를 좀 주무르다가 문
득 '인생 참 시시하다'는 생각이 들어 혼자 피식 웃었습니다. 잠시 어둠
이 익숙해진 후에는 스며들듯 서재로 들어갑니다. 책들이 어지럽게 쌓
여 있는 것이 마치 제 내면의 풍경 같아서 한숨을 내쉬기도 합니다. 가만
가만히 성경을 소리 내어 읽고, 침묵 기도도 드리고 난 후에는 책의 감옥
속으로 들어갑니다. 오랜 습관처럼 자연스럽습니다. 책을 뒤적이기도 하
고, 밀린 글을 쓰기도 하는 것이지요.
　　엊그제는 중국 철학자인 리쩌허우의 《미의 역정》을 읽었습니다. 중국
의 상고 시대부터 명·청대까지의 미의 역사가 일목요연하게 정리되어

칼 야스퍼스는 세계에 있는 모든 것이 '초월자의 암호'라고 말했습니다.
그 암호를 읽어내고 그것을 해독해 낼 능력이 갖춰진다면
우리는 영적 빈곤에 시달리지 않아도 될 것입니다.

있어 매우 흥미롭고 유익했습니다. 저자의 해박하면서도 유려한 문장에 질투심까지 느껴질 정도였습니다. 이야기가 위魏ㆍ진晉 시대에 이르렀을 때 리쩌허우는 〈세설신어世說新語〉가 펼쳐 보이는 인간의 내재적 지혜와 품격에 대해 언급하면서 그 시대가 제시한 이상적인 인물의 풍모를 이렇게 말합니다.

해와 달을 가슴에 품고 있듯이 환하다. 바위 아래로 내리치는 번개처럼 두 눈동자가 반짝인다. 봄날의 버드나무처럼 해맑다. 굳센 소나무 아래로 부는 바람처럼 꿋꿋하고 힘이 있다. 산 위에 올라가서 아래를 내려다보는 것처럼 그윽하고 심원하다. 천길 석벽처럼 고요히 우뚝 서 있다.

물론 이것은 〈세설신어〉 이곳저곳에 등장하는 인물들에 대한 평가를 리쩌허우가 모아놓은 것입니다. 몇 번을 반복해서 읽었습니다. 과장기가 느껴지기도 했지만 가슴 한 켠이 시원해졌습니다. 이런 이들과 함께라면 이 시대를 통과하는 동안 우리 마음에 울혈처럼 맺힌 답답함이 말끔히 해소될 것만 같았습니다. 물론 반성도 했습니다. 나도 모르는 사이에 잗다랗게 변해버린 내 모습이 상기되었기 때문입니다. 그러고 보니 위에서 언급된 인물평이 전부 자연물과 연관되어 있군요. 사람이 자꾸 작아져가는 것은 어쩌면 자연으로부터 멀어지기 때문인지도 모르겠습니다.

발터 벤야민은 사용가치보다 과시가치가 중시되는 상품 자본주의 세상을 일러 '판타스마고리아'라고 하더군요. 자기 삶을 참답게 살아낼 내적 능력이 부족한 사람일수록 판타스마고리아에 집착합니다. 휘황하기

이를 데 없는 그 환상의 세계는 우리를 영원한 빚쟁이로 만들어 버립니다. 그 세계에서 만족은 언제나 일시적으로만 향유될 뿐 지속적인 기쁨은 허용되지 않기 때문입니다. 욕망과 충족과 권태 사이의 시간은 점점 짧아지면서 호흡은 가빠지고 삶의 활력은 급격히 고갈됩니다. 삶은 언제나 다른 곳에 있습니다.

며칠 전 목회실 식구들과 점심 식사를 마치고 나오는데 청명한 하늘이 참 시원해 보였습니다. 사무실로 향하던 발걸음을 돌이켜 가까운 공원을 향해 천천히 걸었습니다. 날이 포근한 탓인지 제법 많은 이들이 공원에 나와 한가롭게 거닐고 있었습니다. 산책로를 따라 두런두런 이야기를 나누며 걸었습니다. 느릿느릿 걷는 동안 제 마음은 어느새 어린 시절로 달려갔습니다. 온갖 생명이 한데 어울려 장엄 세상을 이룬 그 시절이 그리웠습니다. 골고루 가난했으니 이웃들끼리 오고가는 정도 깊었었지요. 아, 우리는 그 세계로부터 얼마나 멀리 떠나 온 것일까요? 개구리와 뱀에 얽힌 기억들을 나누다가 문득 양서류와 파충류의 차이가 궁금해졌습니다. 동행한 이들 가운데서 그 차이를 명확하게 설명할 수 있는 사람은 하나도 없었습니다. 다들 생물 수업 시간에 분명히 배웠을 텐데 이미 레테의 강물을 절반쯤 마신 탓인지 빙긋 웃기만 할 뿐이었습니다. 한 분이 인터넷 검색을 하더니 파충류와 달리 양서류는 올챙이 시절을 거치는 동물이라고 말해주더군요.

자연과 더불어 오이쿠메네를 이루어 살면서도 우리는 이 세계에 대해서 얼마나 무지한지 모릅니다. 영어 단어나 수학 공식을 모르는 것은 부끄러워하면서도 우리 주변에서 무수히 피었다 지는 들꽃의 이름을 알지 못하는 것은 부끄러워하지 않습니다. 우리 영혼이 지금처럼 빈곤해진 것은 볼 마음만 볼 수 있는 일상의 기적에 짐짓 눈을 감고 살고 있기 때문이 아닐까요? 윌리엄 블레이크는 "한 알의 모래 속에서 세계를 보며/한 송이 들꽃에서 천국을 보라"고 노래했지요? 이 눈 하나가 열리지 않아 우리 삶이 이 지경입니다. 칼 야스퍼스는 세계에 있는 모든 것이 '초월자의 암호'라고 말했습니다. 그 암호를 읽어내고 그것을 해독해 낼 능력이 갖춰진다면 우리는 영적 빈곤에 시달리지 않아도 될 것입니다.

그래서 저는 농담처럼 신학교를 졸업하는 이들에게 몇 가지 시험을 치르게 하자고 말하곤 합니다. 우리 산과 들녘에서 자라는 들꽃과 우리 땅에 깃들어 사는 새들, 우리 강과 하천에서 살아가는 물고기의 이름과 생태를 익히도록 하자는 것입니다. 별자리 이름까지 익힐 수 있다면 더 좋겠지요. 자연 세계에까지 의식의 지평이 확장되면, 생태적 감수성이 깊어지면, 그리고 우리가 사용하는 어휘 속에 그 이름들이 들어오면 우리가 애집하던 것들의 매력은 줄어들게 마련입니다. 하나님을 창조주라고 고백하면서도 세상에 널려 있는 하나님의 작품에 대해 무지하다는 것은 참으로 부끄러운 일이 아닐 수 없습니다. 그 세계를 누릴 수 없을 때 사람들은 인위적인 것들에 집착합니다. 저는 자본주의 세계의 중독에서 벗어날 수 있는 길은 세상의 미세한 것들 속에 깃들어 있는 하늘에 주목하는 것이라고 생각합니다.

많은 목사들이 특급 호텔을 드나들고, 값비싼 자동차에 집착하고, 백화점을 제집 드나들듯 합니다. 온 세상의 죄와 슬픔을 짊어지고 십자가에 처형된 예수를 팔아 제 배를 불리는 이들이 많습니다. 번영의 복음에 사로잡힌 이들은 자기들이 하늘을 가리켜야 하는 이정표라는 사실을 잊고 삽니다. 입술로는 하늘을 말하면서도 인위적이고 자극적인 것에서 눈을 떼지 못하는 이들로 인해 종교는 노쇠해지고 있습니다.

노자는 다섯 가지 색이 우리 눈을 멀게 하고, 다섯 가지 소리가 우리 귀를 멀게 하고, 다섯 가지 맛이 우리 입맛을 상하게 하고, 말 달리며 사냥질 하는 것이 사람의 마음을 미치게 만들고, 얻기 힘든 재화가 사람을 어지럽힌다고 말했습니다《노자》, 12장). 저는 이것을 담백함이야말로 도에 가깝다는 말로 받아들입니다. 자극적인 것보다 고졸古拙한 것이 우리 마음에 평화를 가져옵니다. 감정을 끌어 올리는 복음성가들보다 단순하기 이를 데 없는 떼제 찬양에 제가 이끌리는 것도 그 때문일 것입니다. 언제쯤이면 우리 삶이 일렁이는 버릇에서 벗어나 담담해질 수 있을까요? 불의한 세상은 아직 우리에게 안온한 평화를 허락할 생각이 없나봅니다. 험악한 세상이지만 부디 청안청락하시길 빕니다.

자기 속으로
구부러진 인간

평안하신지요? 지난번에 만났을 때 마치 늘 만나는 벗인 양 허물없이 대해주셔서 감사합니다. 격조한 세월이 만들어내는 소원함을 느끼지 않았던 것을 보면 우리의 마음이 서로 통하고 있었던 가 봅니다. 별 말을 하지 않아도 그냥 통할 수 있는 벗이 있다는 사실이 얼마나 고마운지요? 눈이 내리자 문득 친구가 그리워져 배를 타고 친구 집을 찾아갔다가 사립문 앞에서 그저 돌아섰다는 옛 사람의 이야기를 저는 참 좋아합니다. 흥에 따라 왔다가 또 표표히 돌아서는 그 홀가분함이 부럽습니다. 고향이 그러하듯 아무런 강제도 없이 있는 그대로의 나를 받아주는 이들이 있다면 삶이 지금보다는 한결 수월해질듯 싶습니다.

해야 할 일 혹은 성취해야 할 목표를 인간관계의 중심에 두는 이들과 만난 후면 저는 극심한 피로감을 느끼곤 합니다. 내향적인 성격 때문일 것입니다. 의지적 강제가 느껴질 때마다 제가 뒷걸음질 치는 것은 스스로를 지켜내기 위한 안간힘입니다. 내 몸에 맞지 않는 옷을 입었을 때의 불편함처럼, 강요된 역할 혹은 자리에 설 때마다 쇠항아리를 뒤집어쓴 것처럼 답답해하곤 했습니다. 저는 천성이 큰일을 도모할 수 없는 사람입니다. 그래서 날마다 제 분수나 잘 지키며 살자고 다짐하고 있습니다.

특정한 사람의 이름을 거론하는 게 참 마뜩찮은 일이기는 하지만 며칠 전 대한항공 전 부사장인 조현아 씨의 1심 재판 결과가 나왔더군요. 이미 게이트를 떠난 비행기를 되돌린 그의 행태를 꾸짖으며 재판장인 오성우 판사는 징역 1년을 선고했습니다. 그 형량이 적절한지 여부는 제가 판단할 수 있는 문제가 아닙니다. 다만 판결문의 한 대목이 제게 생각할 거리를 제공했습니다.

"인간의 존엄과 가치, 자존감을 무너뜨린 사건이다. 인간에 대한 최소한의 배려심이 있었다면, 직원을 노예처럼 여기지 않았다면 결코 일어날 수 없는 사건이다."

그의 죄는 비행기를 되돌린 행위였지만 그런 행위를 유죄로 판단한 또 다른 근거는 인간의 존엄과 가치, 자존감을 무너뜨렸다는 사실입니다. 재판장은 조 전 부사장은 물질적으로는 넉넉한 사람이었는지 모르겠지만 사람됨의 조건인 '인간에 대한 최소한의 배려심'이 결핍된 사람이라고 말했습니다. 이것은 참으로 무서운 말입니다. 누구에게나 결락된 부분이 있게 마련입니다. 문제는 그러한 결락이 타자에 대한 잠재적 폭력으로 작동하는 것입니다. 권력은 권력자에게 더 넓은 자아의 공간을 마련해준다지요? 권력이 주어질수록 몸을 더욱 낮추지 않으면 그의 존재 자체가 타자에게 무거운 부담이 될 수 있습니다.

철학자 하이데거는 세계-내-존재인 인간의 삶을 다각도로 파악하려고 한 사람입니다. 인간의 삶은 관계맺음으로 요약될 수 있습니다. 인간이 아닌 다른 존재자들과 관계를 맺는 것을 일러 하이데거는 '고려 Besorge'라고 합니다. 다른 사람들과 관계를 맺는 것을 구별하기 위해 그가 선택한 단어는 '배려 Fürsorge'입니다. 복잡한 그의 철학 이론을 뒤틈바리인 제가 일매지게 설명할 능력은 없습니다만, '~ 위하여'를 뜻하는 'für'는 접두사 속에 담긴 느낌은 알 수 있습니다. 인간의 인간됨은 타자의 입장에 서보는 데 있다는 말이 아니겠습니까? 조금 더 적극적으로 말하자면 타자가 자기의 능력과 사람됨을 주체적으로 사용하고 또 형성해가도록 돕는 일이야말로 우리에게 주어진 소명이라 할 수 있겠습니다.

지난 해 독일의 프라이부르크에 잠시 머물 때의 일이 떠오릅니다. 도시 교외 지역에 살고 있던 어느 피아니스트가 저를 저녁 식사에 초대했습니다. 독일식 식사를 하며 나누는 대화가 흥미로웠습니다. 음악 이야기며 건축 이야기며 신앙에 대한 이야기며 물 흐르듯 자연스러웠습니다. 식사를 마치고 돌아 나올 때 공동 주택에서 자취 생활을 하고 있던 한 젊은이가 독일 생활에 이미 익숙해진 분에게 물었습니다. "지금 집에 가서 세탁기를 돌리면 안 되겠지요?" 그러자 그는 "8시가 넘었으니 오늘은 안 되겠네요. 너무 늦었어요"라고 답했습니다. 그는 제게 휴일이면 잔디 깎는 기계도 돌리지 않는 게 이 사회의 불문율이라고 말했습니다. 함께 산다는 것은 나 좋을 대로 살지 않는다는 말일 겁니다. 지금 우리 사회에서 급격히 사라져가고 있는 게 이런 배려의 마음이 아닐까요? 배려는 타자 윤리의 핵심입니다.

배려할 줄 모르는 사람은 참된 자기로부터도 멀어진 사람입니다. 우리는 일쑤 '거짓 자아false ego'를 '참 자기true Self'라고 여기며 살아갑니다. 자기 부풀리기, 자기 강화야말로 거짓 자아의 특색입니다. 참된 자기로부터 멀어진 사람일수록 타인에게 적대적입니다. 뿌리 뽑힌 자의 불안감이 그를 지배하고 있기 때문입니다. 유교가 가르치는 어짊仁의 이상에 도달하기 위해서 필요한 것은 두 가지입니다. 하나는 자기의 욕망을 누르는 것이고遏人欲, 다른 하나는 하늘의 뜻을 물으며 거기 머무는 것입니다存天理. 자기를 극복하고 예로 돌아간다는 것이 바로 이런 것일 겁니다克己復禮. 마음이 허황한 자의 자발없는 말이 너무 길어지고 있습니다. 나무라지 않으시면 좋겠습니다.

저는 모든 존재자는 존재 그 자체인 하나님이 시간과 공간 속에 자신을 드러낸 것이라는 말을 금과옥조로 받아들이고 삽니다. 그리고 이것을 '존재자를 통하지 않고는 존재를 찾아갈 수 없다'는 말로 갈무리해 두었습니다. 저는 삶이란 하나의 중심을 향한 순례라고 이해하고 있습니다만, '이웃'을 도외시하거나 속된 존재자의 세계를 벗어난 채 초월의 세계로 도약하는 길은 애당초 없는 것이 아닐까 생각합니다. 철학자인 김진석 선생이 '초월超越'이 아니라 '포월匍越'이라는 개념을 가지고 나온 것은 의미 있는 일이라 여깁니다. 가장 낮은 바닥을 기지 않고는 하늘에 오를 수 없습니다. 역설입니다.

"자기 속으로 구부러진 인간homo incruvatus in se." 누가 부정할 수 있겠습니까? 시간 속을 바장이며 살아가는 사람은 누구나 자기를 모든 판단의 중심으로 삼습니다. 아무리 객관적이라 해도 우리의 판단은 주관으로 물들어 있습니다. 이런 자기중심주의의 중독으로부터 벗어나기 위해서는 타인의 삶의 자리로 자꾸 나가는 수밖에 없습니다. 그의 말에 귀를 기울이고, 그의 불편을 덜어주기 위해 마음 쓸 때 우리는 조금씩 자기중심이라는 감옥에서 벗어나오게 됩니다. 죄는 이웃에게 등을 돌리게 하지만 사랑은 이웃을 마주 보게 만듭니다. 마주본다는 것, 그것은 그를 나와 똑같은 존재로 인정한다는 말일 겁니다. 쏘아보는 눈, 공포에 질린 눈이 아니라 편안하게 마주보는 눈길 속에 하늘이 깃드는 법입니다. 타자와 마주본다는 것은 모험이기도 합니다. 상처받을 수도 있기 때문입니다. 그러나 상처가 무서워 그와 마주 보기를 거절한다는 것처럼 어리석은 일은 또 없을 것입니다.

이제 우수 절기가 다가오는군요. 깊은 산 계곡으로 눈석임물 흐르는 소리가 들리는 듯합니다. 우리가 지나고 있는 이 암울한 시대에도 봄볕이 비칠 날이 오겠지요? 그날을 기다리면서 가장 가까운 곳에 있는 사람들에게 봄볕처럼 다사로운 사람이 되어보자고 다짐합니다. 오늘도 희떠운 소리가 많았습니다. 너그러이 용납하여 주시면 좋겠습니다.

티쿤 올람

Chapter 2
Kalokagathia

고 귀 함

칼로카가티아

생성과 소멸이
한 자리에

설 명절은 즐겁게 보내셨는지요? 고향에라도 다녀오셨는지 모르겠습니다. 역귀성이니 해외여행이니 설날 풍경이 좀 달라졌다 하지만 고향을 찾아가는 사람들은 여전히 많습니다. 귀성행렬을 볼 때마다 돌아가 안길 품이 없다는 사실이 참으로 적막하다는 것을 절감하게 됩니다. 설이 되면 늘 찾아뵙던 어르신들이 한 분 두 분 세상을 떠나신 후 이제는 찾아갈 곳이 없는 신세가 되었습니다. 부모님이든 스승이든 찾아뵐 어른이 없다는 것처럼 쓸쓸한 일이 또 있을까요? 나이 든다는 것이 쓸쓸한 이유 중의 하나는 꾸짖어줄 사람이 점점 사라진다는 데 있습니다. 저야 그래도 가족이 있으니 그 쓸쓸함을 쉽게 해소할 수 있었지만 고향을 잃어버린 사람들, 이주 노동자들, 격절된 곳에서 지내야 하는 사람들의 쓸쓸함과 비애는 해소되기 어려울 겁니다.

설 전날 아내와 만두를 빚으면서 참 고요한 시간을 보냈습니다. 밀대로 밀가루 반죽을 밀고 있자니 인생길에서 제법 먼 곳까지 흘러왔다는 생각이 들었습니다. 후회도 아쉬움도 아닌 묘한 안도감이 밀려왔습니다. '이 험악한 시대에 안온한 행복감이라니!' 하는 자책감이 들지 않은 것은 아니지만 그래도 그 시간이 즐거웠습니다. 전축에서 울려나는 바흐의 골드베르크 변주곡 때문이었는지도 모르겠습니다. 참 어울리지 않는 세팅이었지만 글렌 굴드의 연주를 집중해서 들을 수 있는 좋은 기회였습니다.

이번 설은 처음으로 형님 댁에 가지 않고 집에서 지냈습니다. 출가한 아들·딸 내외와 손자 손녀들을 맞아야 했기 때문입니다. 한 세대가 가고 또 다른 세대가 오면서 역사는 이어지는 것이겠지요. 모음이 많은 말랑말랑한 언어로 아이들을 어르고 보듬어 안으면서 그 아이들이 살아갈 시간을 축복하지 않을 수 없었습니다. 아들·딸 내외가 각자의 집으로 돌아가고 나자, 소음에 자리를 내주었던 고요함이 집안을 가득 채웠습니다. 고요함은 우리를 성찰의 자리로 이끌어갑니다. 일상의 분잡과 소음 속에서 저만치 물러서 있던 심원한 삶의 실상이 슬며시 떠오르기 때문입니다. 그 시간 속에 머무는 것이 진정한 쉼이요 치유임을 알겠습니다.

그 덕분일까요? 모처럼 아침에 가든하게 일어날 수 있었습니다. 즐겁게 글 한편을 쓰고 난 후, 그 여흥을 몰아 청소 삼매경에 빠졌습니다. 집안 구석구석을 쓸고 닦고, 베란다에 있는 화분들까지도 정리했습니다. 겨우내 위태롭게 목숨을 이어오던 화초들이 이제는 한숨 돌리게 됐다는 듯 생기 있어 보였습니다. 형태를 잡아줄 것은 잡아주고, 정리해 줄 것은 정리해 주었습니다. 그러나 무심한 주인의 돌봄을 받지 못해 말라비틀어

카라바조, 〈과일 바구니〉

진 것들도 있었습니다. 미안한 마음으로 그것들을 뽑아내는데 문득 코끝 가득 향긋한 냄새가 배어들었습니다. 로즈마리였습니다. 로즈마리는 죽어서도 향기를 머금고 있었던 것입니다.

그 향기는 저를 몇 년 전에 방문한 적이 있던 밀라노의 암브로시오나 미술관으로 데려갔습니다. 사실 그때까지 그 미술관에 대한 정보는 많지 않았습니다. 스포르체스코 성 박물관에서 미켈란젤로 만년의 걸작인 〈론다니니의 피에타〉를 보고 난 후였기에 그곳은 가지 않아도 좋은 곳이었습니다. 그래도 다양한 회화작품을 놓칠 수 없다는 생각에 내리는 비를 무릅쓰고 그 미술관에 찾아갔던 것입니다. 사람들이 많지 않았기에 미술관 입구에 앉아 다리쉼부터 한 후 위로 올라갔습니다. 그곳에서 만난 것이 바로 카라바조(Caravassio, 1571-1610)의 〈과일 바구니Basket of Fruits〉라는 작품이었습니다. 제가 굳이 '만났다'는 표현을 쓴 까닭은 그 만남이 카라바조라는 사람에 대한 깊은 관심으로 저를 이끌어 갔기 때문입니다. 카라바조가 그 작품을 그린 것이 1596년이라고 하니까 그의 나이 25세 때입니다. 한창 혈기방장한 때입니다.

바구니 속에는 사과, 배, 포도 등의 과일과 나뭇잎이 가득 담겨 있습니다. 도판이 아닌 원본 앞에 설 때마다 색채가 주는 감동에 사로잡히곤 합니다. 고흐의 〈씨 뿌리는 사람〉을 미술관에서 처음 보았을 때가 떠오르네요. 저는 한동안 그 앞을 떠날 수 없었습니다. 변화산 산정에서 초막 셋을 짓고 거기서 살고 싶다고 말했던 베드로의 심정을 알 수 있을 것 같았습니다. 카라바조의 정물 역시 아름다웠습니다. 그런데 작품 속에 등장하는 과일은 싱싱하지 않습니다. 나뭇잎은 이미 오가리 들어 있고, 과일들도 시들어 있습니다. 언뜻언뜻 썩은 부분조차 보입니다. 시간에 빗대 말하자면 정오가 아닌 오후 4시 무렵이 화폭에 담겨 있는 것처럼 보였습니다. 어찌하여 카라바조는 그런 순간을 그렸던 것일까요?

그림은 대상에 대한 모사가 아니라 자기 마음을 그리는 것이라는 말이 빈 말은 아닌 것 같습니다. 그 과일 바구니에 담긴 것은 카라바조의 마음이었던 것입니다. 빛과 그늘, 영원과 시간, 생성과 소멸이 한 자리에 있었습니다. 빛이 만들어내는 생기가 영원을 떠올리게 해준다면, 빛이 통과하여 빚어낸 시듦은 소멸을 떠올리게 해줍니다. 〈과일 바구니〉는 이탈리아에서 그려진 최초의 정물화라고 합니다. 르네상스 이전의 회화 작품들은 주로 신화 혹은 성경에 등장하는 인물이나 이야기를 소재로 하고 있습니다. 카라바조는 그 관습적인 틀을 깨뜨렸고, 이전과는 아주 다른 방식으로 영원과 시간을 드러냈던 것입니다. 제가 그 그림 앞을 쉽게 떠날 수 없었던 것은 어렴풋하나마 카라바조라는 인물이 구현하고 있는 시대와의 불화와 그로 인해 그가 겪어야 했을 외로움이 절절하게 다가왔기 때문입니다.

실제로 카라바조는 당시 화단의 관습에 길들여지기를 거부한 반항아였다고 합니다. 그의 삶을 특징짓는 단어는 '싸움'과 '도주'입니다. 그는 불꽃같은 사람이었던 것 같습니다. 폭력 사건에 휘말려 들 때가 많았고, 싸움 끝에 사람을 죽인 적도 있다고 합니다. 그 때문에 그는 이탈리아를 떠날 수밖에 없었습니다. 그의 그림 가운데 〈골리앗의 머리를 든 다윗〉이 있습니다. 생의 말년에 그린 작품으로 알려지고 있는데, 그림 속에서 소년 다윗은 오른손으로는 칼을 들고 왼손으로는 골리앗의 잘린 머리를 들고 있습니다. 그런데 카라바조가 그린 다윗의 얼굴은 우리가 통념상 생각하는 모습이 아닙니다. 자신의 전리품을 바라보고 있는 다윗의 얼굴에는 승자의 의기양양함이 드러나 있지 않습니다. 오히려 수심에 차 있다고 말해야 할 것 같습니다. 죽은 자에 대한 깊은 연민에 사로잡힌 것일까요? 골리앗의 얼굴 역시 바라보는 이들에게 연민을 자아냅니다. 크게 벌어진 입, 뜨고 있지만 이미 눈빛이 흐려지고 있는 두 눈, 그리고 고뇌에 찬 듯 보이는 미간의 주름…. 놀라운 것은 카라바조가 골리앗의 모습을 자기 얼굴로 형상화했다는 사실입니다. 그는 자신이 인생의 패배자라고 생각했던 것일까요? 저물녘의 쓸쓸함이 그의 시선을 규정짓고 있는 것처럼 보입니다.

죽어서도 향기를 남기는 로즈마리로부터 카라바조의 〈과일 바구니〉를 거쳐 〈골리앗의 머리를 든 다윗〉에 이르기까지 두서없는 글이 되고 말았습니다. 우수 절기와 더불어 사순절이 시작되었습니다. 사순절은 삶과 죽음, 시간과 영원, 빛과 어둠이 날카롭게 구분되는 것이 아니라 등을 맞대고 있음을 일깨워줍니다. 어둠을 내포하지 않은 빛은 찬란하긴 하지만 깊이감을 만들어내지 못하고, 소멸의 계기를 내포하지 않은 생성은 활기차긴 하지만 불안정합니다. 승자들의 의기양양한 노랫소리가 패자들의 아픔을 더욱 도드라지게 만드는 무정한 세월입니다. 약자들과 패자들에 대한 연민조차 스러진다면 우리 사회는 정말 욕망의 전장이 되고 말 것입니다. 이제 봄기운이 완연합니다. 선드러진 발걸음으로 걷는 젊은이들의 모습이 참 좋아 보입니다. 분주하더라도 가끔 시간을 내 공원 산책이라도 하시면 좋겠습니다.

소리가 이루는
장엄한 세계

어제 모임을 마친 후 잘 들어가셨는지요? 모처럼의 만남이 참 반가웠습니다. 더 깊은 대화의 자리에 동참하지 못한 것이 영 아쉬웠습니다. 요즘 저를 사로잡고 있는 통증 때문에 잠을 자꾸 설치다 보니 몸에 면역력이 떨어져서인지 컨디션 조절하기가 여간 어려운 게 아닙니다. 혼자 집으로 돌아가는 길, 찬바람에 연신 옷깃을 여미면서도 젊은 시절을 반추하는 즐거움을 누렸습니다.

대학원 시절에 만났으니 벌써 30년도 더 되었네요. 생각해보면 미숙하기 이를 데 없었지만 우리는 나름대로 참 치열했습니다. 진실의 옷자락이라도 만져보고 싶은 열망과 시대가 빚어내는 우울이 미묘하게 뒤섞여 우리는 비틀거리곤 했었지요. 오랜 세월이 흘러 사는 모습도 자리도 달라졌지만, 그래도 우리는 같은 중심을 향해 걷고 있는 거지요? 가슴 가득 이상한 안도감이 몰려왔습니다.

쌀 붇는 소리에 대해 말씀하셨지요? 쌀을 불릴 때 나는 소리라 하셨는데 저는 그 소리를 들은 기억이 없습니다. 집에 들어가 아내에게 물었더니 그 미세한 소리 흉내를 내더군요. 그 소리는 쌀알 속에 있는 무수히 많은 틈이 벌어지는 소리겠지요? 세상에, 그런 소리를 들으려면 얼마나 고요해야 하는 것일까요? 일전에 어느 수목원에 갔을 때 직원이 청진기를 가져오더니 나무에 물오르는 소리를 들어보라고 하더군요. 나무 밑둥께에 청진기를 대고 귀를 기울여봤지만 저는 그 소리를 분간해내지 못했습니다. 노자는 다섯 가지 소리가 우리 귀를 어둡게 만든다고 했습니다. 나도 다섯 가지 소리에 중독이 된 모양입니다.

이른 새벽, 홀로 잠에서 깨어나 주위에서 들려오는 소리에 귀를 기울여보았습니다. 바람이 창문을 흔드는 소리, 째깍째깍 울리는 시계 소리, 멀리서 들려오는 자동차 소리. 좀 황량하지요? 저도 모르는 사이에 시간 여행을 시작했습니다. 유년 시절 나의 심성과 정서를 형성했을 소리가 무엇인지 떠올려보기로 한 것입니다.

제일 먼저 떠오른 것은 아랫목에서 막걸리가 익어가며 내던 소리입니다. '보글보글.' 밀주 단속이 이뤄지던 시대였지만 농민들은 몰래 집안에서 막걸리를 담그곤 했지요. 그 시큼하고 달착지근한 냄새가 나는 듯합니다. 단속반이 떴다는 소식이 다급하게 전해지면 술 단지를 들고 산으로 뛰어올라가던 어른들의 모습도 오련하게 떠오릅니다. 아궁이에서 솔가리가 탈 때 나는 소리, '자작자작.' 밀짚을 태울 때 나는 소리, '타닥타닥.' 군불에 묻어두었던 밤 껍질이 터지는 소리, '탁탁.' 댓닢을 스쳐온 바람소리, '사르륵사르륵.' 솔숲을 거쳐 온 바람소리, '쏴아쏴아.' 비가 그친

하늘은 하나님의 영광을 드러내고, 창공은 그의 솜씨를 알려 준다.
낮은 낮에게 말씀을 전해 주고, 밤은 밤에게 지식을 알려 준다.
그 이야기 그 말소리, 비록 아무 소리가 들리지 않아도
그 소리 온 누리에 울려 퍼지고, 그 말씀 세상 끝까지 번져 간다.

후 혹은 볕이 나 지붕 위에 있던 눈이 녹아 내려 섬돌 위에 떨어지는 소리, '똑똑똑.'

황소의 울음소리도 들려오는 듯합니다. 정지용은 소 울음소리를 '금빛 게으른 울음'이라 했지요? '음머' 하는 소리에 담긴 그 울림과 빛깔과 정서를 어쩌면 이리도 적확하게 표현했는지 놀랍기만 합니다. 10여 마리의 새끼들이 젖이 돌게 만들려고 어미 돼지의 가슴을 일제히 들이받을 때 '꿀꿀꿀꿀' 신음하던 돼지의 울음소리도 들려오는 듯합니다. 닭이 홰치는 소리, 솔개 그림자가 마당귀를 스치면 '구구구구' 소리를 내며 새끼들을 불러 품에 안던 암탉 소리, 푸르스름한 기운이 서린 동녘 하늘을 향해 '꼬끼오' 하고 울어 새벽을 깨우던 수탉의 울음소리, 한낮의 무료함을 깨뜨리려는 듯 혼자 '컹컹' 짖는 누렁이 소리. 그 다양한 소리가 어울려 한 세상을 이루고 있었습니다. 아, 각종 새 소리도 빼놓을 수 없습니다. 참새, 직박구리, 꾀꼬리, 뻐꾸기, 꿩, 멧비둘기, 뜸부기, 부엉이, 소쩍새 울음소리도 제 귀에 들려오는 듯합니다.

어머니의 다듬이질 소리, 기억나시지요? 나무 방망이와 다듬잇돌과 피륙이 이루어내는 리드미컬한 소리는 정말 멋스러웠습니다. 두 사람이 마주 앉아서 다듬이질을 할 때는 어쩌면 그렇게 박자를 잘 맞추는지 경이롭기도 했습니다. 어쩌면 우리는 어린 시절부터 집에서 난타 공연을 본 것인지도 모르겠어요. 이불 호청이나 큰 빨래를 둘이 마주잡고 '쫙쫙' 펴는 소리, 다림질하기 위해 입에 머금은 물을 '푸푸' 옷에 뿌리는 소리도 그립습니다.

한 여름, 비가 내리면 함석 차양을 한 이웃집으로 달려가 빗방울이 함석을 두들기는 소리를 듣기도 했습니다. 초가집에 사는 이들은 들을 수 없었던 세련된 소리였지요. 가을이면 들판에서 참새를 쫓느라 어른들과 아이들이 어울려 내는 '휘어이~ 휘어이~' 소리가 환청처럼 들려옵니다. 밤이면 벽간에서 울려나던 귀뚜라미 소리 또한 빼놓을 수 없습니다. 타작마당에서 탈곡기가 돌아가며 내던 소리, '와릉와릉.' 알밤이나 도토리가 가랑잎 위로 떨어지는 소리, '후두둑.' 건넌방에서 아버지가 가마니를 짜는 소리, '탁탁.' 추운 겨울이면 꽁꽁 얼어붙었던 방죽의 얼음장이 갈라지는 소리, '쩡!' 바람 들어오지 말라고 여닫이문에 발라놓은 문풍지가 우는 소리, '부르르르.' 동장군의 위엄이 사뭇 느껴지곤 했습니다.

어느 것 하나 그립지 않은 것이 없습니다. 이런 소리를 들으며 살았다는 사실이 마치 신화처럼 느껴지는 것은 우리가 그만큼 원형적인 삶으로부터 멀어졌다는 이야기이겠지요? 그 소리들이 환기시키는 것은 산업화 이전 농촌 마을의 적요함인지도 모르겠습니다. 큰 욕심 없이 살던 사람들, 그래서 살풋한 정을 나누며 살던 사람들은 기억의 저편으로 사라지고 말았습니다. 하지만 기억의 갈피에 남아 있는 그 소리들은 인간이 만들어놓은 완강한 경계를 넘어 자연과 우리 존재를 안팎 없이 연결시켜주는 매개였고, 소소한 일상에 색채감을 더하는 계기였습니다.

그 소리들은 또한 무상함 속에 깃든 영원의 편린이었던 것 같기도 합니다. 그 소리를 따라 무람없이 걷다 보면 어느새 숨결이 가지런해지겠지요? 고요하고 담담한 시어로 삶의 진경을 드러냈던 당나라 시인 왕유는 고요함을 익히는 것習靜이야말로 온후한 성품을 닦는 길이라 했습니다. 벌써 일 년 넘게 시편의 세계를 노닐고 있습니다만 볼 때마다 제 마음을 조용히 흔드는 것은 시편 19편입니다.

> 하늘은 하나님의 영광을 드러내고, 창공은 그의 솜씨를 알려 준다. 낮은 낮에게 말씀을 전해 주고, 밤은 밤에게 지식을 알려 준다. 그 이야기 그 말소리, 비록 아무 소리가 들리지 않아도 그 소리 온 누리에 울려 퍼지고, 그 말씀 세상 끝까지 번져 간다(시편 19:1-4a).

시인은 소리 없는 소리가 온 누리에 울려 퍼지고 있다고 말합니다. 그 말씀이 마치 화선지에 배어드는 먹물처럼 세상 끝까지 번져간다고 말합니다. 시인은 어쩌면 생성과 소멸 너머의 세계를 바라보고 있는지도 모르겠습니다. 아, 이런 소리를 알아차리기 위해서는 얼마나 고요해져야 하는 것일까요? 그 고요함이 없어 우리의 일상은 비루해진 것 같습니다. 유년 시절에 듣던 소리들이 폭력적으로 제거된 후 우리네 심성 또한 거칠어졌습니다. 공동 주택에 사는 이들은 층간 소음 문제로 신경을 곤두세우고 있고, 관리사무소가 스피커를 통해 전하는 메시지는 우리들의 안온한 삶을 단절시키곤 합니다. 거리를 질주하는 성마른 운전자들은 마구 경적을 울려 도시를 잿빛으로 만들고, 버스 기사가 틀어놓는 라디오 소리는 우리 의사와 무관하게 우리 귓전을 파고듭니다. 가까운 공장에서는 무시로 자르고 두드리고 갈아대는 소리가 넘어옵니다. 가히 소리의 폭력 속에 산다 할 수 있겠습니다.

정치가들의 호언장담, 계율화된 언어로 사람들을 현혹하는 종교인들의 큰 소리, 어딜 가나 안하무인격으로 목소리를 높이는 사람들로 인해 세상은 소란합니다. 끝없이 고독한 자리를 소망했던 토마스 머튼의 심정을 알 것 같습니다. 당분간 이 복잡한 도시를 떠나기는 어렵겠지만, 그래도 폭력적으로 추방당한 작은 소리들에 의도적으로 귀를 기울여야 하겠습니다. 물론 광야에서 쫓겨난 하갈과 이스마엘과 같은 이들의 소리에도 귀를 기울여야 하겠지요. 그 소리를 외면하는 것은 하나님의 낯을 피하는 일이 될테니까요. 지금도 저 창 밖에서 '우우' 불고 있는 바람소리는 어쩌면 봄을 깨우는 소리인지도 모르겠습니다. 봄 되어 나무에 연둣빛 물이 오를 즈음, 그리움을 안고 찾아가겠습니다. 오늘도 들길을 걸으며 돋아나는 잡초들과 이야기를 나누시겠네요. 봄빛으로 오시는 주님과 더불어 마음 넉넉하시길 빕니다.

칼로카가티아

나는 일필휘지를
믿지 않는다

　　　　　　　　　　　　　그 동안도 평안히 잘 계셨는지요? 경
칩 절기에 접어들었으니 이제 봄이 지척입니다. 봄 신명에 지펴볼까 했
는데 마음을 어지럽게 하는 일들이 참 많이 일어나는군요. 잠시 스산한
마음을 다스리려고 카페에 나와 앉아 있는데 열정이 과한 이들의 큰 목
소리 때문에 정신이 없네요. 공적 공간을 사유화하는 이들을 보면 늘 마
음이 불편합니다. 가끔 저도 모르게 낯을 찌푸리고 그쪽을 바라봅니다.
말의 속도도 빠른 데다가 높고 새된 소리로 쉴 새 없이 떠드는 사람을
보며 심호흡만 하고 앉아 있습니다. 어서 이 시련의 시간이 지나가기를
기다리면서요.

　　유럽을 떠돌다가 지칠 때마다 도시 어디에나 있는 교회당에 들어갔던
기억이 납니다. 다리 쉼을 할 요량이었지만 실은 도시의 번잡을 잠시 떠
나 고요함을 채우고 싶은 마음이 더 컸습니다. 뉘른베르크의 어느 예배

당에서 '고요함의 오아시스'라는 말을 만났을 때 나는 마치 그것이 교회의 역할이어야 한다고 예단해 버리기도 했습니다. 그곳에 들어가기만 하면 진동한동 다니느라 거칠어졌던 호흡이 가지런해지고, 이리저리 분산되었던 정신이 초점을 되찾고, 마음속 깊은 곳에서 따뜻한 기운이 절로 솟아나오는 곳 말입니다.

떼제에 잠시 머물 때 저는 거의 매일 로제 수사가 묻혀 있는 마을 교회를 찾곤 했습니다. 그곳에 온전한 고요함이 있었기 때문입니다. 색유리를 투과한 빛이 부드럽게 실내를 어루만졌고, 그 빛은 낡은 장의자 위에도 슬며시 내려앉았습니다. 그곳에서는 빛조차 숨죽이는 것처럼 보였습니다. 언제 가보아도 제대 아래에는 오랜 시간 오체투지로 엎드린 이들이 꼭 있었습니다. 더러 침묵의 뿌리에 가닿으려는 듯 무릎을 꿇고 있는 이들도 있었습니다. 문을 열고 들어오는 이들도 그 고요함을 훼손하지 않으려고 여간 조심하는 것이 아니었습니다. 누가 말하지 않아도 사람들은 서로 지켜야 할 것을 지켰습니다. 말을 나누지는 않았지만 침묵 안에서 우리는 하나였습니다.

요즘은 공간을 구성하는 방식이 우리의 사유와 삶의 방식을 결정할지도 모른다는 생각이 더욱 깊어지고 있습니다. 어떤 공간에 들어서느냐에 따라 사람들의 행동 패턴이 달라지기 때문입니다. 종교 시설에 들어서는 순간 사람들은 거룩의 현존 앞에 서 있음을 느낄 수 있어야 합니다. 하지만 우리의 현실은 그렇지 못합니다. 안타까운 일입니다. 얼마 전에 지인이 한 말이 떠오릅니다. 그는 누군가가 꿈이 뭐냐고 물으면 3초 이내에 대답해야 한다고 하더군요. 그만큼 절실한 꿈을 가져야 한다는 말이겠지요. 사실 저는 꿈을 묻는 이들에게 할 말이 별로 없었습니다. 아시다시피 저는 삶에 그렇게 적극적이지 않습니다. 하루하루 성실하게 살려고 노력하지만 어떤 목표를 정해놓고 그걸 이루기 위해 아등바등하고 싶지는 않습니다. 하지만 그의 말을 듣는 순간 오래 전 제 마음에 들어왔던 꿈 하나가 떠올랐습니다. 그리고 그 꿈을 이제 사람들에게 드러내야겠다는 생각이 들었습니다.

몇 해 전 베를린에 갔을 때 전쟁에서 희생된 사람들을 기리기 위해 세워진 마리아 레기나 마르티룸Maria Regina Martyrum 성당을 둘러볼 기회가 있었습니다. 제단 뒤에 걸려 있는 조지 아이스터만G. Eistermann의 대형 프레스코화가 매우 인상적이었습니다. 〈계시〉라는 제목의 작품이었는데 밝은 색의 빈 공간 속으로 어두운 빛깔의 사각형 조각들이 뚫고 들어오는 모습을 형상화하고 있었습니다. 중앙에는 한 개의 눈과 왕관을 쓴 어린 양 그리고 둥근 낫이 그려져 있었는데 빛과 어둠, 삶과 죽음 사이에 있는 삶의 두려움과 따뜻함을 동시에 드러내는 것 같았습니다. 제단에 그런 추상화를 설치할 생각을 한 사람들의 용기에 박수를 보내고 싶었습니다.

본 예배당 밖에는 순교자들을 기리기 위해 만들어 놓은 조형물이 있었는데, 그 앞에는 사람들이 밝혀놓은 촛불이 가만히 일렁이고 있었습니다. 마치 망자들의 혼이 산 자들을 향해 무슨 말을 하는 것처럼 보였습니다. 가톨릭 교회였음에도 불구하고 디트리히 본회퍼의 이름도 기록된 것을 보고 놀랐습니다. 그 뒤편에 있는 소 예배실의 문을 열고 들어서는 순간 저는 숨이 막힐 것 같았습니다. 자연 조명과 인공조명이 절묘하게 뒤섞인 공간은 성스러운 기운으로 가득 했습니다. 특별한 장식이 없기에 그 공간은 오히려 깔끔하게 보였습니다. 자극이 최소화 되었기에 깊이 침잠할 수 있었고, 나의 작음을 저항감 없이 받아들일 수 있었습니다. 빛과 어둠이 서로를 밀어내지 않으며 공존하는 그곳에서 나는 그분의 그느르심을 흔감하게 경험했습니다.

제대를 가운데 두고 'ㄷ'자 모양으로 배치된 장의자마다 고요함이 서려 있었습니다. 너무 커서 압도하지도 않고, 너무 작아서 답답하지도 않았습니다. 기껏해야 60여 명 정도 쯤 앉을 수 있는 그곳에서 나는 마치 영혼의 고향에 당도한 것 같은 감동을 느꼈습니다. 그 성스러운 공간에서 쉽게 떠날 수가 없어 아주 오랫동안 그곳에 머물렀습니다. 알 수 없는 서러움이 찾아왔고, 부박한 나의 실존이 떠올라 눈시울이 시큰해졌습니다. 그때 제게 그 꿈이 들어온 겁니다. 그런 공간 하나 마련할 수 있으면 좋겠다구요. 들어서는 순간 신의 현존 앞에 선 듯 두렵고 떨림으로 자기를 돌아보도록 만드는 공간, 아무 것도 하지 않아도 그 공간에 머무는 것만으로도 치유를 경험하게 되는 그런 곳 말입니다. 꿈이 절실하면 이루어진다는 통설을 믿어도 될까요?

해가 뉘엿뉘엿 기울면서 조금 고요해졌습니다. 울가망하던 마음이 조금은 거늑해졌습니다. 산 저편으로 서린 이내嵐氣가 신비롭습니다. 엊그제 전주에 있는 최명희 문학관에 다녀왔습니다. 그는 '혼불'을 잃은 우리 시대에 밝혀진 밝은 등불이라는 생각이 들었습니다. 80년대 초에 《혼불》의 첫 권이 나왔을 때는 작가의 더디고 섬세한 문장을 견딜 수가 없어서 책장을 덮기도 했습니다. 그 참담한 시대를 지나는 동안 그런 속도를 견딜 수 없을 만큼 내 영혼은 조바심치고 있었기 때문일 겁니다. 책을 다시 손에 든 것이 1999년인데 이때는 작가의 영혼과 깊이 조응할 수 있었습니다. 작가가 세상을 떠난 게 1998년이니까 아둔한 나는 그의 사후에야 작품의 진가를 알아본 셈입니다.

문학관에서 만난 몇 구절이 잊히지 않습니다. "언어는 정신의 지문指紋, 나의 넋이 찍히는 그 무늬를 어찌 함부로 할 수 있겠는가." 꽤 오랫동안 글이랍시고 쓰면서 아까운 종이를 축내온 처지라 이 말은 참 두렵게 다가왔습니다. 나름대로는 진실하려고 애써왔지만 내 넋의 무늬를 찍었는지는 장담할 수 없기 때문입니다. "그믐은 지하에 뜬 만월滿月, 어둠은 결코 빛보다 어둡지 않다." 작가의 11회 단재상 수상소감을 요약한 말이라더군요. 작가가 바라보고 있는 세계의 비밀이 여기에 있는 것 같습니다. '어둠은 결코 빛을 이길 수 없다'는 말에 익숙한 이들에게는 참 낯선 말일 겁니다.

하지만 작가는 어둠 속에 갇힌 불꽃을 보는 동시에 빛 속에 깃든 어둠을 보는 사람이지요. 작가는 사람들의 시선이 미치지 않는 곳을 주목하고 있습니다. 시간과 더불어 소멸할 수밖에 없는 것들 속에서 불멸의 계기를 보는 것이지요. 문학관에서 무엇보다 제 눈길을 사로잡은 것은 작가의 손 글씨였습니다. 단정하고 듬쑥한 글씨는 작가의 고요한 영혼의 풍경과 같았습니다. 영상을 통해 천천히, 또박또박 마치 원고지에 글을 새기듯 적어가는 모습을 보는 동안 최명희 선생에게 글쓰기는 치열한 구도의 과정이었음을 알 수 있었습니다. 무려 3미터에 달한다는《혼불》 원고지에 그는 십수 년에 걸쳐 자기 혼을 새겨 넣었던 것입니다. 영상에 나오는 자막이 제 눈길을 잡아챘습니다.

> 나는 일필휘지를 믿지 않는다.
> 《혼불》은 내 온 존재를 요구했다.
> 나는 일필휘지가 갖고 있는 한 순간에 우주를 꿰뚫는,
> 정곡을 찌르는 강력한 힘도 좋지만
> 천필만필이 주는 다듬어진 힘이 좋다.
> 내 정신의 가지는 저 찬연한 빛의 책에 이를 것인가.

일필휘지를 탐한 바는 없지만 저는 글을 꼼꼼하게 다듬지 못합니다. 이상하게도 한 번 쓴 글을 다시 읽고 싶어 하지 않는 병에 걸렸습니다. 그래서 퇴고를 거듭하는 이들을 보면 부끄러워집니다. 최명희 선생의 태도는 오에 겐자부로의 태도와도 일맥상통합니다. 그는 자기 글쓰기를 '일래버레이션elaboration'이라는 한 단어로 요약했습니다. '정교화'라고 번역할 수도 있겠지만 오에는 '노작勞作'으로 번역할 것을 제안했습니다. 다듬고 또 다듬어 마침내 더 다듬을 수 없는 데까지 이르기 위한 치열한 노력이 대가들을 만드는 것 같습니다.

어쩌면 이것은 우리 삶에도 그대로 적용되는 것이 아닐까 싶습니다. 글, 인격, 삶을 대하는 태도, 다른 이들을 대하는 태도…. 그 무엇이든 정

성을 다할 때 진리의 옷자락을 만져볼 수 있지 않을까요? 거룩함에 대해 말하는 사람은 많지만 거룩함을 체현하고 사는 사람은 많지 않습니다. 저는 끝없이 사람들을 훈육하려는 종교인들 -저 자신을 포함하여- 보다 자기 일에 몰두하는 이들의 모습이 어린 하늘빛에서 깊은 위로를 받곤 합니다.

　자주 뵙지는 못하지만 저만치에 그리움으로 호명할 이름이 있다는 사실이 얼마나 고마운지요. 내내 청안청락하시길 빕니다.

프레드릭,
넌 시인이야

고뿔은 다 나으셨는지 모르겠습니다.
환절기만 되면 찾아오는 불청객 때문에 늘 고생하곤 하셨지요. "가장 헐
벗었다고 생각하는 겨울에, 나무들이 가장 뜨겁게 타오른다"는 말씀을
실감하는 나날입니다. 산수유 노란 꽃망울이 무채색의 도시를 환하게 밝
히고 있습니다. 약속한 것도 아닐 텐데 어쩌면 그렇게 일제히 피어나고
솟아오르는지 모르겠습니다. 자꾸만 교회 마당가의 살피꽃밭을 살피게
됩니다. 레오 리오니의 동화 《프레드릭》을 아시는지요? 교회에서 어린
이 도서관을 운영하던 초창기에 저는 틈만 나면 도서관에 들러 그림책
을 읽었습니다. 그러던 중 아내의 권고로 읽게 된 것이 바로 《프레드릭》
이었습니다. 읽자마자 매혹되었습니다.

　헛간과 곳간에서 가까운 돌담에 수다쟁이 들쥐 가족의 보금자리가 있
었습니다. 농부들이 다 떠나고 난 후 헛간은 버려지고 곳간은 텅 비었습

니다. 겨울이 다가오자 작은 들쥐들은 옥수수와 나무 열매, 밀과 짚을 모으기 시작했습니다. 프레드릭만 빼고는 다 열심히 일했습니다. 넌 왜 일하지 않느냐는 들쥐들의 질문에 프레드릭은 이렇게 대답합니다. "나도 일하고 있어. 난 춥고 어두운 겨울날들을 위해 햇살을 모으는 중이야."

어느 날 들쥐들은 동그마니 앉아 풀밭을 내려다보고 있는 프레드릭에게 지금은 뭐하냐고 물었습니다. 프레드릭은 "색깔을 모으고 있어. 겨울엔 온통 잿빛이잖아"라고 대답했습니다. 반쯤 눈을 감고 조는 것처럼 보이는 프레드릭에게 "너 꿈꾸고 있지?" 하고 묻자 프레드릭은 "아니야, 난 지금 이야기를 모으고 있어. 기나긴 겨울엔 얘깃거리가 동이 나잖아" 하고 대답했습니다.

겨울이 깊어가고 주위가 쓸쓸해지자 프레드릭은 들쥐들을 위해 햇살 얘기를 들려주었고 들쥐들은 몸이 따뜻해졌습니다. 프레드릭이 파란 덩굴꽃과, 노란 밀집 속의 붉은 양귀비꽃, 또 초록빛 딸기 덤불 얘기를 들려주자 들쥐들은 자기 마음속에 그려진 색깔들을 볼 수 있게 되었습니다. 또 프레드릭이 아름다운 이야기를 들려주자 들쥐들은 행복해져서 말합니다. "프레드릭, 넌 시인이야!" 그러자 프레드릭은 얼굴을 붉히며 인사를 한 다음, 수줍게 말했습니다. "나도 알아."(레오 리오니 그림/글, 《프레드릭》, 최순희 옮김, 시공주니어)

이 말랑말랑하고 간질간질한 마지막 대목을 저는 사랑하게 되었습니다. 열심히 일하는 사람도 필요하지만 꿈을 꾸는 사람도 필요하다는 사실을 이보다 잘 드러낼 수 있을까요? 가끔은 '시인의 용도'가 뭐냐고 맹랑한 질문을 던지기도 하지만 저는 분명히 압니다. 시인은 우리 인생의 겨울을 위해 신이 보내주신 선물임을 말입니다. 지천으로 널려 있어 아무도 주목하지 않던 것을 프레드릭은 모아둡니다. 그리고 쓸쓸한 날에 그것을 풀어내 다른 들쥐들의 쓸쓸한 마음에 봄을 가져옵니다.

정호승 시인이 예수를 가리켜 시인이라 했던 말은 이런 뜻에서 참입니다.

> 그는 모든 사람을
> 시인이게 하는 시인
> 사랑하는 자의 노래를 부르는
> 새벽의 사람
> 해뜨는 곳에서 가장 어두운
> 고요한 기다림의 아들
>
> - 정호승, 〈시인 예수〉 중에서

프레드릭이 들려주는 이야기가 들쥐들의 마음에 봄의 기억을 되살려냈다면, 예수는 만나는 모든 이들의 가슴에 봄을 가져갔습니다. 예수를 가리켜 '안에 핀 꽃'이라 하는 이도 있습니다.

지난 주중에 100여 명의 목회자들이 모인 자리에 가서 함께 이야기를 나누는 시간을 가졌습니다. 대개는 목회 초년병이거나 개척교회를 섬기는 이들이었습니다. 그분들은 대개 어떤 목마름에 이끌려 모임에 참여했을 겁니다. 어느 날 그들 내면에 활짝 피어난 '예수 꽃'에 이끌려 목회의 길에 접어들었지만 현실은 전혀 낭만적이지 않았을 겁니다. 길을 안다고 생각했지만 어느 순간 길을 잃어버린 것 같은 불안감에 시달렸을 겁니다. 조금 일찍 그 길을 걸었던 사람으로서의 경험을 나누기 위해 그 자리에 있었지만 그분들의 이야기를 들으며 참 가슴이 아팠습니다.

하루하루 생존의 문제에 전전긍긍해야 하는 그분들에게 '죽은 나무에 물을 주는 심정으로 살라', '패배를 받아들이라', '크기에 대한 선망을 버리고 본질을 붙들라'는 말은 사치스러운 말처럼 들렸을 겁니다. 하지만 현실적인 어려움도 그분들 속에 있는 '시인'을 무화시킬 수는 없는 것 같았습니다. 3년 7개월 동안 내외 둘이서만 새벽 기도를 드리고 있다고 말하던 한 목사 부인은 그간의 설움이 북받쳐 올랐는지 울컥 눈물을 쏟아냈습니다. 눈물을 거둔 후 그는 말했습니다. "하지만 지금 우리는 그 어느 때보다 행복합니다." 가슴이 아려왔습니다.

어느 분은 장년 교인이 별로 없는 교회인지라 거리에 방치된 아이들을 돌보는 일을 시작했던 사연을 들려주었습니다. 목사님은 아이들과 컴퓨터 오락도 함께 해주고 씨름도 하면서 아이들과 놀아주었고, 사모님은 엄마의 마음으로 아이들을 위해 밥을 짓기 시작했습니다. 돌보아야 하는 아이들이 많아지면서 찬거리를 장만하는 일에 마음이 쓰였습니다. 그런데 그들은 '일부러 시장을 보지 말고 냉장고 안에 있는 제일 신선한 식재료로 음식을 만들자'고 다짐했습니다. 음식 만드는 일이 부담이 되면 짜증이 날 수도 있었기 때문입니다. 그 일이 알음알음 소문이 나면서 식재료를 보내오는 이들도 생겼고 그 때문에 지역사회와 소통하는 계기가 마련되었다고 말하는 사모님의 표정이 참 선선했습니다.

어느 분은 큰 나무 아래에서는 큰 그늘이 생기고 작은 나무 아래에서는 작은 그늘이 생기는 법이니 자신의 분량에 맞게 성실하게 살겠다고 다짐하기도 했습니다. 섬김을 위해 정위된 그분들의 삶은 비록 가난하기는 할망정 비참하지는 않습니다. 아니, 인간의 등불을 밝혀든 채 살고 있으니 차라리 행복하다고 말해야 할까요?

요즘 교회가 공사 소음으로 시끄럽습니다. 턱없이 부족한 공간을 재배치하기 위한 공사인데 일의 과정이 그렇게 순조롭지 않습니다. 각자의 분야를 맡은 인부들의 협업이 이루어지지 않아 일이 꼬일 때가 많기 때문입니다. 커팅 작업을 하던 이가 실수로 동력선을 잘라놓아 전기가 끊겼는데, 전기공은 며칠째 모습을 드러내지 않는 식입니다. 덕분에 사흘씩이나 전기 없이 지내야 했고, 어쩔 수 없이 카페를 전전하며 일을 해야 했습니다. 왜 협업이 이루어지기 어려운 것일까요? 현장에 붙어 서서 잔소리를 하는 이들이 없기 때문일까요? 힘겨운 노동을 신명나게 하기가 어렵다는 사실을 알고는 있지만 서로에 대해 배려하는 태도가 부족한 것은 분명해 보입니다. 소외된 노동의 전형을 보는 것 같아 마음이 조금 무거웠습니다.

일상의 노동에 지친 이들에게 성찰적 태도를 요구하는 것 자체가 무리인가요? 성찰이란 타자 혹은 대상과의 만남을 통해 자기 자신을 새롭게 돌아봄입니다. 자기 속에 있는 무절제, 탐욕, 게으름, 분노를 돌아봄으로써 스스로를 변화의 가능성 앞에 세우는 것 말입니다. 몸 노동을 하는 사람들만의 문제가 아닙니다. 경쟁을 내면화한 채 살고 있는 이들이 자기 성찰적 태도를 갖기란 참 어려운 일입니다. 타인은 나를 비추는 거울이기 보다는 극복해야 할 대상인 경우가 많으니 말입니다. '경쟁'과 '피해의식' 으로 사람들을 대하는 순간 내면의 평화는 스러질 수밖에 없습니다.

몸과 마음에 밴 습성을 '에토스ethos'라고 하지요? 에토스는 그대로 자기의 성격 혹은 인성으로 고착화되게 마련입니다. 그렇기에 참 사람이 되기 위해서는 애써 자기를 성찰하고 단련하고 연마해야 합니다. 함부로, 되는 대로 사는 것처럼 인생의 낭비가 또 있겠습니까? 하나님은 당신의 뜻대로 지어진 세상을 보면서 '참 좋다' 하며 감탄하셨습니다. 세상의 피조물 속에는 하나님의 지문이 묻어 있습니다. 우리의 일도 그러하겠지요? 저는 가끔 말합니다. 기독교인들은 못 하나를 박아도 기독교인답게 박아야 하고, 페인트칠을 해도 기독교인답게 칠해야 한다고 말입니다.

어느 때부터인가 "우리는 하나님의 작품입니다"(에베소서 2:10)라는 성경구절이 마음에 깊이 새겨졌습니다. 이 말만 명심해도 삶의 자세가 저절로 가다듬어질 것 같습니다. 아리스토텔레스가 가르치는 윤리의 핵심은 '칼로카가티아kalokagathia'라는 말속에 잘 드러나고 있습니다. 그것은 성격의 고귀함과 선함을 드러내는 말입니다. 아름다움 앞에 자꾸 서보고, 그 아름다움을 향유할 수 있는 능력이 깊어갈 때 자기중심주의의 굴레에서 벗어날 수 있지 않을까 생각합니다.

객쩍은 말이 길어졌습니다. 일에 몰두하느라 봄볕으로 찾아오는 그분의 임재 앞에 서는 일을 게을리 하지 않았으면 좋겠습니다.

더 나은
사람의 꿈

잘 계신지요? 사위가 고요한 시간, 홀로 일어나 앉아 찬물 한 잔을 들이켰습니다. 가슴 가득 시원함이 번져갑니다. 그리고 저 어둠에 잠긴 주변 세계를 바라봅니다. 책이 겹겹이 쌓인 서가며, 낯익은 생활의 흔적들이 여기저기 흩어져 있습니다. 탁자 위에는 엊저녁 아내가 읽다가 덮어둔 파트릭 모디아노의 《어두운 상점들의 거리》가 놓여 있고, 옆에는 빨리 읽고 싶다며 꺼내놓은 줌파 라이히의 《이름 뒤에 숨은 사랑》도 보입니다. 며칠 감기로 골골거리더니 아내가 약국에서 받아온 분홍색 진해거담제도 지친 듯 놓여 있습니다.

거실 곳곳에 마치 숨겨진 듯 놓이거나 걸린 십자가를 하나하나 살펴봅니다. 그 십자가와 만났던 장소 혹은 사람들이 떠오릅니다. 축복하는 마음으로 그 하나하나를 더듬어보았습니다. 그리고 목에 걸고 다니던 끈 달린 노란 리본과 예은이 엄마가 잊지 말아 달라며 내 가슴에 부착해주었던 노란 리본을 가만히 만져봅니다. 저릿하게 스며드는 아픔에 눈을 감았습니다. 수많은 미완성의 이야기가 물에 잠겼고, 그로 인해 수많은 이야기가 만들어졌습니다. 비극이라는 말로 가름할 수 없는 이야기들입니다. 하지만 생명은 스러져도 이야기는 죽지 않는 법이지요. 이야기를 불멸로 만드는 것은 살아있는 자의 기억에의 의지입니다.

고요한 시간을 핑계로 넋두리를 한 것 같습니다. 모악산 자락에서 함께 나누었던 대화가 참 좋았습니다. 이야기의 내용이나 결 모두 마음에 새겨두어야 했습니다. 하루하루 노동의 흔적이 배어 있는 그 공간을 어둠 속에서 둘러볼 수밖에 없었지만 가시나무와 엉겅퀴를 걷어낸 자리에, 나무를 심고 푸성귀를 심는 이야기를 들려주며 신명내시는 모습을 보는 것만으로도 행복했습니다. 손노동으로부터 너무 멀어진 제 삶이 부끄럽기도 했습니다.

어린 시절 저는 아버지의 일을 도와 밭에서 일하는 것을 참 좋아했습니다. 어른들이 밭두둑 저만치에 놓인 트랜지스터 라디오에서 나오는 소리에 귀를 기울이기도 하고 두런두런 이야기를 나눌 때에도 나는 잘한다는 칭찬을 듣고 싶어 그 작은 손으로 호미를 야무지게 들고 콩밭을 매곤 했습니다. 어른들보다 늘 앞서나갔었지요. 아버지가 집에서 상당히 떨어진 논에서 수확한 볏단을 지게로 져 나르실 때는 나도 작은 지게에 서너 뭇이라도 나르고 싶어 하던 기억도 납니다. 중심을 잡지 못해 한쪽으로 쏠릴 때마다 지겟다리로 앙버티던 그때의 느낌이 지금도 생생합니다. 아, 나는 노동으로부터 너무 멀리 떨어져 나왔습니다. 웃통을 벗어부치고 장작을 패는 그런 노동이 아니라 해도 손으로 할 수 있는 일이 없다는 사실을 생각할라치면 왠지 땅에서 뿌리 뽑힌 것 같아 허전해집니다.

엊그제 어떤 신학 잡지를 재출간하기 위한 모임에 초대받아 갔습니다. 그곳에서 오랜만에 학계의 여러 어르신들을 만나 뵐 수 있었습니다. 팔십 넘으신 분이 여러 분 계셨고, 구십이 넘은 분도 계셨습니다. 그런데 어쩌면 모두 그리 고요하고 꼿꼿하시던지요. 마치 큰 산 앞을 마주하고 앉은 듯한 느낌이 들었습니다. 그 어른들이 유지하고 있던 고요함은 주변을 질식시키는 완강한 고요함이 아니라, 주변을 부드럽게 감싸고 있는 온유한 고요함이었습니다.

식사가 나오기 전에 한 어른이 그 고요한 침묵을 깨고 말문을 여셨습니다. 최근에 어느 교사에게서 들은 이야기라면서 한국 교육은 연필 깎는 것을 가르치는 것부터 다시 시작해야 한다고 말씀하셨습니다. 요즘은 한 손에 칼을 쥐고 다른 손에 쥔 연필을 깎을 줄 아는 아이들이 거의 없다네요. 그럴 거라는 생각이 들었습니다. 기구가 대신 해주거나 아니면 엄마가 대신 해 줄 테니까요. 저는 지금도 커터 칼을 들고 연필이나 색연필을 깎는 것을 좋아합니다. 마치 글을 쓰거나 읽기 위한 준비 태세를 갖추는 것 같은 느낌이 들거든요.

팔십 대 중반의 한 어른은 연필 깎는 법을 배우기 전에 칼을 가는 법부터 배웠노라고 말씀하셨습니다. 조각가인 한 원로는 손 글씨를 훈련하지 않는 세태를 안타까워하셨습니다. 손 글씨 속에는 그 사람의 존재가 녹아들어 있습니다. 어린 시절 서울에서 유학생활을 하고 있던 나는 아버지에게서 온 편지를 펼쳐들 때마다 마치 아버지를 뵈옵는 듯해서 눈시울이 뜨거워지곤 했던 기억이 있습니다. 그 편지를 가만히 손에 쥐고 있으면 따뜻한 사랑이 전해져오는 것 같아 객지 생활의 외로움을 너끈히 이겨낼 수 있었습니다.

눈 쌓인 교정에 길을 내기 위해 학생들 손에 비를 쥐어주자 빗자루의 각도를 어떻게 해야 하는 줄 몰라 쩔쩔매더라는 이야기도 나왔습니다. 그 이야기를 듣는 순간 정갈하게 비질된 절집 마당을 볼 때의 상큼함이 떠올랐습니다. 비질을 하는 것도 스님들에겐 일종의 마음공부일 겁니다. 가끔 사찰에 가면 요사채寮舍寨를 기웃거릴 때도 있습니다. 토방에 놓인 섬돌 위에 가지런히 벗어놓은 고무신을 보고 싶기 때문입니다. 신발을 벗어놓은 것만 보아도 그 사람의 내면 풍경을 알 수 있다고 하지요?

옛 어른들은 공부의 기본이 수신修身임을 잘 알고 있었던 것 같습니다. 마음 닦음은 몸 닦음과 떼려야 뗄 수 없이 결합되어 있습니다. 소학은 몸가짐, 마음가짐을 어떻게 가져야 할지를 구사구용九思九容을 통해 가르칩니다. '구용'은 특히 발걸음, 손동작, 시선, 말, 목소리, 머리 자세, 몸 전체의 기상, 서 있는 자세, 표정이 어떠해야 하는지를 세세히 가르치고 있습니다. 생동감이 넘치는 어린이나 청소년을 애어른으로 만드는 것 아닌가 하는 반발심이 들지 않는 것은 아니지만, 삶의 규율이 사라져버린 지금에 와서는 오히려 이런 가르침이 재조명되면 좋을 것 같다는 생각이 들기도 합니다.

세월이 많이 흘러 얼추 이순의 나이가 되어가는 데도 여전히 여줄가리에나 집착할 뿐 깊은 곳에 당도하지 못한 채 어뜩비뚝 걷고 있는 내가 부끄럽습니다. 프로방스 지방의 아름다운 소도시 루르마랭에 머물던 사십 대 중반의 알베르 카뮈가 마음의 스승인 장 그르니에에게 보낸 편지에서 이런 구절과 만났습니다.

> 선생님, 저는 상상력이 풍부하지 못해서 다른 사람이 되고 싶다는 생각은 별로 해본 적이 없습니다. 그렇지만 더 나은 사람이 되지 못해 유감스럽다고 여기는 때는 더러 있습니다. 젊은 때는 자신이 발전할 수 있다고 믿고, 또 굳은 결심으로 많은 시간을 바치면 결국은 자신의 한계를 극복할 수 있다고 믿지요. 그러다가 마흔다섯 살에 이르고 보면 맨 처음 시작할 때의 그 상태, 또는 그 비슷한 상태에 머물러 있는 자신을 발견합니다. 발전에 대한 믿음만 없어진 채로 말입니다. 요컨대, 자기 자신과 더불어 살아나가는 수밖에 없는 거지요. 알량한 진리가 아니고 무엇입니까(알베르 카뮈 · 장 그르니에 지음,《카뮈-그르니에 서한집》, 김화영 옮김, 책세상, 356-7쪽).

문제는 '다른 사람'이 되는 것이 아니라 '더 나은 사람'이 되는 것이겠지요. 그런데 카뮈는 무서울 정도로 자신을 냉철하게 파악하고 있습니다. 자신이 맨 처음 시작할 때의 그 상태에 머물고 있더라는 말이 참 아프게 다가왔습니다. 사실 이것은 저의 문제이기도 하기 때문입니다. 가끔 내가 서리 내린 밭에 남아 있는 희아리(덜 익은 채로 말라비틀어진 고추) 같다는 생각이 들 때가 있습니다. 또 어떤 때는 오뉴월 논물 위에 둥둥 떠 있는 속이 빈 우렁이 껍질 같다는 생각이 들기도 합니다. 남들 눈에는 어떻게 보일지 몰라도 엄부렁한 내 삶의 실상을 잘 알기 때문입니다. 발전에 대한 믿음만 없어졌다는 말을 읽는 순간 숨이 막히는 듯한 기분이 들었습니다. 정말 그런 것일까요? 진지한 고민이었는데도 그르니에는 답장에서 이런 탄식에 대해 아무런 반응을 보이지 않았습니다. 다만 카뮈가 연출한 〈악령〉에 대해 칭찬의 말만 하고 맙니다. 삶의 문제를 풀어가는 것은 각자의 몫일 뿐이라는 뜻일까요?

아직도 어둠이 물러가지 않았습니다. 허수한 마음을 풀어내 괜히 마음만 심란하게 해드린 것은 아닌지 모르겠습니다. 오늘도 밭에서 땀을 흘리시겠군요. 밭가에 심어놓은 과실수들이며 밭에 심은 뿌리 식물들의 이름을 죽 열거하며 신나하시던 모습이 떠오릅니다. 쓰시는 글 곳곳에 이제는 흙냄새가 듬뿍 배어들겠지요? 기대하며 기다리겠습니다.

움씨를 뿌리는
마음

잘 들어가셨는지요? 쓸쓸하게 돌아서
는 뒷모습을 보면서 안타까웠습니다. 사람의 앞모습보다는 뒷모습이 더
많은 말을 한다지요? 평소의 활달하고 싹싹한 발걸음이 아니라 주저주
저 하는 듯한 걸음걸이는 직면해야 할 현실에 대한 두려움을 그대로 반
영해주는 것 같았습니다. 답답해서 찾아오셨는데 무조건 공감해주고 편
들어주었더라면 좋았을 것을, 너무나 객관적으로 응대한 것이 아닌가 싶
어 후회스럽기도 했습니다.

사실 우리 삶을 힘겹게 만드는 것은 거창한 일이 아니라 언뜻 보기에
사소해 보이는 일일 때가 많습니다. 의기투합했던 이들의 의견이 엇갈릴
땐 속이 상하고 심하면 원망스러운 마음이 들게 마련입니다. 그런 갈등
상황을 풀기 위해 적극적으로 노력하는 이들도 있지만 그냥 그 갈등을
회피해 버리는 이들도 있습니다. 성격의 특질이니 가치판단을 할 문제는

칼로카가티아

아니지요. 하지만 도모하려던 일이 소중하다면 어렵더라도 갈등을 풀어 가는 용기가 필요한 것이 아닐까요?

도스토예프스키는 사람은 먼 데 있는 나와 무관한 사람은 사랑할 수 있지만 가장 가까이 있는 이들을 사랑하기는 어렵다고 말했습니다. 먼 데 사람은 나와 감정적으로 얽힐 일이 별로 없기 때문이지요. 이때 사랑은 관념이고 추상입니다. 진짜 사랑은 일상 속에서 부대끼며 살아가는 이들 사이에서 발생하는 사건입니다. 멀어져가는 뒷모습을 바라보며 문제를 차분하게 풀어갈 수 있는 지혜와 화해의 용기를 허락해 달라고 화살기도를 올렸습니다. 그런데 시 한 편이 떠올랐습니다. 도종환 선생의 〈흔들리지 않고 피는 꽃이 어디 있으랴〉입니다.

흔들리지 않고 피는 꽃이 어디 있으랴
이 세상 그 어떤 아름다운 꽃들도
다 흔들리며 피었나니
흔들리면서 줄기를 곧게 세웠나니
흔들리지 않고 가는 사람이 어디 있으랴
젖지 않고 피는 꽃이 어디 있으랴
이 세상 그 어떤 빛나는 꽃들도
다 젖으며 젖으며 피었나니
바람과 비에 젖으며
꽃잎 따뜻하게 피웠나니
젖지 않고 가는 삶이 어디 있으랴

'흔들림'과 '젖음'은 때로 우리를 불안하게 하고 불편하게 하지만 꽃은 그런 동요動搖를 받아들였기에 아름답게 피어날 수 있다는 말인가요? 어둠을 모르는 빛은 불완전하고, 절망을 모르는 희망은 공허합니다. 비바람이 있기에 뿌리는 깊어지고, 뜨거운 햇살이 있기에 꽃잎은 더욱 선명해지는 것 아니겠습니까. 동강할미꽃을 아시는지요? 할미꽃은 대개 무덤가나 양지바른 곳에서 허리를 잔뜩 숙인 채 피어나는 법인데, 동강할미꽃은 동강의 가파른 바위틈에서 자라나더군요. 동강할미꽃은 꽃대가 길지 않을 뿐만 아니라 꽃이 고개를 들어 하늘을 향하고 있는 것이 인상적입니다. 동강할미꽃의 학명은 'Pulsatilla tongkangensis'입니다. 학명에 '동강'이 들어간 것은 이 꽃이 오직 그곳에서만 자라기 때문이랍니다. 다른 곳에 옮겨 심으면 동강할미꽃의 특색이 사라진다고 합니다.

참 신기하지요? 흔들림과 젖음을 그리고 척박한 환경을 자기 삶으로 수용할 수 있을 때 비로소 자기 내면에 꽃이 피어나는 법입니다. 신학자 폴 틸리히Paul Tillich는 신앙을 '존재의 용기courage to be'라는 말로 설명합니다. 흔들림과 젖음은 시간 속에서 살아가는 이들의 보편적 숙명입니다. 성숙한 사람은 흔들림과 젖음을 물리치려 하지 않고, 오히려 이것을 통해 자기의 유한성을 깊이 자각할 뿐만 아니라 그것을 자기 삶의 한 부분으로 수용합니다. 물론 그 바탕에는 하나님에 대한 신뢰가 있습니다. 흔들림과 젖음은 어쩌면 우리를 존재의 근원과 연결시켜주는 촉매인지도 모르겠습니다.

뿌린 씨가 잘 싹트지 않을 때 농부들은 밭에 씨를 덧뿌립니다. 그것을 움씨라고 하는데, 사는 게 꼭 이런 것 아닐까 싶습니다. 당장의 내 수고가 허사로 돌아가는 것처럼 보일 때, 다시 한 번 씨를 뿌리는 용기를 내야 해요. 나는 마음이 답답할 때면 가끔 빈센트 반 고흐의 〈씨 뿌리는 사람〉을 떠올립니다. 도판으로만 보던 그 그림을 실물로 보았을 때 그 강렬한 빛에 확고히 사로잡혔던 기억이 새롭습니다. 노란 태양이 작열하는 한낮, 농부는 씩씩한 걸음걸이로 들판 위를 걸으며 씨를 뿌립니다. 마치 후광처럼 환한 빛이 그에게 드리워 있습니다.

고흐가 그 그림을 그린 것은 1888년입니다. 그가 화가의 길을 걷기 시작한지 얼마 안 되었을 때입니다. 그 전에 고흐는 벨기에의 탄광마을인 보리나주에서 전도사 생활을 했습니다. 그러나 갈등 끝에 목회자의 꿈을 접고 화가로 살기로 작정합니다. 〈씨 뿌리는 사람〉은 그러니까 인생의 전환기에 탄생한 작품입니다. 나는 그 그림이 일상성의 신학을 잘 보여주고 있다고 생각합니다. 고흐는 농부가 씨를 뿌리는 평범한 일상의 풍경 속에서 성스러움을 보고 있던 것이 아닐까요?

바울 사도는 복음의 정신으로 살려고 애쓰다가 쓰디쓴 환멸을 맛본 이들에게 이렇게 권고합니다. "선한 일을 하다가 낙심하지 맙시다. 지쳐서 넘어지지 아니하면 때가 이를 때에 거두게 될 것입니다"(갈라디아서 6:9). 절망의 심정이 깊어지면 그때가 정말 올까 하는 회의감에 사로잡히기도 합니다. 하지만 이 말씀을 든든히 붙들어야 합니다. 움씨를 뿌리는 농부는 자기 속에 있는 절망을 애써 다독이며 희망을 뿌리는 것입니다. 덧거친 세상에서 선한 일을 하기 위해서는 많은 훈련이 필요합니다. 덥석 일에 뛰어들었다가는 상처 받고 물러나기 십상입니다.

〈씨 뿌리는 사람〉은 고흐의 인생 전환기에 탄생한 작품입니다.

나는 이 그림이 일상성의 신학을 잘 보여주고 있다고 생각합니다.

고흐는 농부가 씨를 뿌리는 평범한 일상의 풍경 속에서

성스러움을 보고 있는 것이 아닐까요?

반 고흐, 〈씨 뿌리는 사람〉

칼로카가티아

선한 일을 도모하기 위해서 무엇보다도 중요한 것은 스스로 마음이 가난한 자가 되는 것입니다. 내게 주어진 특권이나 재능, 능력을 내 것으로 여기지 말아야 합니다. 그것을 하나님으로부터 위탁받은 것으로 여기는 겸허함이 필요합니다. 시혜자의 자리에 서는 순간 선한 뜻은 공적 쌓기로 전락하고 맙니다. 또 수혜자가 조금이라도 굴욕감을 느끼지 않도록 세심하게 배려해야 합니다. 나는 정결법전에 나오는 규정 가운데 추수할 때 '밭의 한 모퉁이를 남겨두라'는 말씀을 참 좋아합니다. 다 거두어서 고아와 과부와 나그네들에게 나눠주면 좋을 텐데 왜 성경은 그것을 금지하는 것일까요? 시혜자-수혜자 구조가 만들어내는 비대칭적 관계맺음을 피하도록 하기 위한 것이 아닐까요? 다시 말해 사회적 약자들이 굴욕감을 느끼지 않도록 하기 위한 장치가 아니냐는 것이지요.

선한 일을 할 때 경계해야 할 것은 좋은 일을 한다는 칭찬을 받고 싶어 하는 마음입니다. 사람이기에 그런 마음이 전혀 없을 수는 없겠지만 그런 생각이 떠오를 때마다 자꾸 도리질을 해야 합니다. 칭찬을 구하는 이들은 실망을 추수하게 마련입니다. 차라리 모욕까지도 받아들이려는 결의가 필요한지도 모르겠습니다. 프랑스 사람들이 가장 존경하는 인물 가운데 한 명인 피에르 신부는 자기 책에서 어린 시절의 경험 한 자락을 들려줍니다.

어느 날 아버지는 어린 두 아들을 리옹 변두리의 어느 불결한 장소로 데려 갔습니다. 이가 들끓는 거지와 부랑자들이 40명가량 모여 살고 있는 집이었습니다. 현직에서 은퇴한 후 봉사활동에 전념하고 있는 아버지의 친구 몇 분도 이미 와 있었습니다. 그들은 모임을 결성하여 그 걸인들의 머리를 깎아주고, 수염도 다듬어주고, 더러운 빨래도 세탁해 주고, 여분의 내의도 가져다주곤 했습니다. 그런데 형제들이 함께 갔던 그날 아버지는 걸인 한 사람의 머리카락을 잘라주다가 거친 욕을 들었습니다. 아마도 기계에 머리카락이 끼었던 모양입니다.

집으로 돌아오는 길에 아버지는 어린 형제들에게 말했습니다. "얘들아, 불행한 사람들을 보살필 자격을 갖추기가 얼마나 어려운지 보았지?" 이 장면은 피에르에게 큰 인상을 남겼습니다(피에르 신부, 《단순한 기쁨》, 마음산책, 79-80쪽).

그가 평생을 집 없는 사람들을 돕기 위한 엠마우스 운동을 벌였던 것도 이런 경험과 무관하지 않을 겁니다. 모욕을 받는다는 것은 언제나 힘겨운 일이지만, 선한 일을 하다가 모욕을 받는 것을 두려워하지 말아야 합니다. 그 과정을 통해 우리의 인간적 품격이 다듬어질 테니까요.

기왕에 누군가와 함께 일하기로 작정했다면 그 동료들을 진심으로 존중해야 합니다. 자기 기준을 가지고 상대를 바꾸려 하는 순간 관계는 어그러지게 마련입니다. 오히려 그들의 경험과 생각을 소중하게 수용할 수 있어야 합니다. 그럴 때 우정의 공동체가 발생합니다. 선한 일을 꾸준히 수행하는 이들에게 주어지는 가장 귀한 선물은 존재의 성숙일 겁니다. 그것이 보상이라면 보상입니다. 부질없는 말이 길어졌습니다. "모든 이론은 회색이고 푸르른 것은 오직 삶의 황금나무일 뿐"(파우스트)이라지요? 그늘진 땅, 소외된 땅에 머무는 이들을 돌보기 위해 분투하는 그 삶의 길 위에 무지개가 드리우기를 기원합니다.

하녀 딜시에게서
빛을 보다

안녕하십니까? 모처럼 만나도 나눌 이야기가 있다는 것은 참 고마운 일입니다. 어제 함께 이야기를 나누다가 제가 프리드리히 실러의 《미학편지》를 언급했지요? 조금 난해한 책이기는 하지만 저는 인간의 심성이 조금 따뜻하고 깊어지기 위해서는 미학적 감수성을 길러야 한다는 그의 말에 깊이 공감합니다. 아름다움에 눈을 뜰 때, 그리고 아무런 목적도 없이 무위의 놀이를 즐길 수 있을 때 지금 우리를 붙들고 있는 욕망의 포박이 느슨해지리라고 생각하기 때문입니다.

그렇다면 일부러라도 시간을 내서 잘 놀아야 할 텐데 해야 할 일에 자꾸만 떠밀리고 있습니다. 아내는 가끔 일 중독이라며 저를 나무라기도 합니다. 시간의 주인으로 살지 못하고, 시간의 부림을 받는 것 같은 느낌이 들 때마다 '이게 아닌데, 이게 아닌데' 하면서도 좀처럼 그 굴레에서 벗어나지 못합니다.

엄벙덤벙 살다보니 벌써 사순절 순례여정을 마감하고 부활절을 맞이하게 되네요. 세상에 가득 차 있는 고난과 슬픔과 연약함을 부둥켜안음으로 더 깊은 세계를 지향해야 했는데 그러지를 못했습니다. 세월호 참사 유가족들이 광화문에서 삭발식을 거행하는 것을 보며 가슴이 미어지는 것 같았습니다. 죽은 자들의 억울함을 신원해주는 게 산 자의 의무일진대 그들은 그 길조차 막혀 있어 피눈물을 흘리고 있습니다. 자기만족에 겨운 사람들은 그들의 존재를 거추장스럽게 여길 뿐만 아니라, 그들을 모욕하는 일에도 주저함이 없습니다.

매스컴은 유가족들이 받게 될 보상금을 운위하면서, 일반 대중과 그들 사이를 버름하게 만들려 하고 있습니다. 만성적인 경제 위기를 겪고 있는 이들은 매스컴이 전하는 액수에 눈이 휘둥그레집니다. 어쩌면 '그 정도면 됐네 뭐' 하고 생각할지도 모르겠습니다. 어둠의 자녀들이 빛의 자녀들보다 지혜롭다는 말은 씁쓸하지만 맞는 말입니다. 하지만 그 지혜에는 하나님에 대한 경외심이 빠져 있습니다. 그렇기에 엄밀히 말하면 그것은 지혜가 아니라 어리석음입니다. 당장은 약삭빠른 자들이 승리하는 것처럼 보이지만 거짓은 참을 이길 수 없고, 어둠은 빛을 이길 수 없는 법입니다. 부활절은 아마 그런 사실을 되새기는 절기라고 할 수 있겠습니다.

부활절을 맞이할 때마다 꼭 떠오르는 소설이 있습니다. 윌리엄 포크너의 《음향과 분노》인데요, 리얼리즘 소설에 익숙한 독자들에게는 좀 난해하게 여겨지는 소설입니다. 오래 전에 이 소설과 사무엘 베케트의 희곡 《고도를 기다리며》를 비대칭적으로 분석하는 글을 쓴 적이 있습니다. 오랜만에 그 글을 찾아 읽어보았습니다. 잘 쓴 글은 아니지만 문제의식은 드러나는 것 같았습니다. 조금 이야기를 정리해 볼게요.

소설은 요크나파토오파군郡에 살고 있는 몰락한 귀족 콤프슨과 자녀들의 비정상적인 의식세계에 투영된 다양한 시간의 빛깔을 그려 보여줍니다. 집 앞에 있던 목초지마저 팔아야 할 정도로 몰락한 가장인 콤프슨은 술병을 옆구리에 낀 채 살고, 콤프슨 부인은 자기 연민에 빠져 집안일은 흑인 하녀에게 맡긴 채 침상을 떠나지 않습니다. 그 집의 아이들(장남 퀜틴, 차남 제이슨, 막내 벤지, 누이 캐디)은 집안에서 숨을 죽인 채 살아갑니다. 비정상적인 집이지요.

백치인 막내 벤지는 누이인 캐디에게 맡겨집니다. 캐디는 냉소적인 아버지와 신경증적인 어머니에 대한 일종의 도발로 만나는 모든 남자와 잠자리를 함께 합니다. 결국 캐디는 아이를 갖게 되었고 그 소식을 알게 된 가족들은 정신적인 공황 상태에 빠집니다. 캐디는 집을 떠납니다. 동생을 사랑했던 퀜틴은 캐디의 명예를 지켜주지 못했다는 자책감으로 괴로워하고, 이기적이고 현실주의적인 제이슨은 누이가 떠남으로 자기에게 약속되었던 은행 취직이 무산되었다고 캐디를 원망합니다. 벤지는 품을 상실한 것 같은 쓸쓸함에 사로잡힙니다. 벤지뿐만이 아니었습니다. 캐디의 떠남은 모두에게 낙원의 상실이었고, 감정적인 공허함의 뿌리가 되었습니다. 하지만 세 형제의 복잡한 의식 세계를 보여주는 이 소설을 하나로 이어주는 것은 캐디에 대한 각자의 기억입니다.

백치인 벤지의 의식에는 시간의 선후가 없습니다. 벤지는 캐디와 함께 지냈던 아름다웠던 기억을 소환함으로써 지금을 살아갈 힘을 얻습니다. 장남인 퀘틴의 의식 세계는 극도의 자의식과 지성이 착종하여 일으키는 혼돈 그 자체입니다. 그는 시간이 흘러 캐디에 대해 느끼는 자기의 슬픔이 흐려질까 봐 두려워합니다. 해결책이 있다면 시간을 멈추는 것 뿐입니다. 그러나 흐르는 시간을 멈출 수는 없는 법입니다. 그래서 그가 택한 것이 자살입니다. 퀘틴은 시간을 극복한 것이 아니라 시간에 의해 파괴된 사람입니다. 차남인 제이슨은 누이에 대한 원망을 떨쳐버리지 못합니다. 자기 인생의 꿈이 누이 때문에 좌절되었다고 생각하기 때문이지요.

형 퀘틴이 그렇게 세상을 버린 후 그는 벤지와 다른 가족들 그리고 누이가 남기고 간 사생아까지 책임져야 하는 그 생의 무게를 버거워합니다. 그는 돈만 있으면 무슨 일이든지 할 수 있다고 생각하는 현실주의자입니다. 그러나 돈은 늘 부족하고 기쁨은 그에게 요원한 꿈입니다. 그래서 그는 다른 곳에서 기쁨을 찾습니다. 자기보다 약한 자들을 괴롭히는 것이지요. 그는 사생아인 조카 퀘틴(자살한 형과 이름이 같습니다)을 못살게 굽니다. 암담한 상황이지요? 콤프슨가※ 사람들이 발하는 시끄러운 소리나 몸짓은 누구의 영혼에도 가닿지 못하는 고립된 영혼들의 아우성입니다. 그들 사이에는 보이지 않는 장벽이 드리워 있는 것입니다.

이 상황에 틈을 만드는 것은 흑인 노파인 하녀 딜시입니다. 콤프슨가에서 상식적인 사람은 외부인인 딜시 뿐입니다. 딜시는 가족들의 삶에 깊이 연루되어 있습니다. 딜시는 어려운 일이 벌어져 사람들이 당황할 때마다 "내가 하죠" 하고 말하는 사람입니다. 그는 어쩌면 이 겨울처럼 황량하고 암담한 세상에 봄 소식을 전하는 사람인지도 모르겠습니다. 작가는 어쩌면 딜시에게서 산업사회가 빚어낸 소외감을 극복할 수 있는 단초를 제시하고 싶었던 것인지도 모르겠습니다. 콤프슨가 사람들의 시선이 과거를 향하고 있다면 딜시의 시선은 하나님의 시간인 현재와 미래를 향하고 있습니다.

이야기가 길어졌습니다만 실은 다음의 이야기를 하고 싶었기 때문입니다. 《음향과 분노》에서 가장 주목해야 할 장면은 부활절 예배 장면입니다. 사람들이 남들의 놀림이 두려워 백치인 벤지를 부활절 예배에 데려가고 싶어 하지 않자 딜시가 말합니다.

인자하신 하나님은, 현명하건 바보건 상관하지 않으신다는 것을 얘기해 줘야겠어. 얼치기 백인들이나 그런 걸 상관하지. 아무도 그런 건 상관치 않는단 말야.

부활절 예배에 설교자로 초대받은 사람은 세인트루이스 출신의 쉬이곡 목사입니다. 그는 보잘 것 없는 알파카 상의를 입은, 보통 키보다도 작은 사람이었습니다. 그의 얼굴은 마치 작은 나이배기 원숭이처럼 주름이 잡혔고 피부색은 검었습니다. 억양이 없는 음성으로 말을 이어가던 그는 잠시 침묵을 지킨 뒤 인간의 죄와 연약함에 대해 언급합니다. 그때 그는 마치 다른 사람인 것처럼 열정적으로 변합니다. "나는 하나님의 어린양 예수님에 대한 회상과 그 피를 가지고 있습니다!"라고 외칠 때 그의 몸에서는 숭엄한 기운이 뻗어 나오는 것 같았습니다. 쉬이곡 목사는 심판의 날이 다가오고 있다고, 어린양의 피를 가진 자들이 다시 살아나는 것을 본다고 외쳤습니다. 딜시는 그 소박한 말이 지시하는 영원의 세계를 보면서 눈물을 흘렸습니다.

두 줄기의 눈물이 희생과 극기의 시간으로 맺어진 무수한 주름 사이를 지나, 쑥 들어간 뺨을 흘러내렸다.

예배가 끝났는데도 딜시는 흘러내리는 눈물을 주체하지 못합니다. 부활의 빛 가운데서 삶의 실상을 다 꿰뚫어본 듯한 느낌이 들었기 때문입니다.

난 최초에서 최후까지 다 봤다…나는 시초를 보았고, 이젠 종말을 본단 말야.

딜시는 인간의 유한한 시간이 영원에 합류하는 걸 본 것입니다. 그것을 본 사람은 더 이상 무의미와 공허에 사로잡히지 않을 겁니다.

미국의 남북 전쟁 이후 몰락해가는 남부 상황을 배경으로 하고 있는 이 소설이 등장한 것은 1929년입니다. 대공황 시기입니다. 작가는 미국인들이 느끼는 절망의 상황을 콤프슨가 사람들을 통해 있는 그대로 드러내 보여주는 동시에 희망의 단초 역시 제시하고 있는 것 같습니다. 점

칼로카가티아

점 상식적인 사람이 사라지고 있는 세상입니다. 딜시와 같은 존재가 더욱 소중하게 여겨지는 것은 그 때문입니다. 희망은 외부에서 오는 것이 아니라 자기 속에서 숨은 불씨를 찾는 것이라 생각합니다.

늘 그렇듯이 이야기가 지리산가리산 정신이 없습니다. 잘 헤아려 주십시오. 무심히 걸어놓은 머레이 페라이어^{Murray Perahia}의 바흐의 'Partitas 2, 3 & 4' 연주가 들려오네요. 이제 숨을 좀 돌려야 하겠습니다.

목사 안수례를 앞둔 이에게

　　　　　　　　　　　　　화창하고 청명하여 오히려 서러운 날입니다. 꽃 시절을 한껏 즐거워 할 수 없는 나날입니다. 꽃 향기 저 너머로 처연하게 들려오는 피 울음소리를 차마 외면할 수가 없기 때문입니다. 자식을 잃은 이 땅의 라헬들은 위로받기를 거절하고 있습니다. 무책임하고 무능한 정부는 유가족들에게 돌아갈 거액의 보상금 운운하며 사태를 휘갑치려 합니다. 돈이 지배하는 세상에 포획된 이들은 차마 해서는 안 될 말조차 꺼리지 않습니다. 인간에 대한 예의는 실종된 지 오래입니다. 아무리 애써보아도 피눈물이 잦아들지 않고 있는 이들에게 사람들은 이제 그만 하면 되지 않겠느냐고 말합니다. 세월호 문제 때문에 경제가 어렵다고들 말합니다. 주류 종교는 자본과 권력의 욕망에 굴복한지 오래입니다. 한기총(한국기독교총연합회)이 주최한 부활절 연합예배에서는 세월호 문제가 단 한 마디도 언급되지 않았다고 하더군요. 불편한 것은 말끔히 소거시켜 버리는 그들의 편의주의에 예수는 피눈물을 흘리지 않으셨을까요?

저는 가끔 마종기 시인의 〈시인의 용도〉라는 시를 떠올리곤 합니다. 그는 에디오피아에서, 소말리아에서, 중앙아프리카에서 굶고 굶어서 가죽만 거칠어진 수백 수천의 어린이가 검게 말라가고, 또 매일 쓰레기처럼 죽고 있는 현실을 바라보며 하나님께 '시인의 용도'가 뭐냐고 묻습니다. 그는 하루도 그칠 새 없이 총소리가 들려오고 살인 사건이 벌어지는 세상에서 '시인의 용도'가 뭐냐고 묻습니다. 정말 시인의 용도는 무엇일까요? 그는 같은 제목의 다른 시에서 고통스럽다는 말, 외롭다는 말 못하게 해달라고 기도합니다. 시인의 용도가 무엇이냐는 그의 질문을 통해 그는 시인의 역할을 드러내고 있습니다. 그것은 세상의 아픔을 아파하는 것이고, 상처를 상처로 드러내는 것입니다. 그래서 독자들로 하여금 멀쩡해 보이는 세상 이면에 있는 상처에 눈을 뜨도록 하는 것입니다. 이시영의 〈내가 언제〉라는 시를 들어보셨는지요?

> 시인이란, 그가 진정한 시인이라면
> 우주의 사업에 동참할 수 있어야 한다
>
> 그러나 내가 언제 나의 입김으로
> 더운 꽃 한 송이 피워낸 적이 있는가
> 내가 언제 나의 눈물로
> 이슬 한 방울 지상에 내린 적 있는가

내가 언제 나의 손길로
曠原을 거쳐서 내게 달려온 고독한 바람의 잔등을
잠재운 적 있는가 쓰다듬은 적 있는가

– 이시영, 〈내가 언제〉

　시인은 '우주의 사업에 동참'하는 사람이라는 말이 참 깊게 다가옵니다. 하이데거가 시를 '언어의 사원'이라 한 것도 어쩌면 같은 의미인지도 모르겠습니다. 저는 요즘 시인들의 이런 치열한 자기 물음에 빗대어 '목사의 용도'에 대해 묻지 않을 수 없었습니다. 대답은 백인백색이겠습니다만, 저는 시인의 용도와 크게 다르지 않을 거라는 생각이 듭니다.

　이제 며칠 후면 목사 안수를 받으시네요. 제게 목사 안수례 보좌를 해 달라는 부탁을 받고 잠시 멈칫했습니다. 내가 그럴 자격이 있나 하는 생각이 들었지만 심사숙고 끝에 하신 부탁을 뿌리칠 명분을 찾을 수 없었습니다. 문득 31년 전 내가 목사 안수를 받을 때가 떠올랐습니다. 마지막 순간까지 할 수만 있다면 도망치고 싶었습니다. 그런데 이렇게 긴 세월을 이 길 위에 서 있는 것을 보면 운명이라는 게 있는 모양이라고 혼잣말을 할 때가 있습니다. 안수례 이전과 이후가 크게 달라지는 게 뭐가 있겠습니까만, 일종의 '입문의식initiation'으로서의 목사 안수례는 참 중요

한 의례라고 생각합니다. 입문의례는 '문지방을 넘는 체험'입니다. 문지방을 경계로 하여 방과 마루가 나뉘고, 안과 밖이 나뉩니다. 의례는 '몸을 통한 상징적 행위이자 의미전달의 수단'입니다. 유대인들의 할례처럼, 기독교인들의 세례처럼 안수식은 새로운 존재로의 초대입니다. 마땅히 축하의 말을 건네야 하지만 마음이 그렇게 흔연하지 않은 것을 보면 한평생 목사로 살아온 내 삶이 그렇게 자랑스럽지 않은 때문일 것입니다.

예레미야는 하나님의 꾐에 빠져서 말씀의 대언자로 살아왔지만 자기에게 돌아온 것은 가까운 이들로부터의 따돌림과 미움이었다고 말합니다. 때로는 야훼의 이름으로 다시는 말하지 않겠다고 결심하기도 합니다. 모세도 부름을 받았을 때 몇 번씩이나 그 부름을 거절합니다. 하지만 그는 야훼의 강권을 끝내 뿌리치지 못했습니다. '마음 내키지 않는 예언자reluctant prophet'라는 말과 만났을 때 부름 앞에서 주저하며 자꾸 뒷걸음치던 내 마음이 그들과 크게 다르지 않음을 알고 공모의 미소를 지었던 적이 있습니다. 야훼께서 왜 자꾸 달아나려는 이들을 붙들어 쓰시는지는 지금도 알 수 없습니다.

조금 앞서 그분의 손에 붙들린 사람으로서 몇 마디 당부의 말을 해도 될까요? 조금 주제넘은 짓 같기는 하지만 그래도 우정으로 드리는 말씀이니 너무 허물치 않으시면 좋겠습니다. 목회자가 어떤 사람이어야 하는지, 소명의 본질이 무엇인지 정색을 하고 말씀드릴 생각은 없습니다. 그저 마음 가는 대로, 떠오르는 대로 몇 마디 하고 싶습니다.

무엇보다도 자신이 구도자라는 사실을 잊지 말아야 합니다. 많은 목회자들이 진실한 사람의 길 혹은 성실한 구도자의 길을 걷기보다는, 유능한 목회자가 되는 일에 더 마음을 쓰는 것 같습니다. 그들은 본질에 대해 묻기보다는 목회의 방법에 대해 물으며 지냅니다. 목회의 방법을 가르치는 모임에 많은 이들이 몰리지만, 본질적인 물음을 다루는 모임은 대개 외면당합니다. 논어에 나오는 한 대목이 떠오릅니다. "군자는 본에 힘쓰고, 본이 바로 서면 도가 저절로 따른다君子務本, 本立而道生." 본에 힘쓰는 사람들은 자기를 완성태로 보지 않습니다. 그들은 학생정신에 투철합니다. 진리가 몸과 마음에 배어들기까지는 시간이 많이 걸리는 법입니다. 그러니 방심해서도 안 되지만 지나치게 조급증을 내서도 안 됩니다.

공부는 문자 공부만을 뜻하는 것이 아닙니다. 진리를 몸으로 체득하기 위해 노력해야 합니다. 나는 이것을 일쑤 말씀을 삶으로 번역하는 것이라 말합니다. 진짜 공부는 그런 것일 겁니다. 연암 박지원은 책을 읽는다는 것이 무엇인지를 인상 깊게 설명합니다. 푸른 나무가 그늘을 드리운 뜰에서 마침 새가 지저귀고 있었습니다. 그 새를 보며 연암은 말합니다.

이것이 바로 날아가고 날아오는 글자요, 서로 부르며 화답하는 글월이구나. 다섯 빛깔 무늬가 들어 있어야 문장이라고 하는 것이라면 이것보다 더 좋은 문장은 없을 것이다. 나는 오늘 책을 읽은 것이다.

공중에 나는 새를 보라, 들에 핀 꽃을 보라 하신 말씀과 여축餘蓄 없이 일치하는 말이 아닙니까? 문자에 매이는 사람은 새 '조鳥'자 한 글자로 그 생생함을 없애 버리기 쉽습니다. 그러면 저 공중을 나는 새의 빛깔과 모양과 소리가 누락되게 마련입니다. 오늘 우리가 이렇게 지리멸렬을 면치 못하는 까닭은 이런 공부의 묘리를 터득하지 못했기 때문일 겁니다.

공부가 철저하지 않은 데도 자기 확신에 찬 사람들이 많습니다. 과도한 자기 확신에 사로잡힌 사람들은 새로운 배움에 개방적이지 않습니다. 그들은 사람들을 자유의 새 땅으로 인도하려 하기보다는 애굽의 끓는 가마솥 곁에 붙들어두려 합니다. 그들은 인생이 모호하다는 사실을 받아들이려 하지 않을 뿐만 아니라 불확실함을 견디지 못합니다. 그래서 끊임없이 우상을 만들어 섬깁니다. 구도자는 불확실한 삶을 향해 자기를 개방하고 믿음의 모험을 감행하는 사람입니다. 발밤발밤 앞으로 나아가는 동안 그 길 위에서 만나는 은총에 감격하는 사람입니다. 진실에 가 닿으려는 사람은 절망조차도 진실로 인도하는 길임을 잊지 말아야 합니다. 어정쩡한 절망 끝에 초월의 세계로 재빨리 달아나지 말아야 합니다.

날마다 시간을 정해놓고 기도하고 성경 묵상을 하십시오. 시간을 정해놓으라는 것은 그렇게 해야 내면의 질서가 생기기 때문입니다. 일상의 흐름을 자꾸만 끊어내 그분 앞에 바쳐야 합니다. 그렇게 해야 세상의 중력에 속절없이 이끌리지 않을 수 있습니다. 무슬림들은 하루에 다섯 번 메카를 향해 엎드립니다. 복을 구하는 것이 아니라 자기를 닦기 위해서입니다. 개신교도들에게 성무일과가 시행되지 않는다는 게 참 안타깝습니다. 오로지 그분 앞에 서는 시간이야말로 우리가 시간 속에 마련한 지성소입니다. 종교상인 혹은 여리꾼이 되지 않으려면 자기 삶을 자꾸만 하늘의 뜻에 맞추어 조율해야 합니다.

파당을 짓거나, 이리저리 몰려다니는 일을 피하십시오. 공동체를 이루는 일은 아름답지만 파당을 짓는 일은 진리 공부에 해가 됩니다. 파당을 짓는 까닭은 이익을 얻기 위함이 아닙니까? 이익의 원리가 삶을 사로잡을 때 우리는 진리의 길에서 영 멀어질 수밖에 없습니다. 가끔은 외로움을 선택할 용기가 필요합니다. 바울 사도가 갈라디아 교인들에게 한 말씀을 나는 늘 마음에 새기고 지냅니다.

> 내가 지금 사람들의 마음을 기쁘게 하려 하고 있습니까? 아니면, 하나님의 마음을 기쁘게 해 드리려 하고 있습니까? 아니면, 사람의 환심을 사려고 하고 있습니까? 내가 아직도 사람의 환심을 사려고 하고 있다면, 나는 그리스도의 종이 아닙니다(갈라디아서 1:10).

이 말씀을 잊지 마세요. 목사 안수식을 앞두고 여러 어른들께 인사하는 과정에서 느낀 당혹감을 말씀하셨지요? 관행화된 일을 따라야 하는지 말아야 하는지 모르겠다면서요. 쉽지 않은 일이지만 분별의 영을 주께 구하면 지혜를 주시지 않을까요?

우리는 말씀이 육신이 되었다는 그 장엄한 선언 앞에 서 있는 사람들입니다. 말씀은 언제나 사건이 될 때 살아있다 할 수 있습니다. 오늘 강대상에서 선포되는 말씀이 어떤 사건을 일으키고 있는가 생각할 때마다 나는 무기력증에 사로잡히곤 합니다. 회당에서 예수의 말을 들은 사람들은 그의 가르침이 서기관들의 가르침과 달리 권위 있는 말씀이라고 놀랍니다. 대체 어떤 말씀이기에 그런 반응이 나타난 것일까요? 저는 두 가지 점에서 그랬을 거라고 생각합니다. 첫째, 예수의 가르침이 지극히 평범한 일상어로 이루어져 있다는 것입니다. 종교적 언어를 사용하지 않

칼로카가티아

으면서도 사람들을 거룩의 현존 앞에 세울 수 있다는 것이야말로 예수 선포의 특색입니다. 말씀을 전하는 사람들은 이미 상투어로 변해버린 종교언어, 닳고 닳아 매끄러워진 말을 가급적 피해야 합니다. 그 용어를 사용하더라도 그 속에 담긴 속뜻을 드러낼 수 있는 해석의 능력이 절실합니다. 그러기 위해서는 텍스트에 접근할 수 있는 다양한 통로를 알고 있어야 합니다. 둘째, 예수의 가르침은 그의 존재와 조금의 어긋남도 없이 오롯이 일치되었습니다. 그의 말씀이 곧 존재였고, 그의 존재가 곧 그의 말씀이었습니다. 이 시대의 말씀 선포자에게 요구되는 것이 바로 이런 것일 겁니다.

한 가지만 더 말씀드리겠습니다. 하나님이 만드신 세상의 아름다움을 충분히 누리기 위해 시간을 내십시오. 많은 목회자들이 탈진 증세를 보입니다. 해야 할 일이 많기 때문이기도 하지만, 하나님의 은총이 유입되는 통로 하나를 닫고 지내기 때문입니다. 하나님이 주시는 계절의 은총을 누릴 수 있는 여유를 만들어야 합니다. 윌리엄 블레이크의 〈순수의 예언〉 첫 연을 잘 아시지요?

한 알의 모래에서 세상을 보고
한 송이 들꽃에서 천국을 본다면
네 손바닥 안에 무한이 있고
순간 속에 영원이 있다

- 윌리엄 블레이크, 〈순수의 예언〉 중에서

이 눈이 열리면 삶의 신산스러움을 넉넉히 견딜 수 있을 것입니다. 오랜 훈련과 기다림 끝에 이제 마침내 새로운 삶의 출발선상에 선 것을 축하합니다. 부디 문지방 너머의 세상에서 더욱 깊어지시길 빕니다. 그 길의 동행이 되어 참 기쁩니다. 평안을 빕니다.

칼로카가티아

Chapter 3
Idiotes

이디오테스

이단자
칼릴

　어제 집에 잘 들어가셨는지요? 불통의 광장, 숨죽인 흐느낌이 조용히 일렁이는 광장, 차벽으로 둘러싸인 광장 저 너머, 농밀한 어둠 속에서 홀로 빛나고 있던 별이 제게는 큰 위안으로 다가왔습니다. 겨우 몇 시간 광장에 머물다가 집에 돌아왔는데도 몸에 든 한기가 좀처럼 가시지를 않네요. 하지만 거리에서 노숙하고 있는 이들을 생각하니 차마 따뜻한 물로 샤워를 할 수가 없었습니다. 가만히 앉아 광장에서의 시간을 반추해 봅니다. 낮부터 밤까지 분향소의 조문 행렬이 몇 시간 째 줄어들지 않는 것을 보며 가슴이 뭉클해졌습니다. 김교신 선생의 글 '조와弔蛙'가 떠올랐습니다. 혹독한 겨울을 지나면서 다 죽은 줄 알았던 개구리가 꼬무락꼬무락 살아 있는 모습을 보며 선생을 사로잡았던 실낱같은 희망을 저도 보았습니다.

　안으로 잦아드는 듯이 보이던 슬픔과 분노의 강이 1주기를 기해 일시에 밖으로 터져 나온 것 같습니다. 음험한 이들은 어둠 뒤로 몸을 숨기고, 시간이 흐르면 결국 모든 것이 잊힐 것이라는 확신을 가지고 있겠지만 그것은 헛된 바람일 뿐입니다. 광장에 나온 이들은 아직은 세월호를 망각의 강으로 떠나보낼 수 없다고 말하고 있었습니다. 광장 곳곳에 세워진 희생자들의 유품 사진, 생기 있고 발랄한 모습으로 찍은 단원고 학생들의 단체 사진, 그리고 희생자들이 부모님과 주고받은 문자 메시지 문구를 찬찬히 둘러보는 시민들의 모습은 마치 가슴에 그들에 대한 기억을 새기는 것처럼 보였습니다.

읽어야 할 책이 많이 있었음에도 불구하고 제가 서가에서 빼든 책은 칼릴 지브란의 《반항하는 정신》이었습니다. 아마도 이런 시민들의 행렬에 동참하기보다는 스스로 자족하고 있는 많은 교회의 현실이 아프게 떠올랐기 때문일 겁니다. 이 책은 나오자마자 '위험하고 혁명적이며, 젊은이들에게 반항정신을 고취시킬 우려가 있다'는 이유로 압수되어 베이루트 광장에서 불태워지기도 했다고 합니다. 그뿐만 아니라 칼릴 지브란은 자기가 속해 있던 교회로부터 파문당하고, 국외로 추방되기까지 했다고 합니다. 위험한 책이지요. 저는 그 가운데 나오는 '이단자 칼릴'을 마치 의례를 거행하듯 찬찬히 읽었습니다.

쉐이크 압바스는 사람들을 노예처럼 부리는 마을의 족장입니다. 착취와 억압이 일상이었음에도 불구하고 사람들은 그의 권위 앞에서 벌벌 떨었습니다. 눈보라가 몹시 치던 어느 날 그 마을에 살던 가난한 모녀 레이첼과 미리암은 살려달라는 누군가의 부르짖음을 듣고 밖으로 나갑니

이디오테스

다. 모녀는 눈구덩이 속에 마치 검은 헝겊처럼 쓰러져 있던 젊은이를 찾아냈고, 집으로 데리고 들어가 정성껏 돌보아 줍니다. 그 젊은이는 수도원에서 쫓겨난 칼릴이라는 수도사였습니다. 일곱 살이 되기 전에 부모를 여의고 수도원에 보내져 온갖 허드렛일을 하면서 천덕꾸러기로 살던 그는 그런 수모의 경험을 통해 수도원의 현실에 눈을 뜨게 되었습니다. 칼릴은 자기가 쫓겨나게 된 까닭을 이렇게 밝힙니다. 그의 영혼이 하늘의 진리에 취했던 어느 날 그는 수도사들 앞에서 그들의 잘못을 신랄하게 비판했습니다. 길기는 하지만 이 대목을 그대로 인용해보겠습니다. 마치 지금 우리 교계의 현실을 마주하고 있는 듯한 생각이 들기 때문입니다.

어찌해서 당신들은 여기 수도원에 편히 앉아 가난한 사람들의 땀과 눈물로 빚어진 빵을 먹으면서, 그 지식을 필요로 하는 백성들과는 동떨어져서, 저들의 무지를 깨우쳐 주기는커녕 고지식한 그들의 피를 빨아먹고 있습니까?

예수께서는 당신들 보고 이리떼로부터 양들을 지키는 어진 목자들이 되라 하셨는데, 어떻게 당신들은 양들을 잡아먹는 이리떼가 될 수 있습니까?

어떻게 당신들은 가난 속에서 평생토록 헌신적인 삶을 살기로 굳게 맹세하고 또 서약하고서도, 당신들이 한 말은 모두 잊어버린 채, 안락한 생활을 할 수 있습니까?

어떻게 하느님의 뜻을 따라 산다고 하면서, 종교가 뜻하는 모든 것을 다 저버릴 수 있습니까?

마음이 욕심으로 가득 차 있으면서, 어떻게 수도를 한다는 것입니까? 당신들은 겉으로는 당신들의 육신을 죽이는 체하나, 속으로는 당신들의 영혼을 죽이고 있습니다. 겉으로는 이 세상의 모든 세속적인 것들을 질색인 양하면서도 속마음은 탐욕으로 부풀어 있습니다. 스스로를 백성의 지도자요, 스승이라 자처하나, 사실을 말하자면 당신들은 강도와 다를 바가 없습니다.

이 수도원의 넓디넓은 땅일랑은 가난한 사람들에게 되돌려 주고, 백성들로부터 빼앗은 금과 은도 다 되돌려 줍시다. 사람들을 섬기는 하느님의 종이라고 말로만 하지 말고, 우리를 강하게 만들어 준 약한 자들을 말 대신 행동으로 섬깁시다. 그리하여 불행한 역사에 시달려 온 이 나라 백성들로 하여금 환하게 미소 짓고, 하늘의 은혜와 생명의 영광 속에서 자유의 숨을 쉬게 합시다.

못난 백성들의 눈물은 잘난 당신들의 거드름피우는 웃음보다 더 아름답고, 가난한 이웃을 돕는 저들의 소박한 마음씨는 이 수도원 곳곳에 세워지고 걸려 있는 우상들보다 더 거룩하며, 걸인이나 창녀를 측은히 여기고 동정하는 저들의 따뜻한 한 마디 말은 우리가 매일같이 빈 말로 허공에다 뇌이는 긴 기도문보다 더 숭고한 것입니다(칼릴 지브란, 《반항하는 정신》, 당그래, 22-24쪽).

마치 미가나 에스겔의 예언을 듣는 듯 하지 않습니까? 칼릴은 수도사들에 의해 '이단자'로 규정됩니다. 이단자라는 말은 이처럼 우리들의 혼곤한 의식을 흔들어 깨우는 이들에게 덮씌워지곤 하는 멍에입니다. 이것은 오늘 우리 사회에서 통용되는 '좌파'라는 말과 유사하다고 하겠습니다. 칼릴은 매를 많이 맞았고, 40일 동안 수도원 감옥에 갇혀 있다가, 마침내 추방당했습니다. 그것도 눈보라가 혹독하게 몰아치는 날에. 더 이상 수도원에 '반항의 병균'을 옮기지 못하도록. 칼릴은 자신이 수도원에서 받은 박해는 "아직 깨어나지 못한 이 나라 백성이 받는 수난의 상징"

이라고 말합니다. 열여덟 살 소녀 미리암은 꿈을 꾸는 듯한 표정으로 칼릴을 격려합니다. "눈보라는 꽃을 죽일 수는 있을지언정 꽃씨들까지 멸할 수는 없어요. 도리어 눈은 꽃씨들을 강추위로부터 따뜻하게 보호해 주지요."

이야기는 매우 희망적으로 끝납니다. 수도원에서 추방당한 자가 레이첼의 집에 머물고 있다는 소문이 쉐이크 압바스에게 들어갔고, 압바스는 무뢰배 세 명을 보내 칼릴을 체포합니다. 칼릴에 대한 소문이 이미 작은 마을에 퍼졌던 터라, 사람들은 모두 뛰쳐나와 쉐이크의 집으로 모여들었습니다. 노기 띤 쉐이크 앞에서도 칼릴은 조금도 위축되지 않습니다. 오히려 그 땅의 주인인 민중들에게 굴종을 강요하고 있는 그의 죄를 준엄하게 꾸짖습니다. 그리고 쉐이크 편에 서서 사람들을 억압하는 신부를 보면서 "저 사람한테 팔리기 위해 계시는 하느님이라면, 그것은 하느님이 아니고 저 사람이 만들어낸 우상이 아니겠습니까?"라고 부르댑니다.

칼릴의 말은 사람들 속에 잠들어 있던 자유혼을 깨웠습니다. 그들은 더 이상 자유의 하늘을 훨훨 날아오르라고 신이 내려주신 영혼의 날개를 떼어 버리고 벌레처럼 땅을 기며 수모를 자초하는 피동적 군중이 아니었습니다. 더 이상 지배자들의 위협적인 말이나 몸짓 앞에서도 위축되지 않는 당당한 주체로 일어섰습니다. 피지배자들의 의식이 깨어나고 지배자들의 허위의 의상이 벗겨지자 상황은 역전되었습니다. 지배자들이 피지배자들을 두려워하게 되었던 것입니다.

문제는 우리의 현실입니다. 많은 사람들이 저 척박한 광야에 선 자유인이 되기보다는 들큼하고 안온한 행복을 위해 자기 자유를 기꺼이 유보합니다. 오늘날 종교인들에게 주어진 책무가 있다면 사람들을 자기 삶의 주체로 세우는 일이 아닐까요? 쉽지 않은 일입니다. 가뜩이나 삶이 힘겨워 비틀거리는 터에 확실한 답을 제시하기는커녕 불확실함을 부둥켜안으라는 말이 야속하게 들릴 수도 있겠습니다. 하지만 스스로 주체가 되지 않는 삶은 벼릿줄이 없는 그물과 같아서 늘 공허만을 수확할 따름입니다.

역사가 퇴행하고 있다는 음울한 목소리가 도처에서 들려옵니다. 지금 필요한 것은 진리에 붙들려 참을 외치는 '칼릴들'입니다. 그리고 그 참의 목소리에 응답하는 레이첼과 미리암입니다. 홍순관 님은 '꽃 한 송이 핀다고 봄인가요, 다 함께 피어야 봄이지요'라고 노래했습니다. 옳은 말입니다. 하지만 겨울의 눈보라를 뚫고 피어나는 한 송이 꽃이야말로 긴 겨울에 지친 사람들에게 봄이 멀지 않았음을 알리는 전령입니다. 예수는 로마 제국이라는 강고한 절벽을 뚫고 피어난 한 송이 인간의 꽃이었습니다. 그 꽃은 두려움과 공포로 만들어진 제국의 탐욕 너머에 있는 하나님 나라를 열어 보이는 창문이었습니다.

아무리 겨울의 뒤끝이 무작스럽다고는 해도 오는 봄을 막을 수는 없습니다. 이것이 저의 못 말리는 희망입니다. 늘 몸이 굼뜬 사람인데도 나무라지 않고 기다려 주시고, 또 동행으로 여겨주시니 감사합니다. 세상이 아무리 어수선해도 곡우에 내리시는 주님의 은총으로 마음 흔흔하시기를 빕니다.

　　　　　　　　　　　　　　　이디오테스

돈의 전능성을
해체하라

독서 모임을 마치고 집에 돌아와서도
내내 무거운 마음을 내려놓을 수 없었습니다. "과연 교회에 희망이 있습
니까?" 답답해서 던진 질문이겠지만 그 질문 속에 담긴 쓸쓸한 비애를
알기에 아무런 말도 할 수 없었습니다. 돈에 포획된 교회의 현실 이야기
가 나올 때마다 가슴이 답답해집니다. 교회를 사고파는 사람들, 목사 선
정 과정에서 후임자에게 보상을 요구하는 사람들이 많다고 하셨지요?
'저마다 절박한 사정이 있겠지' 하는 생각에 쉽게 정죄하지 않으려고 애
써 보지만 결국 도리질을 할 수밖에 없습니다. 이익의 원리가 의의 원리
혹은 신앙의 원리를 대체할 때 거룩함은 가뭇없이 스러지게 마련입니다.
부끄러움조차 없이 자기 욕망에 충실한 종교인들이 참 많습니다.

부끄러움은 자기 평가적 감정입니다. 어느 분이 부끄러움을 두 가지로
나누어 설명한 것을 보았습니다. 첫째는 '자괴성 부끄러움'입니다. 이것

은 자신의 행위가 자기 내면에 설정해 놓은 가치 기준과 위배될 때 느끼는 감정입니다. 둘째는 '창피성 부끄러움'입니다. 자신의 행위가 공동체가 설정해 놓은 가치 기준과 위배될 때 느끼는 감정입니다. 어느 경우가 되었든 부끄러움은 우리를 부자유하게 합니다. 윤동주는 온 국민의 애송시라고 할 수 있는 〈서시序詩〉에서 '하늘을 우러러 한 점 부끄러움' 없는 삶을 노래했습니다. 그러나 이 시구는 정말 파렴치한 범죄를 저지른 이들이 자기의 잘못을 호도하기 위해 인용할 때가 많습니다. 바야흐로 부끄러움이 무너진 세상입니다.

집으로 돌아오자마자 서가에 꽂힌 함석헌 선생의 《생각하는 백성이라야 산다》를 빼들었습니다. 함석헌 선생이 58살 되던 1958년에 쓴 글입니다. 6·25 전란을 겪고도 아무런 교훈을 받지 못하는 현실을 질타하는 예언자의 소리가 그 속에 담겨 있었습니다. "역사적 사건이 깨달음으로 되는 순간 그것은 지혜가 되고 힘이 되는 법이다." 그 깨달음을 얻기 위해서는 혼신의 힘을 다해야 합니다. 불덩이를 삼키는 것처럼, 올가미를 벗겨내는 것처럼. 글을 읽어 가다가 폭포처럼 쏟아져 내리는 언어에 그만 감염되고 말았습니다.

모든 일에는 뜻이 있다. 모든 일은 뜻이다. 뜻에 나타난 것이 일이요 물건이다. 사람의 삶은 일을 치름[經驗]이다. 치르고 나면 뜻을 안다. 뜻이 된다. 뜻에 참여한다. 뜻 있으면 있다[存在]. 뜻 없으면 없다[無]. 뜻이 있음이요, 있음은 뜻이다. 하나님은 뜻이다. 모든 것의 밑이 뜻이요, 모든 것의 끝이 뜻이다. 뜻 품으면 사람, 뜻 없으면 사람 아니다. 뜻 깨달으면 얼[靈], 못 깨달으면 흙. 전쟁

이디오테스

을 치르고도 뜻도 모르면 개요 돼지다. 영원히 멍에를 메고 맷돌질을 하는 당나귀다(함석헌,《생각하는 백성이라야 산다》, 함석헌 저작집5, 한길사, 102쪽).

뜻, 뜻이 문제입니다. 뜻을 품기 위해서는 깊은 사상이 있어야 하고, 깊은 사상은 깊은 종교, 위대한 종교로부터 옵니다. 함석헌 선생은 "종교란 다른 것 아니요 뜻을 찾음이다. 현상의 세계를 뚫음이다. 절대에 대듦이다. 하나님과 맞섬이다. 하나님이 되잠이다. 하나를 함"(같은 책, 109쪽)이라고 말합니다. 이러한 치열함이 없다면 종교는 '현상질서status quo'를 추인하는 제도에 지나지 않습니다. 현상 너머의 세상을 뚫기 위해 고투하고, 또 대들고 맞서면서 깊은 좌절을 경험하지 않고 깊은 세계에 당도할수는 없는 법입니다. 함 선생님은 전쟁 이후의 개신교의 행태를 신랄하게 비판합니다.

전쟁 중에 가장 보기 싫은 것은 종교단체들이었다. 피난을 가면 제 교도만 가려하고 구호물자 나오면 서로 싸우고 썩 잘 쓴다는 것이 그것을 미끼로 교세 늘리려고나 하고, 그러고는 정부·군대가 하는 일, 그저 잘한다 잘한다 하고 날씨라도 맑아 인민군 폭격이라도 좀 더 잘 되기를 바라는 정도였다. 대적을 불쌍히 여기는 사랑, 정치하는 자의 잘못을 책망하는 정말 의(義)의 빛을 보여주고, 그 때문에 핍박을 당한 일을 한 번도 보지 못했다. 그 간난 중에서도 교회당은 굉장하게 짓고 예배 장소는 꽃처럼 단장한 사람으로 차지, 어디 베옷 입고 재에 앉았다는 교회를 보지 못했다(같은 책, 113-114쪽).

57년 전에 쓴 글이지만 어쩌면 이리도 생생합니까? 우리는 그 자리에서 조금도 벗어나지 못하고 있습니다. 세상이 이 지경인 것은 종교가 특히 우리 개신교회가 깊어지지 못한 때문입니다. 온 몸으로 죽음의 세력과 맞서는 십자가의 정신은 저만치 내팽개치고, 들큼한 위안과 복을 선포하기에 여념이 없기 때문입니다. 예수의 이름을 부르는 이들은 많지만 그 핵심과 만나 자아가 무너지고 새로 난 이들을 만나기 어렵습니다. 오늘의 개신교회는 세상을 다스리는 권세에 미혹되어 사탄에게 절을 했습니다. 그가 제시하는 권세라는 것이 본래 헛것임을 알아차릴 분별력을 발휘하지 못했습니다. 초월의 빛 가운데로 세상을 견인해야 할 교회가 세상에 속절없이 끌려가고 있습니다.

　자본주의 세상에서는 구매력이 곧 권력입니다. 언제든 동원할 수 있는 큰 돈을 가진 이들은 자기도 모르는 사이에 자기를 '전능자'로 인식합니다. 그들의 주변에는 늘 그들을 '유사-신pseudo-god'으로 떠받들 준비가 되어 있는 이들이 모여 있습니다. 땅콩 회항 사건은 바로 이런 현실을 여실히 보여주고 있습니다. 그는 이미 움직이고 있는 비행기를 멈춰 세웠습니다. 자기 힘에 도취되어 있지 않으면 할 수 없는 일입니다. 두산그룹의 명예회장인 박용성 중앙대 이사장의 경우도 그렇습니다. 그는 학교의 구조 조정안을 반대하는 비대위 교수들을 조두(새대가리)라고 조롱했습니다. 그리고 보직 교수들에게 보낸 이메일을 통해 자기 속에 있는 악감정을 절제 없이 노출했습니다. "인사권을 가진 내가 법인을 시켜 모든 걸 처리한다. 그들이 제 목을 쳐 달라고 목을 길게 뺏는데 안 쳐주면 예의가 아니다. 가장 피가 많이 나고 고통스러운 방법으로 내가 쳐 줄 것이다."

이 말 어디에서도 인간의 품격이나 온기가 느껴지지 않습니다. 이것이 돈의 전능함을 과신하는 이들의 모습입니다. 자본의 시선은 메두사의 시선과 같아서 바라보는 모든 것을 물화시키고 맙니다. 함석헌 선생은 지금은 참회해야 할 때라고 말합니다.

> 국민 전체가 회개를 해야 할 것이다. 예배당에서 울음으로 하는 회개 말고 (그것은 연극이다) 밭에서, 광산에서, 쓴 물결 속에서, 부엌에서, 교실에서, 사무실에서, 피로 땀으로 하는 회개여야 할 것이다(같은 책, 115쪽).

세상이 온통 부정한 돈 냄새로 가득 차 있습니다. 정치권에 유입되는 부정한 자금은 가진 자들만의 리그를 조성하는 데 활용됩니다. 사회적 약자들의 삶은 더욱 팍팍해질 수밖에 없습니다. 돈은 문화계, 경제계, 언론계, 종교계 할 것 없이 모두를 오염시키고 있습니다. '돈을 사랑함이 일만 악의 근원'이라는 말씀을 지금처럼 처절하게 실감하는 때가 또 있을까요? 저는 늘 돈을 매개로 하지 않는 우정의 공동체를 만들어야 한다고 말해왔습니다. 인간다운 삶을 위해 필요한 최소한의 물질을 마련할 수 있다면, '서로 함께'의 공동체를 일구기 위해 자신의 재능을 기꺼이 선물로 내놓을 수 있어야 합니다. 그런 우정의 동심원이 점점 커진다면 돈의 전능성은 해체되고 말 것입니다. 너무 낭만적인 생각인가요? 사실 이것이 "돈의 영향력으로부터 벗어날 길은 아주 없는 거냐?" 하신 그 질문에 대한 잠정적 대답입니다.

물론 그보다 더 중요한 것이 있습니다. 우리 각자가 자기 삶의 주체로

서는 연습을 해야 합니다. 다른 이들이 만들어 놓은 삶의 문법을 무비판적으로 수용하던 삶에서 벗어나 자기 삶의 문법을 만들 수 있어야 합니다. 아우슈비츠 생존 작가인 프리모 레비가 《이것이 인간인가》에서 들려준 이야기가 늘 마음에 머물고 있습니다. 그는 수용소는 사람들을 동물로 격하시키는 거대한 장치라고 말합니다. 그렇기에 더욱 수감자들은 자기를 지키기 위해 애써야 했습니다.

> 우리가 노예일지라도, 아무런 권리도 없을지라도, 갖은 수모를 겪고 죽을 것이 확실할지라도, 우리에게 한 가지 능력만은 남아 있다. 마지막 남은 것이기 때문에 온 힘을 다해 지켜내야 한다. 그 능력이란 바로 그들에게 동의하지 않는 것이다(프리모 레비, 《이것이 인간인가》, 돌베개, 58쪽).

사람을 비인간으로 몰아가는 현실에 '동의하지 않는 것'이야말로 가장 큰 저항의 시작입니다. 가끔 절망감에 사로잡힐 때도 있습니다. 하지만 이명증처럼 들려오는 한 소리가 있습니다. 하나님께서 바알에게 무릎을 꿇지 않은 선지자 7천 명을 남겨두셨다는 말씀 말입니다. 눈에 보이지 않아도 세상 어딘가에 그런 이들이 있습니다. 저마다 선 자리에서 천년의 어둠을 밝히는 작은 등불 하나를 밝히는 마음으로 산다면 이 어둠의 땅에도 결국 새벽이 오지 않겠습니까? 그래서 목소리를 가다듬고 희망의 노래를 부르는 것입니다. 안녕히 계십시오.

이디오테스 idiotes

평안하신지요? 가장 빛나는 계절인 봄을 우리는 늘 고통의 기억과 더불어 지내게 됩니다. 접동새 우는 4월에는 채 피어보지도 못한 채 스러져간 세월호 참사자들이 떠오르고, 5월이면 1980년 광주에서 죽어간 넋들을 떠올리게 되고, 6월에는 이 한반도를 피로 물들인 전쟁을 기억하지 않을 수 없습니다. 뜬금없이 유치환의 〈깃발〉이 떠오릅니다.

이것은 소리 없는 아우성.
저 푸른 해원(海原)을 향해 흔드는
영원한 노스텔지어의 손수건.

- 유치환, 〈깃발〉 중에서

이디오테스

아마도 저 광장과 길가에서 나부끼고 있는 노란 리본과 배너 때문일 것입니다. '소리 없는 아우성'이라는 형용 모순의 표현 때문에 어떤 절절한 아픔이 고스란히 전달되어 옵니다. 언제쯤 되면 우리는 이 봄을 한껏 경축할 수 있을까요? 노루처럼, 사슴처럼 날래게 달려와 창살 틈으로 연인을 엿보다가 "나의 사랑 그대, 일어나오. 나의 어여쁜 그대, 어서 나오오" 하며 술람미 여인을 유혹하는 그 멋진 젊은이를 생각하며 덩달아 설렐 수 있을까요?

> 겨울은 지나고, 비도 그치고, 비구름도 걷혔소. 꽃 피고 새들 노래하는 계절이 이 땅에 돌아왔소. 비둘기 우는 소리, 우리 땅에 들리오. 무화과나무에는 푸른 무화과가 열려 있고, 포도나무에는 활짝 핀 꽃이 향기를 내뿜고 있소. 일어나 나오오, 사랑하는 임이여! 나의 귀여운 그대, 어서 나오오(아가 2:11-13).

이런 상상조차 죄스럽게 느껴지는 세상이기에 삶의 무게는 더욱 견디기 어려운 것 같습니다. 함께 지내는 교회 청년들의 역사의식이 부족한 것 같아 속상하다고 하셨지요? 가벼운 이야기를 나눌 때에는 활기를 띠지만 사회와 역사에 관한 이야기가 나오면 입을 다물어 버리는 청년들의 의식을 어떻게 흔들 수 있을지 모르겠다, 하신 그 마음을 조금은 짐작할 수 있습니다. 청년 시절로부터 너무 멀리 떨어져 나온 사람이 그들의 실존적 고민의 깊이를 이해할 수 있다고 한다면 그것은 거짓말이거나 자기기만일 겁니다. 그러나 삼포세대니 오포세대니 하는 말들이 회자되는 걸 보면 이 시대의 젊은이들이 느끼는 절망의 깊이는 생각보다 심각한 것 같습니다. 어쩌다 이런 세상에 이르게 되었는지 면밀한 분석이 필요합니다.

다 그렇다고는 할 수 없지만 우리 세대 사람들은 '의미'를 삶의 중심으로 삼았습니다. 일단 의미가 있다고 여겨지면 고난도 회피하지 않았고, 금지의 선을 넘는 것도 마다하지 않았습니다. 하지만 소비사회가 도래하면서 의미 물음은 '재미 추구'에게 자리를 내주고 말았습니다. 의미가 진지한 사고와 실존적 결단을 요구한다면 재미는 감각적인 새로움과 재치를 요구합니다.

디지털 시대의 분절된 시간 경험과 이런 태도는 상호 연관되고 있습니다. 진득하게 앉아서 텍스트를 읽는 대신 두 시간 안에 이야기가 완결되는 영화에 집중하는 이들이 많습니다. SNS를 통해서 불특정 다수에게 발신음을 보내고 반응을 기다립니다. 자기 노출증과 관음증이 뒤섞인 묘한 캐릭터가 만들어지고 있습니다.

삶의 의미 물음에 답하기 위해서 '전체의 뜻'을 조회하는 일은 점점 낯선 일이 되어 버리고 맙니다. 사람들은 별이 총총한 밤에도 하늘을 보지 않습니다. 땅의 현실에 몰두하고 있기 때문입니다. 배꽃이나 복숭아꽃에 어린 달빛에도 감동하지 않습니다. 사실 그럴 여유도 없습니다. 재미를 추구하면서도 살아남아야 하기 때문에 마음은 늘 들떠 있습니다. 자기 삶에 대한 차분한 성찰이나 역사에 대한 면밀한 분석 혹은 허위에 맞서 싸우는 용기는 언감생심입니다.

경쟁을 내면화 하고 살아가는 이들은 자기가 언제든 탈락자가 될 수도 있다는 사실을 늘 공포스럽게 받아들인다는 엄기호 선생의 분석은 정곡을 찌르고 있습니다. 경쟁은 사람들의 목을 조르는 보이지 않는 손입니다. 보이지 않기에 떨쳐 버릴 수도 없는데 숨은 여전히 막힙니다. 경쟁에서 탈락하지 않기 위해 조바심 칠 수밖에 없습니다. 엄기호 선생은 "탈락의 공포는 다른 사람의 고통에 대해 공감하고 그 고통을 제거하기 위해 함께 협력하는 것이 아니라 그 고통을 외면해야 살아남을 수 있는 사회를 만들었다"고 말했습니다. 저는 늘 인간의 인간다움이란 타자들의 요구에 반응할 수 있는 능력을 통해 구성된다고 말하곤 합니다. 그러니까 다른 이들의 고통을 외면해야 살아남을 수 있다고 느끼게 만드는 세상은 악한 세상이고 타락한 세상입니다.

공포가 내면화 된 세상에 사는 이들일수록 공공의 문제에 무관심합니다. 그들은 강자들과 합일화함으로써 자기 속의 공포를 이겨내려 하는 경우가 많습니다. 종교와 시민 사회의 과제가 있다면 사람들로 하여금 공공의 문제가 자신의 문제라는 사실을 일깨우는 것이 아닐까요? 저는 공공성의 문제를 생각할 때마다 투키디데스의 《펠로폰네소스 전쟁사》에 나오는 한 장면이 떠오릅니다. 기원전 431년경에 벌어진 스파르타와의 첫 전투에서 많은 아테네의 젊은이들이 죽었습니다. 아테네는 그 전몰자들을 국장國葬의 예로 추모합니다. 천막을 치고, 죽은 자의 뼈를 3일간 안치하고, 친지들은 제물을 가져와 묘지로 행진했습니다. 정중하게 뼈를 매장한 후 아테네시의 지명을 받은 페리클레스가 국장 연설을 합니다. 그는 전몰자들에게 어울리는 찬사를 바치는 한편 아테네라는 도시 국가에 대한 긍지 높은 연설을 합니다. 그 가운데 한 대목을 들어보시지요.

우리는 아름다움을 추구하면서도 사치로 흐르지 않고, 지혜^智를 사랑하면서
도 유약함에 빠지지 않습니다.

전사^{戰士}도 정치에 소홀하지 않으며, 이에 참여하지 않는 자를 공명심이 없
다고 보기보다는 쓸모없는 자로 생각하는 것은 우리뿐입니다(투키디데스,《펠로
폰네소스 전쟁사》, 범우사, 박광순 역, 175쪽).

아테네는 아름다움과 지혜로움을 추구하는 국가이지만 자유를 지켜내
기 위해서는 죽음을 불사하는 용기를 발휘하는 나라라는 것입니다. 군인
들도 자기가 살아갈 세상을 만들어내기 위해 정치적 의사 결정에 참여하
는 것을 미덕으로 여길 뿐만 아니라, 정치에 참여하지 않는 자를 공명심
이 없다고 보기보다는 쓸모없는 자로 여긴다는 것입니다. 영어로 '바보'
혹은 '백치'를 뜻하는 '이디엇^{idio't}'은 헬라어 '이디오테스^{idiotes}'에서 유래
했다고 합니다. 이 단어는 '공공의 문제에는 관심이 없고 오직 사사로운
개인의 문제에만 관심이 있는 사람'을 뜻했다고 합니다. 아리스토텔레스
는 인간은 정치적 동물이라고까지 했습니다. 자기가 살아가야 할 세상을
만드는 일에 관심을 갖는 것이야말로 시민의 덕성이었던 것이지요.

어떻게 해야 이런 시민적 덕성을 되찾을 수 있을까요? 기독교인들이
라면 신앙에 대한 바른 이해만 가져도 이 문제는 어느 정도 해결될 수
있지 않을까요? 성서가 증언하는 하나님은 고통 받는 이들의 신음소리
를 듣고는 역사에 개입하여 불의한 세상을 바로 잡으려 하셨습니다. 출
애굽 정신을 빼면 성경에 무엇이 남을까요? 스스로 자기 삶의 존엄을 누

릴 수 없었던 사회적 약자들을 돕기 위해 다가오시는 하나님에 대한 증언이야말로 성서를 관통하는 정신 아닙니까?

애굽을 떠나 젖과 꿀이 흐르는 땅을 향해 나아가는 광야 공동체야말로 억압과 압제를 벗어나 자유를 찾아가는 인류의 은유가 아니고 무엇이겠습니까? 이스라엘 왕정이 억압적으로 변할 때마다 하나님은 예언자들을 보내셔서 그들을 준엄하게 꾸짖으셨습니다. 예언자들은 출애굽을 이끄신 하나님의 마음에 비추어 역사를 바라보는 자들이었습니다. 그렇기에 그들은 신적 분노에 사로잡혀 포효하기도 했고, 신적 연민에 사로잡혀 울기도 했던 것입니다.

이런 예언 정신에 사로잡힌 이들을 만나기 어렵다는 것이 우리 시대의 비극이라면 비극이겠습니다. 한때 '교회 오빠'라는 말이 통용된 적이 있었습니다. 모든 면에서 반듯해 보이는 젊은이를 이르는 말이지만, 실은 일탈을 감행할 용기가 없는 좀 답답한 사람을 일컫는 말이 아닐까요? 나는 교회에 속해 있는 청년들이 욕망의 전장으로 변한 세상을 향해 오연한 목소리로 '아니오'라고 말할 수 있기를 바랍니다. 울울한 심사에 사로잡혀 그만 이야기가 설교조가 되었네요. 어쩔 수 없는 목사의 버릇이려니 생각하고 양해해 주십시오. 시절은 수상해도 5월의 햇살은 정말 싱그럽습니다. 가야 할 길이 멀고 또 머니 지치지 않기 위해서라도 너무 심려하지 않았으면 좋겠습니다. 가끔은 일에서 눈을 돌려 이것저것 해찰하는 사소한 기쁨도 누리실 수 있으면 좋겠습니다. 두루두루 평안하기시를 빕니다.

바라보아야 할
별 하나

안녕하세요? 어제 만남은 참 반갑고 유익하고 흐뭇했습니다. 사실 그 며칠 전, 알지 못하는 분으로부터 온 메일, 그것도 '커피 한 잔 내려달라'는 제목을 달고 온 메일을 열면서 여러 가지 생각이 스쳤습니다. 제법 따뜻하고 친밀한 인사말로 시작되는 메일이 대개는 광고인 경우가 많았지만 그래도 혹시나 하는 마음으로 메일을 열었습니다. 어쩌면 '이번에도 금방 삭제 버튼을 눌러야 할지도 모른다'는 생각을 했을 것입니다. 하지만 메일을 읽는 동안 글을 쓰신 분이 참 겸손하신 분이라는 느낌이 들었습니다. 강박적이지 않을 뿐만 아니라, 상대를 배려할 줄 아는 널음새가 절로 드러났던 까닭입니다. 글에도 그 사람의 존재가 오롯이 드러나는 법이지요. 무작스런 말본새와 태도로 남의 속을 건드리는 이들이 얼마나 많던가요? 그런데 목사님의 글 속에서 나는 어떤 그리움과 외로움의 자취를 어렵지 않게 알아차릴 수 있었

이디오테스

습니다. 분주하다고 핑계를 대지 않고 선뜻 뵙고 싶다고 말했던 것은 그 때문이었습니다.

약속된 시간이 조금 지나 조심스럽게 문을 열고 들어서시는 모습이 참 친근하게 느껴졌습니다. 말끔한 차림과 선선한 미소, 그리고 향토색이 느껴지는 억양의 꾸밈없는 목소리는 저절로 저를 무장해제시켰습니다. 죄송스런 말씀입니다만 마치 집에 놀러온 막내 동생을 대하는 것 같은 따뜻함이 제 몸과 마음으로 번지더군요. 지금의 자리에 이르기까지 걸어온 삶의 내력을 들려주면서도 자신을 미화하거나 짐짓 겸손하게 보이려는 태도를 보이지 않는 넘너리성 덕분에 우리는 마치 오래 사귀어 온 사람처럼 참 많이 웃었습니다. 하지만 함께 나눈 이야기가 썩 유쾌한 이야기는 아니었습니다. 유명짜한 목회자들을 만나면서 느꼈던 씁쓸함, 영광의 신학과 번영의 신학에 도취된 교회 중직자들의 이중적인 모습에 대한 안타까움, 자신의 입장을 결정해야 하는 순간 느꼈던 그 아득함, 출신학교와 출신지에 따른 차별의 현실에 맞닥뜨렸을 때 느꼈던 굴욕감…. 실제로 교회 현장에서는 소명을 무색하게 하는 일들이 참 많이 벌어집니다.

바라보고 나아갈 이정표 혹은 기준을 찾기가 어려웠다며 몇 번씩이나 이야기를 하실 때, 저는 목사님을 뒤흔들었던 혼돈을 아령칙하게나마 느낄 수 있었습니다. 마음이 답답해질 때마다 제가 상기하는 한 문장이 있습니다.

별이 빛나는 창공을 보고, 길을 갈 수가 있었고 또 가야만 하는 길의 지도를 읽을 수 있던 시대는 얼마나 행복했던가?

　헝가리의 철학자 루카치가 《소설의 이론》 첫머리에 쓴 글입니다. 이제 사람들은 더 이상 별을 보고 길을 찾지 않습니다. 구글 지도로 찾습니다. 너무 썰렁한가요? 별을 보고 길을 찾는다는 것은 어쩌면 자기 삶을 무한 혹은 영원의 세계와 관련시켜 조망한다는 말이 아닐까요? 세상은 점점 땅의 현실에만 눈을 돌리도록 만듭니다. 우리는 하늘을 잊고 살아갑니다. 큰 정신이 나오지 않는 것은 바로 그 때문이 아닐까요? 있음 그 자체로 다른 이들의 좁장한 마음을 넓혀주고, 시야를 확장시켜 주는 사람이 몹시도 그리운 시대입니다. 비노바 바베의 바가바드기타 풀이를 읽다 보니 이런 구절이 나오더군요.

　태양은 큰 소리로 소리쳐 부르지 않습니다. 그럼에도 불구하고 태양을 보면서 새가 노래하고, 어린 양이 뛰어놀며, 소들이 숲으로 풀을 뜯으러 가고, 상인들은 가게를 열고, 농부들은 들로 나가며, 온 세상이 바쁘게 돌아갑니다. 태양은 존재하는 것만으로 충분합니다. 그것으로부터 무수히 많은 행동들이 발생합니다. 아카르마의 상태는 무한한 행동을 일으킬 수 있는 힘으로 충만해 있으며, 무한한 힘이 가득 차 있지요(비노바 바베, 《천상의 노래》, 김문호 옮김, 실천문학사, 116-7쪽).

　'아카르마'는 결과에 집착하지 않는 행동 즉 무위를 이르는 말입니다. 아무 것도 하지 않으면서도 다른 존재자들로 하여금 행동하게 하는 것이야말로 진정한 힘이요 충만함이라는 뜻일 겁니다. 무력한 아기는 존재 그 자체로 어른들의 행동을 이끌어냅니다. 아기는 그런 의미에서 아카르마의 원형이라 할 수 있겠네요. 정진규 선생의 시 가운데 〈옹알이〉라는 시가 있습니다.

아기 천사께서 옹알이를 시작하신 아침 나와 모든 것들의 사이가 한결 좋아졌다 無事通過다 옹알이는 의미도 무의미도 다 통한다 하느님은 그것만 가르쳐 보내셨다 나의 말씀들을 잠시 반납했다

참 좋지요? 제법 근엄한 척하던 저도 손자 손녀들 앞에서는 가볍게 무장해제를 당하고 맙니다. 옹알이는 무의미한 소리일 뿐입니다. 그런데 그 소리가 '나'와 '모든 것들' 사이를 평화롭게 만들다니 놀랍지 않습니까? 말을 재배치하여 의미를 빚어내고 영원성의 편린을 드러내는 시인도 아기의 옹알이를 능가하는 언어를 구사할 수 없음을 알기에 잠시 말씀을 반납했다고 말하네요.

많은 목회자들이 해야 할 많은 일들 앞에서 전전긍긍합니다. 할 일이 없으면 불안해하는 이들도 많더군요. 새벽부터 밤늦게까지 교회에 머무는 것을 자랑삼아 말하는 이들도 있습니다. 문제는 그 많은 할 일들 속에서 버둥거리다 보면 존재의 빈곤으로 귀착할 수밖에 없다는 데 있습니다. 전문가들은 많은데 '있음 그 자체'로 길을 찾는 이들에게 이정표가 되는 이들은 많지 않습니다. 바라볼 사람이 없다는 것, 마음 깊이 존경할 사람을 만날 수 없다는 것. 바로 이것이 우리 시대의 영적 빈곤의 실상입

니다.

    지난 시절에는 우리 의식 속에 뚜렷이 떠오르는 별들이 있었습니다. 시절이 아무리 어두워도 그분들이 계시기에 절망 속에 유폐되지 않을 수 있었습니다. 그때 우리는 수도꼭지에서 떨어지는 물방울에 마른 목을 축이는 새들처럼 그분들의 말씀을 경청하곤 했습니다. 하지만 지금은 누구도 그런 권위에 값하지 못하고 있습니다. 큰 정신이 사라졌다는 증거로 볼 수도 있지만, 들으려는 마음이 사라진 것이 더 큰 문제라고 생각합니다. 중력에 이끌릴 뿐 하늘을 향해 비상하려는 마음이 망실되었기 때문일 겁니다.

    욕망의 전장은 우리에게서 더불어 살아가야 할 이웃을 앗아갑니다. 과도한 욕망에 사로잡힌 사람들의 시선은 메두사를 닮아 바라보는 모든 대상을 돌처럼 굳게 만듭니다. 사람과 사람 사이에 진실한 사랑이 아닌 욕망이 개입하는 순간 인간은 타자화 되고, 타자화가 더 진행되면 인간은 언제든 교체 가능한 사물로 변합니다. 사물들의 세상, 그곳은 생명의 온기가 사라진 죽음의 벌판이 되겠지요. 지금 우리에게 필요한 것은 차가운 세상에 온기를 나르는 사람들입니다. 그들은 다른 이들을 동원의 대상으로 삼지 않습니다. 그를 자기 뜻에 따라 바꿔놓으려 하지 않습니다. 금지와 강요가 역사 발전의 원동력이 될 수도 있다는 사실을 부정하지는 않겠습니다. 하지만 비자발적인 동참은 오류의 책임을 다른 이들에게 전가하는 태도를 만들어냅니다. 몰주체적인 존재의 탄생입니다.

    지금 우리가 혼신의 힘으로 붙들어야 하는 것은 세상의 물화를 거스를 수 있는 힘으로서의 사랑입니다. 우리 시대의 사랑은 아낌 속에서 구현된다고 생각합니다. 서로를 귀히 여기고 아낄 줄 아는 이들이 늘어나야 합니다. 언제든 찾아가 기댈 수 있는 언덕이 있다면 그런대로 살만하지 않겠습니까? 환속한 시인 김달진은 이런 소망을 피력했더군요.

내 몸을 완전히 기댈만한 든든한 벽을 가지고 싶다. 참 마음으로 나를 안아주는 크고 안전한 가슴을 가지고 싶다. 나를 속이는 내 마음의 괴로움을 숨김없이 말할 수 있는 사랑을 가지고 싶다.

교회가 바로 그런 곳이 되어야 하지 않을까요? 가야 할 길이 참 멀다는 생각이 듭니다. 마음의 갈피를 잡지 못해 허수해진 마음에 바라보아야 할 별 하나가 떠오른다면 얼마나 좋을까요?

목사님은 교회 중직들과 교인들에게 번영 신학과 외형적 교회 성장이라는 목표를 버리자는 제안을 하셨다고 말씀하셨습니다. 신년도 교인 수 증가 목표를 묻는 교회 중직들의 질문에 그렇게 대답하셨다는 말을 듣고 좀 놀랐습니다. 그런 질문을 한다는 사실 자체가 놀라웠고, 부임한지 얼마 안 된 분이 아무도 이의를 제기하지 않는 관습에 도전했다는 사실 또한 놀라웠습니다. 저는 그런 압박을 별로 받아보지 않아 말할 자격도 없지만 실제로 많은 목회자들이 유형 무형의 압박에 시달리고 있더군요. 문득 하나님의 마음을 헤아리고 예수 정신을 꼭 붙드는 본을 바로 세우기보다는 늘 교회성장이라는 지엽말단에 집착하도록 하는 것은 사탄의 전략이 아닌가 하는 생각이 드네요. 너무 극단적인 생각인가요? 급하다고 서두를 것도 없습니다. 그저 우리는 잠시 동안 그분의 일을 하다 가는 것이니까요. 속생각을 나눌 수 있는 이가 가까이 와서 참 좋습니다. 일하다가 문득 생각이 나거든 자장면이라도 함께 나누자고, 혹은 공원을 함께 걷자고 연락해 주세요. 평안하십시오.

이디오테스

시대의 어둠과 온몸으로 맞서면서 살아온 이들,
툽상스러운 듯하나 씩씩하기 이를 데 없는 이들과 대면할 때마다
관념을 붙들고 살아온 내 삶이 한없이 초라하게 여겨지곤 합니다.

옹송그리며 쓰는
반성문

평안하신지요? 집에서 사무실로 나오다 보니 숙대 뒤뜰에 있는 산딸나무가 희고 정갈한 꽃을 피워냈더군요. 몇 해 전에 고려대학교에 계신 어느 교수님이 네 갈래로 피어나는 꽃잎이 십자가를 닮았다며 교회 마당에 심어보라 일러주던 꽃이기에 반가움이 더 컸습니다. 이집 저집 담장을 흘낏거리며 걸었습니다. 탐스럽게 핀 장미꽃들이 싱그러웠습니다. 문득 '장미여, 오 순수한 모순이여!' 했던 릴케가 떠올랐고, 곧 마음속에서 이미 상투어로 변해버린 그 문장을 떨치려고 고개를 가로 저었습니다. 그러자 갑자기 루 살로메가 떠올랐고, 그 매혹적인 여인을 향한 릴케의 연정이 되짚어졌습니다.

내 눈빛을 꺼주소서, 그래도 나는 당신을 볼 수 있습니다.
내 귀를 막아 주소서, 그래도 나는 당신의 목소리를 들을 수 있습니다.

이디오테스

발이 없어도 당신에게 갈 수 있고,

입이 없어도 당신의 이름을 부를 수 있습니다.

《기도시집》에 나오는 이 노래는 '기도'라는 이름을 달고 있기에 사람
들은 일쑤 '당신'을 '신'이라 여기지만 꼭 그런 것만은 아닐 겁니다. 이
뜨거운 사랑 노래가 뜨악하게 느껴지는 것을 보면 내가 인생의 가을을
지나고 있음이 분명합니다. 골목길을 천천히 걷는 시간이 제게는 참 좋
은 시간입니다. 사람들과 나누었던 이야기들을 반추하기도 하고, 종작없
이 떠오르는 생각의 갈피를 잡을 수도 있기 때문입니다.

지난 수요일 저녁의 만남은 제게 참 귀한 시간이었습니다. 서울역사박
물관에서 전시중인 〈가리봉 오거리〉 전을 보고서 눈물이 나더라고 하셨
지요? 가리봉동은 눈물겨운 애환의 기표로 다가올 때가 있었습니다. 그
비좁은 벌집에 살면서 실낱같은 희망의 끈을 잡으려 애를 썼던 그 누이
들은 지금 다 어디에 있을까요? 때로는 악다구니를 쓰기도 하고, 서러운
눈물을 흘리기도 하고, 절망의 심연으로 한없이 빠져들기도 했던 사람
들. 그들을 생각하니 지금 우리가 거닐고 있는 이 인공 낙원이 신기루일
지도 모른다는 생각이 듭니다. 어쩌면 지금의 현실은 그들이 흘린 눈물
을 타고 어딘가로 흐르고 있는 것인지도 모르겠습니다.

시대의 어둠과 온몸으로 맞서면서 살아온 이들, 툽상스러운 듯하나 씩
씩하기 이를 데 없는 이들과 대면할 때마다 관념을 붙들고 살아온 내 삶
이 한없이 초라하게 여겨지곤 합니다. 그동안 현실 주변을 베돌기만 할
뿐 그 속에 풍덩 몸을 담그지 못하고 살아왔습니다. 사람들을 대하는 것

역시 마찬가지입니다. 너무 멀지도 가깝지도 않게 적당한 간격을 유지하며 사뭇 예의를 갖춘 채 지내오기는 했지만 누군가의 고통과 슬픔 속에 오롯이 녹아들지는 못했습니다. 어쩌면 이것은 내 속에 운명처럼 각인된 허무의식과도 관련이 있는지 모르겠습니다. '별 것 아니다', '호들갑 떨 것 없다.' 난감한 일을 만날 때마다 스스로에게 다짐하듯 자꾸 되뇌던 말입니다. 그런데 참 쓸쓸합니다. 한 번도 내 인생을 살아보지 못한 것 같은 느낌에 사로잡히기도 합니다.

소설가 송기원의《다시 월문리에서》가 떠오른 것은 그 때문일 겁니다. 1983년인가 〈실천문학〉에 실린 그 글을 처음 읽고 가슴이 얼얼해져 먼 산만 바라보던 기억이 생생합니다. 소설의 화자인 '나'가 시국사건에 연루되어 감옥에 들어간 사이 평생 고생만 하던 어머니가 세상을 떠나고 맙니다. 어머니의 마지막 순간을 지키지 못했다는 자책감에 그는 오랫동안 가슴앓이를 합니다. 새벽마다 어머니를 그리워하면서 그는 어머니를 향해 이렇게 말하곤 했습니다.

어머니, 이름 없는 산야의 이름 없는 무덤들 사이에서 아직은 잠들지 마세요. 시들은 잡초들 무성한 무덤 너머로 새벽별이 스러지고 이제 막 동이 트는 능선마다 달려오는 눈부신 새벽의 사람들을 위하여 아직은 잠들지 마세요. 그토록 긴 밤을 떠돌던 많은 넋들과 함께 아직은 잠들지 마세요.

모두가 자유롭게 살아가는 세상의 꿈이 가물가물 흔들리고 있던 그때, 새벽을 깨우려고 달려 나가다가 어려움을 겪는 이들이 내 주위에 많았

이디오테스

기에 이 대목은 두고두고 잊을 수 없는 구절이 되었던 것 같습니다. 출소한 '나'는 뒤늦게 삶의 무게에 짓눌린 어머니가 문고리에 목을 매 자진하셨다는 사실을 알게 됩니다. 하늘이 무너질 것 같은 충격 속에서 찾아간 집은 퇴락한 채였습니다. 하지만 그는 그곳에서 아들을 기다리는 어머니를 만납니다.

어머니는 바로 내가 둘러보고 있는 안마당의 망초꽃이며 엉겅퀴, 쑥부쟁이 따위 잡초들의 시든 대궁에서 두 눈을 부릅뜬 채 나를 기다리고 있었고, 마루 위에 나뒹구는 방문의 찢어진 창호지에서, 뒤울안에서, 장독대에서, 무쇠솥이 뒤집혀 있는 부엌에서 마디진 두 손을 갈퀴처럼 휘두르며 나를 기다리고 있었다.

도피하듯 서울로 올라가 살던 '나'는 몸과 마음이 다 황폐해진 상태로 어머니가 살던 집으로 내려갑니다. 그는 마치 어머니와 맞서 싸우기라도 하듯 잡풀을 뽑고 땅을 고릅니다. 그때 동네 친구인 '정'이 등장합니다. 처음 이 소설을 읽을 때에는 크게 주목하지 않았던 인물인데, 30여 년의 세월이 흐른 후 다시 읽노라니 그 인물이 제게 확 와 닿더군요. 그는 힘들이는 기색도 없이 '나'를 도와 풀을 뽑고 땅을 골라줍니다. '정'은 '나'를 자기 집으로 이끌어 겸상으로 저녁밥을 먹고는 지싯지싯 '나'를 따라오더니 아까 참에 불을 때놓은 문간방 문을 열고 들어가 벌렁 자리에 눕습니다. 그 밤 '정'은 '나'의 곁에서 잠을 청했습니다. 물론 그것은 마음이 스산할 친구를 위한 배려였습니다. 그의 행동은 물 흐르듯 자연스럽고 다붓했습니다. 거기에는 시국사건에 연루되어 감옥에 갔다 온 사람에 대한 경계심도 없었고, 세상에서 난파당한 것 같은 표정으로 살아가는 이에 대한 섣부른 판단도 없었습니다. 가슴 아파하는 친구 곁에 그저 묵묵히 머물렀던 것 뿐입니다. 그는 고향의 느티나무처럼, 눈에 익은 언덕처럼 묵묵히 있어 친구가 시린 마음을 추스를 수 있도록 해주었습니다.

이런 '정'의 존재가 크게 느껴지는 것을 보면, 온갖 사람들과 섞사귀며 살면서도 여전히 스스럽기만 한 나의 실존의 부박함이 아프게 자각되기 때문일 것입니다. 몸이 아니라 머리로 살아온 삶의 한계가 절실히 느껴지는 나날입니다. 지금 마음이 무너진 사람의 손을 듬쑥 잡지도 못하고, 그의 시린 마음 곁에 눕지도 못합니다. 이게 아닌데, 이게 아닌데 하면서도 몸이 따라가 주지를 않습니다. 몸과 마음을 이어주는 회로에 녹이 슨지 이미 오래입니다. 몸을 자유자재로 부리며 살아가는 이들 앞에서 나의 창백한 사상은 초라해지곤 합니다.

젊은 시절, 기존의 모든 것에 도전하고 싶었습니다. 그때 '시는 온몸으로 밀고 나가는 것'이라는 김수영의 문장과 만났습니다. 시인은 그 문장 그대로 살았습니다. 그의 오연한 문장이 부러웠습니다. 하지만 아직도 나는 온몸으로 살지 못하고 있습니다. 영혼의 황혼을 맞은 사람처럼 새로운 삶을 향해 길을 떠나지 못합니다. 그저 주어진 길을 성실히 걸을 뿐 새로운 길을 찾아 가시덤불 우거진 숲으로 내닫지 못합니다. 함석헌 선생님을 떠올릴 때마다 괜히 죄인이 되어 몸을 옹송그리게 됩니다. 선생은 생의 말년에 〈대선언〉이라는 시를 쓰셨습니다. 그 시에 나오는 한 대목을 나는 수첩에 적어 두고 가끔씩 찾아 읽습니다.

어렴풋한 느낌을 서슴지 말고 내 외치자
물 냄새 맡고 달리는 사막의 약대처럼
스며든 빛 잡으려 허우적이는 움 속의 새싹처럼
가쁜 숨으로
떨리는 맘으로

나이 들어서도 그는 여전히 젊은 혼이었습니다. 갑자기 목이 마르네요. 이런 떨림이 내게도 다시 일어날 수 있을까요?

오늘도 푸념이 길어졌습니다. 이렇게라도 반성문을 쓰지 않으면 무작스럽게 쇠락의 방향으로 나를 잡아채는 시간에게 항복할 것 같은 조급한 마음 때문이려니 이해해주시면 좋겠습니다. 눈이 침침하군요. 잠시 마당가에 나가 풀들과 눈을 맞추어야 하겠습니다. 이 푸르른 녹음의 계절에 어느 호젓한 산길에서 홀연히 마주칠 수 있다면 참 재미있을 것 같습니다. 언제나 좋은 길벗이 되어주셔서 고맙습니다.

마주 잡을
손 하나

　　평안하신지요? 계절은 벌써 소만 절기를 지나고 있습니다. 만물의 생장함이 두루 신비로운 나날입니다. 교회 어르신들을 모시고 하루 나들이를 다녀왔습니다. 가만가만 나누시는 이야기에 귀를 기울이면서도 차창 밖 풍경에 자꾸만 시선을 빼앗겼습니다. 아카시아 꽃과 더불어 바람에 뒤채는 나뭇잎들이 은빛 물결을 이루고 있었습니다. 잘 구획된 농지에 이앙기를 이용해 모를 심는 농부들의 모습도 눈에 들어왔습니다. 쓸쓸한 풍경이었습니다. 논에는 기계를 조작하는 사람 말고는 아무도 없었습니다.

　　모내기를 할 때면 덩달아 흥분상태가 되어 눈두렁 여기저기를 종작없이 뛰어다니던 어린 시절이 떠올랐습니다. 그러다가 어른들이 못줄 잡는 일을 맡겨주면 제법 일꾼 흉내를 내기도 했습니다. 품앗이하러 온 마을 어른들이 허리를 굽히고 열을 지어 모를 내다가, 목청 좋은 아저씨 한분이 노동요를 선창하면 노래는 금방 합창으로 변하곤 했습니다. 조금 힘들다 싶으면 흘깃흘깃 다복솔 우거진 야산 쪽을 바라보았습니다. 그러다가 새참을 담은 광주리를 머리에 인 어머니와 아주머니들이 모습을 드러내면, 제법 의젓한 일꾼으로 보이고 싶어 더 열심히 일하는 척하기도 했습니다. 그런 기미를 눈치 챈 어른들은 '000도 상일꾼이야'라고 놀림삼아 칭찬해 주셨지요. 새참을 드신 어른들이 공동묘지의 무덤을 베고 잠시 잠을 청할 때면, 둠벙에 가서 물방개를 잡기도 했습니다. 벌써 50년도 더 지난 일이 자꾸만 떠오르는 것을 보면 살풋한 정을 나누던 마을 공동체가 다 깨져나간 오늘의 살림살이에 어지간히 지친 것 같습니다.

파종을 위하여 정갈하게 갈아엎어놓은 붉은 흙을 볼 때마다 왜 눈시울이 시큰해지는지 모르겠습니다. 세상에 그 밭보다 순수한 장소가 또 있을까요? 번번이 신발을 벗고 그 흙을 가만히 밟아보고 싶은 충동에 사로잡히곤 합니다. 가만히 눈을 감으니 노란빛 해를 등지고 싹싹한 걸음걸이로 씨앗을 뿌리는 빈센트 반 고흐의 그림 속에 나오는 농부의 모습이 보입니다(《씨 뿌리는 사람》). 그리고 오랜 노동의 시간을 견뎌온 구두를 그렸던 그의 마음도 떠올랐습니다(《구두 한 켤레》). 대지와 맺어온 친밀한 관계를 보여주는 낡은 구두, 몸의 연장으로서의 구두를 볼 때마다 멀쩡하기만 한 나의 구두가 오히려 부끄러워지곤 했습니다.

하늘은 청명하고, 바다 물빛 또한 깨끗했습니다. 적절히 서늘한 바람은 안면도 바닷가를 조용히 산책하는 모든 이들의 마음에 평화를 안겨주었습니다. 어르신들은 소년 소녀들처럼 좋아하셨습니다. 자연 휴양림에 들어서도 마찬가지였습니다. 다리가 아파 걷지 못하는 이들은 솔바람

소슬하게 부는 곳에 자리 잡고 앉아 풍경을 즐겼고, 어렵더라도 산길 걷기에 도전한 분들은 서로의 손을 의지하여 조심스럽게 걸어 나갔습니다. 오름길에 허청거리는 어르신네의 손을 가만히 잡아드리기도 하고, 잘린 채 놓여있던 나무 다발을 헤쳐 지팡이로 삼을 만한 것을 찾아내 연세가 가장 높으신 어르신 손에 쥐어드리기도 했습니다. 누군가의 손을 잡아준다는 것, 그의 속도에 맞춰 함께 걷는다는 것이 참 아름다운 일임을 새삼 느낄 수 있었습니다.

집으로 돌아와 정호승의 시집 《여행》을 펼쳤습니다. 먼저 인상 깊게 읽었던 〈발에 대한 묵상〉을 가만히 읊조려보았습니다.

> 저에게도 발을 씻을 수 있는
> 기쁜 시간을 허락해주셔서 감사합니다
> 여기까지 길 없는 길을 허둥지둥 걸어오는 동안
> 발에게 미안하다는 생각을 미처 하지 못했습니다
> 뜨거운 숯불 위를 맨발로 걷기도 하고
> 절벽의 얼음 위를 허겁지겁 뛰어오기도 한
> 발의 수고에 대해서는 미처 생각하지 못했습니다
> 이제 비로소 따뜻한 물에 발을 담그고 발에게 감사드립니다
>
> - 정호승, 〈발에 대한 묵상〉 중에서

문득 예수님이 제자들의 발을 닦아주신 마음이 고스란히 추체험되는

손이 아름답던 한 사람을 압니다. 예수입니다.
그의 손이 닿는 곳마다 생명이 깨어났습니다.
물결처럼 가벼우면서도 산맥처럼 무거운
그분의 손을 잡고 싶습니다.
'마주 잡을 손 하나'가 바로 희망입니다.

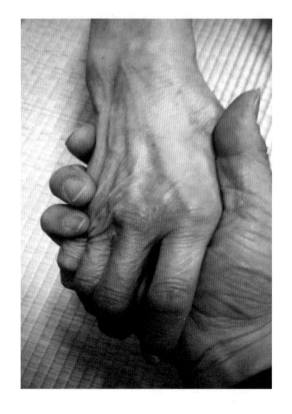

것 같은 느낌이 들었습니다. 주님은 제자들의 고단한 삶 전체를 그렇게 가만가만 감싸주며 '애썼다'고 격려하고 계셨던 것이 아닐까요? 나도 수술을 받은 후 늘 통증에 시달리는 아내의 발을 그런 마음으로 주물러줄 때가 있습니다. 참 고마운 발입니다.

시집을 뒤적이다가 〈손에 대한 예의〉에 또 눈이 머물렀습니다. 손에 대한 예의란 어떤 것일까요? 여러 가지 상상을 해보았습니다. 때때로 말을 하지 않는 손이 인간의 어떤 언어보다 더 많은 것을 전달하기도 합니다. 아직은 수줍은 연인들을 보십시오. 손 끝이 닿는 것만으로도 그들은 가슴 가득 전율을 느끼지 않던가요? 우리는 이미 이런 세계로부터 너무 멀리 떨어져 온 것 같아 쓸쓸한 생각이 드네요. 미켈란젤로의 〈천지창조〉도 그런 느낌을 전달하고 있습니다. 서로를 향해 내민 하나님과 아담의 손, 닿을락말락하는 그 순간이야말로 창조의 순간일 겁니다. 손은 또한 누군가를 어루만집니다. 상처 입은 사람의 등을 가만가만 쓸어줄 때, 놀란 아이의 가슴을 토닥토닥 두드려줄 때, 쓸쓸한 사람의 손을 잡아줄 때 우리 손은 마음을 전달하는 도구가 됩니다. 소설가인 고종석은 "어루만짐은 일종의 치유이고 보살핌이고 연대"(《어루만지다》, 233쪽)라고 말했습니다. 이렇게 해서 손은 언어가 됩니다. 정호승 시인이 말하는 손에 대한 예의가 뭔지 말해야 하겠군요. 그의 음성을 직접 들어보세요.

가장 먼저 어머니의 손등에 입을 맞출 것
하늘 나는 새를 향해 손을 흔들 것
일 년에 한번쯤은 흰 눈송이를 두 손에 고이 받을 것

이디오테스

들녘에 어리는 봄의 햇살은 손안에 살며시 쥐어볼 것
손바닥으로 풀잎의 뺨을 절대 때리지 말 것
장미의 목을 꺾지 말고 때로는 장미가시에 손가락을 찔릴 것
남을 향하거나 나를 향해서도 더 이상 손바닥을 비비지 말 것
손가락에 침을 묻혀가며 지폐를 헤아리지 말고
눈물은 손등으로 훔치지 말 것

- 정호승, 〈손에 대한 예의〉 중에서

이후에도 시는 계속됩니다. 시인에게 손은 단순한 신체의 일부분이 아
닙니다. 세상과 접촉하고 삶을 대하는 우리들의 태도의 환유입니다. 물끄
러미 내 손을 바라보려니 부끄러운 생각이 밀려왔습니다. 남의 호의를 얻
으려고 손바닥을 비빈 적도 없고, 손가락에 침을 묻혀가며 지폐를 헤아린
적도 없지만 뭔가 창조적인 노동을 하지 못하고 있다는 자책 때문이었을
겁니다. 평생 노동을 해 오신 어머니 아버지의 구부러진 손, 풀물 밴 손
앞에서 감히 내 정신노동이 힘겨웠노라 언거번거 말할 수 없습니다.

손이 아름답던 한 사람을 압니다. 예수입니다. 그는 나병에 걸려 사랑
하는 이들과의 접촉의 기쁨을 포기한 채 살아야 했던 사람들의 몸에 손
을 대셨습니다. 열병에 시달리던 베드로의 장모의 손을 잡아 일으키기도
하셨습니다. 바다 물결 속에 잠겨들던 베드로의 손을 붙잡아 끌어올려
주시기도 했습니다. 그의 손이 닿는 곳마다 생명이 깨어났습니다. 그 손
을 생각할 때마다 강은교 시인의 〈당신의 손〉이 떠오릅니다.

당신의 손이 길을 만지니

누워 있는 길이 일어서는 길이 되네.

당신의 슬픔이 살을 만지니

머뭇대는 슬픔의 날이 달리는 기쁨의 날이 되네

아, 당신이 죽음을 만지니

천지에 일어서는 뿌리들의 뼈

- 강은교, 〈당신의 손〉 중에서

물결처럼 가벼우면서도 산맥처럼 무거운 그분의 손을 잡고 싶습니다. 며칠 전 오랫동안 병상에 누워계신 분을 찾아갔습니다. 말을 하실 수 없었지만 얼굴 가득 반가운 기색을 보이셨습니다. 힘을 잃어 축 늘어진 손이 안타까웠습니다. 그나마 감각이 조금 남아 있는 손을 잡자 조금씩 힘을 주어 고마운 내색을 하셨습니다. 손을 마주잡은 채 나는 조용히 기도를 올렸습니다. "나의 손을 통해 주님께서 그의 손을 잡아달라"고.

지리산에서 세상살이를 마감한 고정희 시인의 〈상한 영혼을 위하여〉의 마지막 대목이 늘 가슴에 남아 있습니다. 그는 고통과 설움의 땅에서도 낙심하지 않고 살아야 한다면서 그 끈질긴 희망의 근거를 이렇게 밝히고 있습니다. "캄캄한 밤이라도 하늘 아래선/마주 잡을 손 하나 오고 있거니." 그렇습니다. '마주 잡을 손 하나'가 바로 희망입니다. 먼 곳에 계시지만 우정의 손을 내밀어 봅니다.

링반더룽의
상황 속에서

평안하신지요? 새벽에 일어나 창밖을 내다봅니다. 아직 불이 밝혀진 집들이 별로 없네요. 혼곤한 잠의 끝자락을 부여잡고 있을 사람들을 생각하니 가여운 생각이 듭니다. 낮 동안 도시의 번잡과 악다구니 속에서 사느라 지친 몸과 마음이 얼마나 회복될 수 있을까요? 저 멀리 반 너머 가려진 북한산 자락 너머로 희뿌윰한 빛이 스며들고 있습니다. 허리를 곧추 세우고 앉아 몸과 마음을 거두어보려 하지만 마음은 종작없이 떠돌 뿐입니다. "아, 고단하다."나도 모르는 사이에 터져 나온 신음소리입니다. 인디언들은 말을 타고 달리다가도 문득문득 멈추어 선다지요? 너무 빨리 달리면 영혼이 따라올 수 없기 때문이랍니다. 웃어넘길 수도 있지만 이 말이 요즘 절실하게 다가오는 것을 보면 제 삶의 속도가 너무 빠른 것 같습니다. 해야 할 많은 일들은 나 자신을 돌아볼 여백을 허용하지 않습니다. '언제까지랴!' 싶어 나름대로 주어지는 혹은 요구되는 일들을 성심껏 감당하려 하지만 마음이 흔연하지 않을 때가 많습니다. 가끔 어디 한적한 곳으로 물러나 물이나 산을 보며 하염없이 앉아 있고 싶다는 생각이 들기도 합니다.

오래 전부터 붙들고 있던 명나라의 문인 진계유(陳繼儒, 1558-1639)의 문장이 새삼스럽게 다가옵니다.

> 고요히 앉아 본 뒤에야
> 평상시의 마음이 경박했음을 알았네.
> 침묵을 지킨 뒤에야
> 지난 날의 언어가 소란스러웠음을 알았네.

누가 부정할 수 있겠습니까? 고요함과 침묵은 우리가 시간 속에 마련하는 성소입니다. 일상의 흐름을 끊고 자꾸만 그곳으로 돌아가지 않으면 가차 없이 우리를 몰아대고 끌어들이는 시간의 소용돌이에 휩쓸릴 수밖에 없습니다. 보들레르는 폭군처럼 우리를 몰아대는 시간의 공포를 이렇게 노래합니다.

> 그렇다! 시간이 군림한다. 시간이 그의 난폭한 독재권을 되찾았다. 그리고 시간은 마치 황소를 부리듯 그의 두 개의 바늘로 나를 몰아세운다. "이러! 짐 승 놈아! 땀을 흘려 일해, 노예 녀석! 살아라, 망할 녀석아!"(샤를 피에르 보들레 르,《파리의 우울》41쪽)

이디오테스

보들레르는 가증스런 시간의 무게를 느끼지 않기 위해서는, 시간의 학대받는 노예가 되지 않기 위해서는, 비루한 현실의 인력에 속절없이 끌려가지 않으려면 뭔가에 취해 있어야 한다고 말합니다. 대체 무엇에 취하라는 말일까요? 그는 이렇게 답합니다. "술이든, 시든, 덕이든 무엇이든, 당신 마음대로." 취함은 어쩌면 우리가 무게를 가진 육체이지만 동시에 저 영원의 세계를 동경하는 영혼임을 일깨워주는 것인지도 모르겠습니다. 뭔가에 취해보고 싶다고 생각하지만 여전히 경계선을 선뜻 넘지 못하는 더딜뭇한 성격 탓에 삶의 비애만 가중되고 있습니다.

시간 속을 바장이며 이렇게 어렵사리 걸어가고 있는 제게 길을 물으시니 몸 둘 바를 모르겠습니다. 그저 나이든 사람에 대한 예우이거니 생각도 해보지만 그런 질문을 한다는 사실 자체가 님이 처한 상황의 절박함을 반증해주는 것이어서 마음이 절로 무거워졌습니다. 하지만 나는 그 질문에 답할 수 없습니다. 우리가 선택할 길이 어디 따로 있겠습니까? 예수에게 사로잡힌 그 순간부터 우리는 '그 길'의 사람이 되라는 선고를 받은 사람이 되었습니다. 그 길을 어기차게 걷지 못하는 게 문제라면 문제이겠지요. 물론 그 길 위에 놓인 걸림돌이 만만치 않습니다. 걸림돌을 피해 몇 걸음 걷다보면 또 다른 걸림돌과 맞닥뜨리게 됩니다. 움푹 패인 함정에 속절없이 빠져들 때도 있습니다.

그런 일이 여러 차례 반복되면 우리 시선은 하늘이 아니라 땅을 향하게 됩니다. 땅만 바라보며 걷노라면 길을 잃게 마련입니다. '그 길'로 부름을 받은 사람들 가운데도 자기가 어디에서 왔는지 어디로 가는지를 망각한 채 발걸음이 이끄는 대로 터덜터덜 걷는 이들이 많습니다. 처음

소명을 받았을 때의 뜨거운 마음은 다 잊혀지고 살아남기 위한 몸부림만 남는 경우도 많습니다. 아무리 애써 봐도 성과가 부실하면 자괴감에 사로잡히거나 타자들에 대한 원망과 질시에 사로잡히기도 합니다. 삭연한 심사를 달래려고 오락에 몰두하는 이들도 있더군요. 견결하던 품성이 녹아내린 자리에서 그에게 남은 것은 시간의 강에 둥둥 떠내려가거나 막연히 생을 견뎌내는 것입니다.

마틴 하이데거는 이런 삶의 상황을 설명하기 위해 조어 하나를 만들었습니다. '세인世人, das Man'이 그것입니다. 남자를 뜻하는 'der Mann'과 구별되는 중성적 단어입니다. 그것은 자기 삶의 주인으로 살지 못하고 늘 타자의 시선을 의식하고 살 뿐 아니라, 타자와 구별되기를 원하지만 결국에는 타자에게 예속된 채 살아가는 사람들, 즉 중성화된 사람들을 나타내기 위한 것으로 보입니다. 사람들은 세상을 자기만의 방식으로 보지 못합니다. 항상 타자의 눈을 통해 보게 됩니다. 다른 이의 눈으로 보고, 다른 이의 귀로 듣고, 다른 이의 가슴으로 분노하고, 다른 이의 느낌으로 향유합니다. 다른 이가 만들어 놓은 문법에 따라 말하고 생각합니다. 자유로운 듯 하나 실제로는 예속되어 있습니다. 그들은 낯섦을 위험한 것으로 여깁니다. 오리 무리가 백조를 따돌리는 것과 마찬가지입니다. 세인들이 잡담이나 빈 말에 몰두하는 것은 타자와의 동질성을 확인하기 위해서입니다. 그들은 자기 내면의 고요한 소리에 귀를 기울임으로 책임 있는 주체가 되려 하지 않습니다.

신앙인으로 살아간다는 것은 이 세상에서 정착민이 아니라 나그네로 살아간다는 것이 아닐까요? 그는 늘 세상을 낯설게 바라볼 수밖에 없습

이디오테스

니다. 그는 이곳에 잠시 머물고 있지만 다른 세계를 바라보고 있기 때문입니다. 그렇다고 하여 그의 삶이 몰역사적이라는 말은 아닙니다. 발터 벤야민은 "매 순간은 메시아가 들어올 수 있는 작은 문"이라고 말했습니다. 다른 세계를 상정하기에 오늘을 변혁시킬 수 있습니다. 주님을 기다린다는 것은 막연히 기다리는 것이 아니라 오실 분의 삶을 이 땅에서 재현하며 사는 것입니다. 그런 삶은 '세인'에게 낯설게 보일 것입니다. 하지만 그 낯섦을 기꺼이 선택할 수 있을 때 우리는 비본래적 실존이 인력에서 벗어나 본래적 실존으로 도약할 수 있게 됩니다. 내가 안타깝게 여기는 것은 이 땅의 많은 목회자들이 본래적인 것과 비본래적인 것을 뒤섞거나 뒤집어놓고 있다는 사실입니다. 목회의 상황이 어렵다 하여 우리가 저 영원한 중심을 향한 순례길에 오른 사람임을 잊어서는 안 됩니다. 사도 바울의 말에 귀를 기울여야 합니다.

형제자매 여러분, 내가 말하려는 것은 이것입니다. 때가 얼마 남지 않았으니, 이제부터는 아내 있는 사람은 없는 사람처럼 하고, 우는 사람은 울지 않는 사람처럼 하고, 기쁜 사람은 기쁘지 않은 사람처럼 하고 무엇을 산 사람은 그것을 가지고 있지 않은 사람처럼 하고, 세상을 이용하는 사람은 그렇게 하지 않는 사람처럼 하도록 하십시오. 이 세상의 형체는 사라집니다(고린도전서 7:29-31).

'마치 ~ 없는/않은 사람처럼' 살라는 것이 바울의 권고입니다. 위선적으로 살라는 말이 아닙니다. 어떤 현실에 붙들린 채 머뭇거리지 말라는 뜻일 겁니다. 본래적인 것을 얻기 위해 비본래적인 것들을 자꾸만 내려 놓는 것을 일러 하이데거는 '죽음에의 선구先驅'라고 하더군요. 그렇지요. 죽음이 목전에 다가왔음을 아는 사람은 소중한 것과 덜 소중한 것의 차이를 본능적으로 알아차립니다. 가까이 있는 동역자들이 파당을 이루어 몰려다니고, 힘있는 이들 앞에 고개를 조아리는 모습을 보면서 환멸을 느꼈다고 하셨지요? 씁쓸하지만 이게 우리 현실이지요? 하지만 힘써 경계하지 않으면 우리도 모르는 사이에 그들을 닮게 됩니다.

등산 용어 가운데 '링반더룽Ringwanderung'이라는 말이 있더군요. 방향 감각을 잃어서 직진하고 있다고 여기지만 실제로는 같은 자리를 둥글게 배회하는 것을 이르는 말입니다. 어쩌면 님이 처한 상황이 이런 건지도 모르겠습니다. 지금 필요한 것은 잠시 숨을 돌리는 여유입니다. 결국에는 길을 찾게 될 겁니다. 그러니 조급하게 생각하지 말고 지나온 길을 한 번 돌아보십시오. 불쾌한 일들로 인해 오갈든 마음을 미소로 어루만지십시오. 그리고 자기를 귀히 여기십시오. 허망한 일에 몰두하기에는 우리 생이 정말 귀하기 때문입니다. 나는 감히 님이 걸어야 길을 제시할 수 없습니다. 다만 내가 말할 수 있는 것은 참을 찾는 그 고독한 길 위에서 아주 멋진 동행을 만나게 되리라는 것입니다.

이디오테스

어느 장인匠人의 작업실

안녕하세요? 벌써 절기는 망종에 접어들었습니다. 분주한 일정에 따라 이곳저곳 다니다 보니 벌써 초여름의 문턱을 넘고 있네요. 보리 추수는 어찌 되었는지 모르겠지만, 부지런한 농부들이 내다 심은 벼 포기가 제법 자리를 잡은 듯 보이더군요. 바람이 불면 제법 흔들흔들 춤도 추면서 한 계절을 넉넉히 살아내는 거겠지요. 도시에 살고 있지만 제 몸 속 깊은 곳에 새겨진 계절의 리듬을 잊지 않으려고 서재 뒤편 손이 닿는 곳에 〈농가월령가〉를 두고 지냅니다. 달이 바뀔 때마다 그 계절의 노래를 찾아 소리 내어 읽습니다. 그럴 때면 떠나온 시간에 대한 그리움이 물결처럼 번져오기도 합니다. 내 아버지와 아버지의 아버지가 대대로 살아온 삶의 방식을 떠올리면 괜히 가슴이 울컥해지기도 합니다. 나이가 드는 증거일까요?

오월이라 중하仲夏되니 망종芒種 하지夏至 절기로다

남풍은 때 맞추어 맥추麥秋를 재촉하니

보리밭 누른빛이 밤사이 나겠구나

문 앞에 터를 닦고 타맥장打麥場 하리로라

드는 낫 베어다가 단단히 헤쳐 놓고

도리깨 마주 서서 짓 내어 두드리니

불고 쓴 듯 하던 집안 졸연히 홍성興盛하다

멍석에 남은 곡식 하마 거의 진盡하리니

중간에 이 곡식이 신구新舊 상계相繼 하겠구나!

이 곡식 아니려면 여름 농사 어찌할꼬?

천심天心을 생각하니 은혜도 망극하다

　가난하고 소박했지만 나름대로의 흥겨움이 있고 생에 대한 감사가 있던 그 시절은 어디로 흘러가버린 것일까요? 온 나라가 메르스 공포에 사로잡혀 있습니다. 잘 알고 지내는 분의 가족이 메르스의 희생자가 되었다는 소식이 들려왔을 때 아뜩한 슬픔을 가눌 길 없었습니다. 새로운 바이러스가 나타날 때마다 온 나라가 법석을 떠는 것은 그만큼 정부의 대처가 미흡했기 때문일 겁니다. 폴란드 출신의 사회학자 지그문트 바우만의 말대로 '유동하는 공포'가 스멀스멀 우리 삶 가운데 스며들고 있습니다. 유동하는 공포는 고체의 공포와는 달리 대상이 불확실합니다. 뭔가 있기는 있는데 그 실체가 무엇인지 특정할 수 없을 때 공포는 확산되게 마련입니다. 어떻게 해야 그 공포로부터 벗어날 수 있을까요?

예수께서 거라사에 가셨을 때 무덤 사이에서 살던 광인을 만납니다. 그는 귀신들린 사람으로 아무도 그를 제어할 수 없었다고 합니다. 예수는 자기 앞을 가로막고 있는 그 귀신에게 "네 이름이 무엇이냐?"고 묻습니다. 그러자 귀신은 "내 이름은 레기온"이라고 대답합니다. 불확실하던 실체가 객관적 실체로 포획된 것입니다. 그러자 예수는 그 귀신을 꾸짖어 내쫓았습니다. 공포에 이름을 붙이는 것, 그리고 그 공포의 실체를 직시하는 것이야말로 공포로부터 벗어나기 위해 취해야 할 수단입니다. 정부와 언론은 처음부터 우왕좌왕 했습니다. 이름을 붙이기는커녕 오히려 불확실성을 증대하는 쪽으로 작동했습니다. 무능하기 이를 데 없습니다. 이미 공포가 전국적으로 확산된 뒤에야 허둥지둥 대책이라고 내놓고는 있는데, 그것을 곧이곧대로 신뢰하는 이들은 많지 않습니다. 슬픈 세월입니다. 그래도 살아야지요.

며칠 전 그 멋진 작업실에 초대해주시고, 지금 하고 계시는 작업을 꼼꼼하게 설명해 주셔서 참 감사합니다. 오르겔을 제작하는 모습을 전부터 보고 싶었는데 정말 제게는 소중한 시간이었습니다. 소리의 비밀을 일찍이 알아차린 이는 피타고라스라고 하셨지요? 대장간 옆을 지나가던 피타고라스가 대장장이의 망치질 소리가 조화롭게 들리는 까닭을 궁구한 끝에 망치의 무게와 소리 사이에 정수비가 성립된다는 사실을 발견했다는 이야기를 저도 들은 적이 있습니다. 음악이 아름다운 것은 어쩌면 우주에 편만한 비례를 적절히 배치하기 때문이 아닌가 싶기도 합니다.

작업장 곳곳에 있던 나무 소리통과 파이프 하나하나는 장인의 정성

마이스터는 재바른 사람들이라기보다는
뭉근한 고통의 시간을 견뎌내며
자기를 숙성시켜가는 사람의 이름임을 알겠습니다.

이디오테스

그 자체였습니다. 오랫동안 오르겔을 제작하면서도 후진을 키워내지 못한 것을 속상해 하셨지요? 큰 꿈을 품고 배우러 왔던 젊은이들이 1년을 채우지 못하고 슬그머니 물러서곤 하더라는 말씀을 하실 때는 참 쓸쓸해 보였습니다. 처음 독일에 갔을 때 언어에 익숙하지 않아서 현장에서 봉변을 당하곤 했다는 이야기를 유쾌하게 들려주셔서 나 또한 즐겁게 들었지만 당시에는 무척 힘들었겠지요? 마이스터는 재바른 사람들이라기보다는 뭉근한 고통의 시간을 견뎌내며 자기를 숙성시켜가는 사람의 이름임을 알겠습니다. '마이스터'라는 호칭 속에는 그런 눈물겨운 시간과 절망 그리고 꿈이 아릿하게 배어있네요.

이야기가 독일의 도제 과정과 마이스터 과정에 이르렀을 때 선생님은 참 즐거워보였습니다. 집짓기 공정 중 지붕을 얹는 전문가인 '침머만 Zimmermann'이 되기 위해서 교육을 받는 도제들은 마지막 1년 동안 각지를 떠돌며 집을 짓는 이들 곁에 머물며 무료로 일을 함께 해주어야 하고 (숙식만 제공받는다 하셨지요?) 나중에 그 모든 과정을 기록한 리포트를 정밀하게 점검한 후 그에게 마이스터 자격을 부여한다는 이야기는 매우 흥미로웠습니다. 구체적인 집짓기의 현장에서 다양한 장인들과 만나 정말 많은 것을 배울 수 있겠구나 싶었습니다. 그 1년의 방랑 세월이 제게는 매우 낭만적으로 보입니다. 운수납자처럼 정처 없이 떠돌다 시절 인연에 따라 한 곳에 머물고 인연이 다하면 또 홀연히 떠난다는 것, 참 멋진 삶입니다.

굴뚝 청소부 Rauchfangkehrer 이야기는 더 재미있었습니다. 독일에서 굴뚝 청소부는 행운을 가져다주는 사람으로 여겨진다지요? 아마도 굴뚝에 붙어있는 그을음을 제거해주고 화재를 막아주는 사람, 곧 액운을 막아 주는 사람으로 인식되기에 그런 것이겠지요? 굴뚝 청소부가 결혼식에도 초대받곤 한다는 사실이 흥미로웠습니다. 새롭게 이루어지는 가정에 행 운을 가져다 달라는 애교 섞인 주문이겠지요? 목조주택이 많은 독일에 서 굴뚝 청소부는 정말 중요한 직인이었겠습니다. 그는 지금도 배기가스 검사, 보일러 기계 육안검사, 그을음 측정 등의 임무를 수행한다지요? 쇠 줄에 매달린 굵은 공이와 쇠 수세미로 굴뚝을 쑤시다가, 나중에는 굴뚝 속으로 들어가 몸으로 굴뚝 벽을 문대며 그을음을 제거하는 일은 여간 어려운 일이 아닐 것입니다.

어떻게 보면 허드렛일처럼 보이는 그 일이 실은 매우 전문적인 솜씨 를 필요로 하는 일이기에 마이스터 자격을 딴 사람만 할 수 있다지요? 그들의 복장 이야기가 흥미로워서 찾아보았더니 정말 그렇더군요. 바지 와 더블 브레스트 쟈켓 그리고 모자까지 검은색 일색이었습니다. 오직 상의에 달린 단추만이 금색으로 번쩍거렸습니다. 그렇게 제복을 갖춰 입 음으로써 그들은 자기들의 노동을 아주 소중한 의례로 만들고 있었습니 다. 노동이 의례로 변하는 순간 그 노동은 신성한 것이 됩니다.

굴뚝 청소부 이야기를 들으면서 저는 엉뚱하게도 생텍쥐페리의 《어린 왕자》를 떠올렸습니다. 어린왕자는 자기별인 소행성 B612에서 아침마 다 하던 일이 있었습니다. 세 개의 화산 분화구를 청소해주는 일이었습 니다. 청소를 잘 하지 않으면 언제 화산이 폭발하여 별을 깨뜨릴지 알 수 없는 일이었습니다. 그리고 또 한 가지. 어린 바오밥나무의 뿌리를 뽑는 일이었습니다. 작은 별이었기에 바오밥나무가 깊이 뿌리를 내리면 소행

　　　　　　　　　　　　　　　이디오테스

성은 견딜 수 없었을 테니까요. 어린왕자는 굴뚝 청소부이자 정원사네요. 어쩌면 그는 진짜 구도자인지도 모르겠습니다. 그가 청소했던 분화구가 우리 마음을 상징한다고 보면 말입니다. 세상 사는 동안 우리 마음에 차곡차곡 쌓여가다가 때가 되면 폭발할 수도 있는 온갖 부정적인 감정을 날마다 청소해낸다는 게 어디 쉬운 일인가요? 마음속에서 과도하게 자라 결국 삶이라는 생태계를 파괴할 수도 있는 욕망의 나무를 그 뿌리부터 뽑아내는 건 정말 어려운 일이지요

선생님의 작업실을 떠올리며 17세기 프랑스 화가인 조르주 드 라 투르(Georges de la Tour, 1593-1652)의 그림 한 점을 찾아보았습니다. 1640년에 그린 〈목수 성 요셉〉입니다. 화면은 목수 요셉의 작업실을 담고 있는데, 날이 이미 어두워져서인지 주변의 사물들은 어둠 속으로 숨어드는데, 아버지 요셉은 아들 예수가 들고 있는 촛불 빛을 의지하여 어떤 작업을 하고 있습니다. 남루한 작업복을 입은 늙수그레한 요셉의 눈길은 지 며리 예수를 향하고 있는 것 같습니다. 촛불을 밝혀들고 작업대 위에 걸터앉아 있는 예수의 얼굴은 불빛을 받아 환히 빛납니다. 예수는 마치 기도하듯 촛불을 양손으로 받쳐 들고 있습니다. 둘 사이에 흐르는 신뢰와 사랑이 남루한 일상을 거룩하게 어루만지고 있습니다. 마음이 스산할 때마다 저는 이 그림을 가만히 응시합니다. 이제는 눈을 지릅뜬 사람들 사이에서 살다가 마음이 지칠 때면 선생님의 작업장을 떠올리게 될지도 모르겠습니다. 그 고마운 우정을 떠올리니 저절로 마음이 따뜻해집니다. 평안을 빕니다.

둘이서 함께
걷는 길

　　　　　잘 지내시지요? 이제 결혼식이 몇 시간 남지 않았군요. 가슴 시리면서도 아름다웠던 그 사귐의 시간을 조금은 알고 있기에 두 분의 맺어짐을 진심으로 축하하고 축복하고 싶습니다. 유대인 철학자인 마틴 부버는 모든 참된 삶은 만남이라고 말했습니다. '나'라고 하는 존재 속에는 인생길에서 우리가 만난 수많은 이들의 흔적이 배어 있습니다. 길가에 서 있는 나무의 상처와 옹이는 나이테와 더불어 그 나무가 견뎌온 세월을 보여줍니다. 그건 우리의 존재도 마찬가지입니다. 우리 몸과 마음에는 각자가 거쳐 온 시간의 무늬가 새겨져 있습니다.

　　세상에는 두 가지의 만남이 있습니다. 하나는 주어진 만남입니다. 내가 선택하지 않았지만 받아들일 수밖에 없는 관계가 있습니다. 부모와 자식의 관계가 그러하고 형제자매 간의 관계가 그러합니다. 이것은 우리

　　　　　　　　　　　　　　　　　　　　이디오테스

서로 사랑하라, 허나 사랑에 속박되지는 말라. 차라리 그대들 영혼의 기슭 사이엔 출렁이는 바다를 놓아두라. 서로의 잔을 채우되 어느 한 편의 잔만을 마시지는 말라. 서로 저희의 빵을 주되, 어느 한 편 빵만을 먹지는 말라. 함께 노래하고 춤추며 즐거워하되, 그대들 각자는 고독하게 하라.

– 칼릴 지브란

의지와 상관없이 주어진 것이기에 운명적이라고 할 수 있습니다. 다른 하나는 선택한 만남입니다. 하루에도 수많은 이들이 우리 곁을 스쳐 지나갑니다. 불가에서는 옷깃만 스쳐도 인연이라고 하지요? 따지고 보면 정말 그렇습니다. 이 광대한 우주 가운데서 우리가 이 세상에 없지 않고 있다는 사실만도 신비하기 이를 데 없는데, 같은 시간과 장소에서 마주칠 수 있는 확률이란 거의 제로에 가깝다고 해야 할 겁니다.

천재일우千載一遇란 말로도 만남의 신비를 온전히 설명할 수는 없습니다. 그런데 우리는 옷깃을 스치는 모든 이들과 의미 있는 관계를 맺지는 못하기에 만남의 대상을 제한적으로 선택하지 않을 수 없습니다. 선택은 그를 나의 존재의 터전으로 초대하는 행위인 동시에 그의 존재 마당에 나 또한 초대받기를 소망하는 행위입니다. 그런 바람이 어긋날 때 상처를 입기도 합니다. 친구, 스승, 동료, 연인들은 우리 삶에 있어 정말 중요한 타자들입니다. 그들과의 만남이 우리 삶의 질과 내용을 결정하기 때문입니다.

그런데 성공적인 결혼생활을 하는 이들의 고백을 들어보셨는지요? 그들은 하나님께서 혹은 운명이 자기들을 맺어주었다고 고백합니다. 자기들이 능동적으로 선택한 만남인 줄 알았는데 알고 보니 '큰 뜻'으로부터 주어진 만남이더라는 것이지요. 칼릴 지브란은 《예언자》 중에서 결혼에 대해 이렇게 말합니다.

그대들은 함께 태어났으며, 또 영원히 함께 있으리라. 죽음의 흰 날개가 그대들의 생애를 흩어 사라지게 할 때까지 함께 있으리라. 아, 그대들은 함께 있

이디오테스

으리라, 신의 말 없는 기억 속에서까지도(칼릴 지브란, 《예언자》, 강은교 역, 문예출판사, 20쪽).

시인은 결혼에 이르는 이들은 '함께 태어났다'고 말합니다. 산문 정신에 투철한 사람에게는 이상한 말이지만 시적 상상력이 있는 이들이라면 이 말의 깊이를 이해할 수 있을 겁니다. '함께 있다는 것', 그것은 참 아름다운 일입니다. 세상을 창조하신 하나님은 말씀대로 이루어진 세상을 보시며 참 좋아하셨습니다. 이레 동안의 창조 이야기 가운데서 '좋았더라'라는 구절이 일곱 번 울려 퍼집니다. 그러다가 한 대목에서 느닷없이 '좋지 않았다'는 말이 나옵니다. "여호와 하나님이 이르시되 사람이 혼자 사는 것이 좋지 아니하니 내가 그를 위하여 돕는 배필을 지으리라 하시니라"(창세기 2:18). 성경은 생명의 본질 혹은 아름다움은 함께 있음이라고 가르칩니다. 사람은 서로 비스듬히 기댄 채 한 세월을 사는 존재입니다.

철학자인 하이데거는 인간을 '서로 함께 존재'라고 말하기도 했습니다. 하지만 함께 지낸다는 것이 늘 즐겁고 행복하기만 한 것은 아닙니다. 함께 지내다 보면 연애 시절에는 보이지 않던 상대방의 낯선 모습에 낙심할 수도 있습니다. 그 낯섦을 품어 안을만한 여백이 없을 때 불처럼 타올랐던 사랑은 차가운 재만 남긴 채 꺼져 버리기도 합니다. 사랑의 위기입니다. 하지만 잊지 마십시오. 그러한 낯선 모습이야말로 두 사람의 사랑을 크고 깊게 만들기 위한 기회라는 사실을 말입니다. 칼릴 지브란의 이야기를 조금 더 들어볼까요.

서로 사랑하라, 허나 사랑에 속박되지는 말라. 차라리 그대들 영혼의 기슭 사이엔 출렁이는 바다를 놓아두라. 서로의 잔을 채우되 어느 한 편의 잔만을 마시지는 말라. 서로 저희의 빵을 주되, 어느 한 편 빵만을 먹지는 말라. 함께 노래하고 춤추며 즐거워하되, 그대들 각자는 고독하게 하라(칼릴 지브란, 위의 책, 20쪽).

지브란은 사랑의 본질이 무엇인지를 너무나 잘 표현하고 있습니다. 너무 친밀해진 나머지 서로 거리를 두고 바라보지 못할 때 결혼은 불의의 연대가 될 수 있습니다. 무조건적인 편들기는 삶의 성숙을 가로막는 장애물이 되곤 합니다. 나는 가끔 부부가 되려는 이들에게 '사랑하면서의 싸움liebender Kampf'을 권합니다. 철학자 칼 야스퍼스에게서 빌려온 개념입니다. 그는 참된 의미에서의 만남은 성실하게 자기와 타자를 밝혀나가려는 '공명화公明化'로서의 사귐이라고 말합니다. 이 싸움은 상대방을 지배하기 위한 싸움이 아니라 타자를 더 나은 존재로 이끌기 위한 싸움입니다. 나를 만났기에 상대방이 지금보다 더 나은 존재가 되기를 구해야 합니다. 그것이 두 사람을 맺어주신 분의 뜻이 아닐까요?

결혼을 신성하게 하는 것은 하나님과 여러 증인들 앞에서 낭독하는 서약입니다. 두 사람의 앞길에 늘 장미꽃만 피어 있지는 않을 겁니다. 가끔은 시련의 시간을 맞이하기도 하고, 서로에 대한 확신이 흔들릴 수도 있습니다. 그때마다 두 분이 되새겨야 하는 것이 결혼의 서약입니다. 그 서약을 충실히 지킬 때 결혼의 나무는 든든하게 서게 됩니다. 가장 가까운 타자인 배우자를 진심으로 받아들이고 온전히 사랑하지 못한다면 우

이디오테스

리는 영원히 사랑의 실패자가 될지도 모릅니다. 결혼은 온전한 사랑을 얻기 위한 영웅적인 모험 여정의 출발입니다.

이제 두 사람이 함께 걷는 인생길에 늘 주님이 함께 하시기를 빕니다. 두 분이 마주잡은 손의 온기로 시린 가슴을 부여안고 살아가는 이들을 보듬어 안으십시오. 두 분의 발걸음이 머무는 곳마다 불화했던 사람들이 화해하고, 절망에 빠졌던 사람들이 희망을 되찾게 되고, 낯빛 어둡던 이들의 얼굴에 환한 미소가 깃들게 되기를 바랍니다. 두 분이 오순도순 다정하게 살아가는 그 모습이 목마른 누군가의 샘물이 될 수 있으면 좋겠습니다. 진심으로 두 분의 앞날을 축복합니다. 글을 마치면서 아파치족 인디언들의 결혼 축시를 읽어드리고 싶습니다.

이제 두 사람은 비를 맞지 않으리라.
서로가 서로에게 지붕이 되어 줄 테니까.

이제 두 사람은 춥지 않으리라.
서로가 서로에게 따뜻함이 될 테니까.

이제 두 사람은 더 이상 외롭지 않으리라.
서로가 서로에게 동행이 될 테니까.

이제 두 사람은 두 개의 몸이지만
두 사람의 앞에는 오직

하나의 인생만이 있으리라.

이제 그대들의 집으로 들어가라.
함께 있는 날들 속으로 들어가라.

이 대지 위에서 그대들은
오랫동안 행복하리라.

이디오테스

Chapter 4
Homo Viator

길 위의 사람

호모 비아토르

13인의 아해가 거리로 질주하오

평안하신지요? 사위가 어둠에 묻혀 고요한 이 이른 새벽 시간이 참 좋습니다. 창가에 서서 잠들어 있는 도시를 바라보았습니다. 오늘 하루도 두루 평안하기를 빌고 또 빌었습니다. 서재로 돌아와 십자가 아래에 촛불을 밝혀 놓고 물 위에 아로마 향 서너 방울을 떨어뜨렸습니다. 호흡을 가지런히 하고 그 향기가 몸과 마음에 스며들도록 가만히 앉아 있었습니다. 그리고 두서없이 떠오르는 얼굴들을 마주하며 하나님의 자비하심을 빌었습니다. 이 시간이 내게는 가장 깊은 소통의 시간입니다.

한 두어 달 얼굴이 보이지 않아 궁금하던 차였습니다. 참 이상하지요, 누군가의 얼굴이 떠오르고 '어떻게 지내나?' 싶은 생각이 들 무렵이면 마치 거짓말처럼 그가 눈앞에 모습을 드러냅니다. 선생님도 그랬습니다. 선생님은 지방에 머무르라 교회에 올 수 없었다면서 그 동안의 작업을 담은 사진집 하나를 제게 건네주셨지요? 언제나 그런 것처럼《마지막 밤》이라는 제목을 달고 있는 그 책의 표지는 마치 모스 부호인 듯 선과 점으로 가득 차 있었습니다. 그리움의 타전인가요? 그런 선과 점으로 된 기호는 책의 안쪽에서도 발견되었습니다.

사진집을 죽 넘기면서 선생님의 존재가 고스란히 느껴졌습니다. 쓸쓸함과 따뜻함이 공존하는 풍경은 어쩌면 작가의 내면 풍경일지도 모르겠다는 생각이 들었습니다. 책 뒤에 붙인 작업노트를 통해 이번 사진집에 담긴 풍경이 다 고속도로 휴게소의 심야 풍경인 것을 알았습니다. 익숙해졌다고는 하나 속도를 요구하는 세상의 폭력성에 지친 이들이 잠시라도 숨을 돌릴 수 있는 곳이 있으면 좋겠다는 생각 끝에 찾아간 곳이 바로 그곳이라고 하셨지요? 경부고속도로가 개통된 1970년을 기점으로 하여 2015년 현재 전국에 37개의 고속도로가 운영 중이고, 최초의 휴게소인 추풍령 휴게소를 비롯하여 210개의 휴게소가 운영 중이라는 사실을 저는 처음 알았습니다. 사실 관심이 없었다고 해야 하겠지요.

내게는 휴게소의 추억이랄 것도 없습니다. 기껏 떠오르는 것이 화장실, 호두과자, 우동, 커피, 스트레칭, 사람들의 들뜬 표정 등입니다. 아, 어딜 가나 들려오는 뽕짝 소리도 있네요. 요즘은 이월상품 매장과 놀이시설까지 갖춘 휴게소도 늘어나는 추세이더군요. 그런데 한 밤중에 불이 다 꺼진 휴게소의 풍경을 생각해본 적은 없는 것 같습니다. 선생님은 일상의 시간이 지나간 후의 여운을 찍고 싶었던 것인지도 모르겠습니다. 사람들이 다 떠난 곳에 놓인 사물들과 풍경은 황량하기도 하고 낯설기도 했습니다. 어쩌면 그런 사물과 풍경도 쉼을 필요로 했던 것이 아닌지

　　　　　　　　　　　　　　　　호모 비아토르

작고 사소하고 연약한 것들에 눈길을 줄 때, 덕거친 세상에 사는 동안
우리 내면에 깃든 그늘이 조금은 벗겨지는 것 같습니다.

모르겠습니다. 화분, 나무 의자, 모형 소떼, 기린, 나무 인형, 여러 가지 금지를 알리는 기호들, 자판기, 각종 조형물들, 놀이기구, 장승, 지역 특산품 매장, 공중전화 부스, 인자한 미소를 짓고 있는 프란체스코 교황의 전신사진, 모형 탱크, 팔 잘린 비너스, 그리고 질주를 멈추고 쉬고 있는 화물차들…. 선생님은 휴게소에 대해 이렇게 쓰셨더군요.

누구도 정주하지 않는 공간이자 누구에게도 목적지가 되지 않는 그곳은 고속도로에서 허락된 조악하지만 유일한 해방구였다. 속도에 구겨진 몸을 잠시 쉬게 하는 곳, 궤도에 다시 오르기 위해 잠시 숨을 고를 수 있는 곳.

그곳은 우리가 "잠시나마 궤도의 이탈을 허락 받는" 곳, "속도 유예의 공간", "속도에 떠밀린 존재들이 모여 사는 외딴 섬마을"이었습니다. 이런 표현들을 보면서 엉뚱하게도 이상의 시 〈오감도烏瞰圖－시 제1호〉가 떠올랐습니다.

13인의아해가거리로질주하오(길은막다른골목이적당하오).

띄어쓰기조차 되어 있지 않은 이 시는 그 자체로 기하학적인 형태를 띠고 있습니다.

제1의아해가무섭다고그리오.
제2의아해도무섭다고그리오.

숫자만 달라질 뿐 반복되는 시 구절을 읽다보면 저절로 숨이 가빠집니다. 이상은 모든 것을 획일화하는 근대성의 불안을 그렇게 표현했던 것일까요? 가인의 후예들이 모여 사는 에덴의 동쪽 놋Nod 주민들의 삶이 바로 그러했을 것입니다. 13인의 아해는 무서워서 질주하는 것일까요, 아니면 질주하기에 무서울까요?

13인의아해는무서운아해와무서워하는아해가그렇게뿐이모였소.

무서운 아해와 무서워하는 아해는 사실 둘이 아닙니다. 이건 바로 우리들 모두의 모습이기 때문입니다. 질주하는 시간 속을 질주하는 삶이 고단한 것은 당연합니다. 가끔 삶이 고달프다고 느낄 때마다 이사야서의 한 대목이 떠오릅니다.

신들을 찾아 나선 여행길이 고되어서 지쳤으면서도, 너는 '헛수고'라고 말하지 않는구나. 오히려 너는 우상들이 너에게 새 힘을 주어서 지치지 않았다고 생각하는구나(이사야 57:10, 새번역).

지쳤음을 인정하는 것이 어쩌면 회복의 시작인지도 모르겠습니다. 오랜 시간을 들여 고속도로 휴게소의 밤 풍경을 다 찍고 난 후에도 여전히 마음의 헛헛함이 해소되지 않으셨던 것 같습니다. "에둘러 가려다 수렁에 빠졌다" 하셨지요. 어쩌면 우리는 그런 황량함 속을 계속해서 걸어가야 하는 운명인지도 모르겠습니다. 선생님의 최근 사진에는 사람이 등장하지 않습니다. 사람들이 만나고 부딪치면서 빚어내는 삶의 풍경에 넌더리가 나서인지도 모르겠다는 생각이 들었습니다. 제가 오해한 것이라면 너그러이 용서해 주시면 좋겠습니다.

그 쓸쓸한 마음에 공감하면서도 결국 우리 영혼의 갈급함을 풀어줄 열쇠는 이야기에 있는 것이 아닌가 생각해 보았습니다. 우리는 지금 어우렁더우렁 함께 어울려 걸어가는 '길'이 아니라 시간을 단축하기 위해 질주해야 하는 '도로' 위에서 살아갑니다. 그렇기에 우리는 공유할 수 있는 이야기를 별로 만들지 못합니다. 이야기의 빈곤이야말로 삶의 빈곤이 아닐까요? 발터 벤야민은 이야기꾼의 몰락을 경험의 궁핍과 아우라의 쇠퇴, 자연과 조화를 이루지 못하는 현실과 연관시킵니다. 근대성이 만들어낸 궁핍함입니다.

퍼시 애들론 감독의 영화 〈바그다드 카페〉(1987)를 보셨는지요? 지금도 이 영화를 떠올리면 어떤 몽환의 세계로 초대를 받은 듯한 느낌이 듭니다. 영화에 대해 길게 말할 생각은 없습니다. 여행 도중 부부 싸움이 벌어져 사막 한복판에서 남편에게 버림받은 쟈스민의 모습은 매우 비현실적으로 보입니다. 사막에 어울리지 않는 검은색 정장, 깃털 달린 모자, 커다란 캐리어, 구름 낀 하늘에 언뜻 비치는 햇살, 그리고 비애조차 느껴지지 않는 쟈스민의 무표정한 얼굴. 그뿐인가요? 카페의 주인인 브렌다의 권태로워 보이는 모습, 화면을 타고 흐르는 음악 또한 몽롱합니다.

라스베가스에서 어디론가 통하는 사막길 어디쯤/당신이 머물던 곳들보다 더 나은 곳/커피 머신마저 고장나버린/마치 쓰러져버릴 것 같은 작은 카페에서/난 당신을 부르고 있어요/들리지 않나요?/난 당신을 부르고 있는데.

영화는 내면의 상처를 간직한 두 여인이 차츰 자신만의 사막에서 벗어나 우정의 공간을 열어가는 이야기로 전개됩니다. 카페를 찾아오는 손님들에게 쟈스민이 보여주는 마술이 그 단초가 되지요. 마술은 비일상의 세계로 사람들을 초대합니다. 사람들은 그것이 눈속임임을 알지만 그렇다고 해서 사기라고 성을 내지 않습니다. 함께 즐거워할 뿐이지요. '바그다드 카페'라는 이름은 비일상적 세계를 가리키는 기호였는지도 모르겠습니다. 그곳은 무목적성의 세계이고 무의도의 세계입니다. 그곳은 일상에서 입은 상처를 치유하는 비밀의 공간인지도 모르겠습니다. 그곳을 거친 후 쟈스민과 브렌다의 일상이 따뜻하게 회복되더군요.

"카메라는 빛을 쌓는 기계"라 하셨지요? 무슨 뜻인지 알 듯도 하고 모를 듯도 하지만 그저 제멋대로 이런 생각을 해보았습니다. 사진작가는 흩어지고 미끄러지는 시간을 기록하는 이들이라고 말입니다. 사진 속에 담긴 시간은 물론 파편적이지만 달리 보면 영원의 흔적을 보여주는 기표일 겁니다. 그림자 속에서 빛을 보고, 빛 속에서 그림자를 볼 수 있는 눈이 열리면 참 좋겠습니다.

저는 지인들과 메일이나 문자를 주고받을 때 더러 한눈을 팔며 살라고 권합니다. 수영을 하면서 고개를 들어 숨을 들이마시듯 비일상적인 것들을 받아들이는 통로가 열릴 때 삶이 건강해진다고 생각하기 때문입니다. 멀리 떠나지 않더라도 주변을 잘 살피면 여기저기 이야기가 고여 있는 곳이 참 많습니다. 분주한 마음에는 보이지 않고 들리지 않는 이야기들입니다. 작고 사소하고 연약한 것들에 눈길을 줄 때, 덧거친 세상에 사는 동안 우리 내면에 깃든 그늘이 조금은 벗겨지는 것 같습니다. 이제 선생님의 눈길이 밤의 휴게소를 떠나 어디로 향하는지 궁금해지네요. 그곳이 어디든 충실하게 빛을 쌓고 계시겠지요? 평안을 빕니다.

호모 비아토르

무거운 삶
가볍게 살기

잘 지내고 계시지요? 이제 장마철이 되어서인지 대기가 축축한 게 후텁지근해요. 사무실에 가만히 앉아 있다 보면 눈꺼풀은 무거워지고 몸은 나른해져요. 그럴 때면 밖으로 나가 마당가에 심겨진 여러 식물들과 눈 맞춤을 하지요. 요즘은 나리꽃과 백합화가 한창입니다. 키 작은 옥매玉梅나무에는 오종종 붉은 열매가 매달려 있습니다. 올해는 유난히 포도도 많이 맺혔습니다. 초가을이 되어 보라색으로 익어갈 것을 생각만 해도 흐뭇해집니다. 매실은 따지 않고 두었더니 하나 둘씩 저절로 떨어지더군요. 가을에 알밤을 줍듯 화초 사이에서 매실을 줍는 재미가 쏠쏠합니다. 매실을 손에 쥐어보기도 하고 냄새도 맡아보고 그 오묘한 빛깔과 모양에 눈길을 주다가 가만히 베어 물기도 합니다. 새콤달콤한 맛이 입안에 퍼지면 기분도 따라 상쾌해집니다. 그럴 때면 이현주 목사님의 시구를 떠올리며 혼자 좋아합니다.

유자차를 마신다.

지난 여름 어느 날
아무도 몰래
어느 유자나무 위로
내려앉은 햇살을
물에 풀어 마신다.

즐겨 마시는 유자차 한 잔이, 입에 머금은 매실 한 알이 햇빛과 바람과 물이 어울려 빚어낸 것임을 생각하면 삶이 신비임을 다시 한 번 느끼게 됩니다. 매 순간을 온새미로 누리기에는 우리 삶의 속도가 너무 빨라요. 그럴수록 잠시라도 멈추어 서는 시간이 필요한 것 같습니다.

새벽 3시면 일어나 하루 일과를 시작한다고 말했지요? 얼마나 힘들까. 진중하면서도 편안하게 사람을 대하는 예의바른 분인 것은 알았지만 그렇게 힘들게 일하는 줄은 몰랐어요. 어째 조금 지쳐 보인다 생각만 했지요. 우체국 택배 일을 하면서도 저녁에는 대학에서 공부까지 하고 있으니 잠이 부족할 수밖에요. 그런데도 조금도 힘든 내색은 하지 않더군요. 문득 오래 전 나의 모습이 떠올랐습니다. 대학을 마친 후 가장이 된 나는 한꺼번에 여러 가지 일을 해야 했습니다. 대학원생 신분으로 야간 대학에서 기초 독일어를 가르치고, 번역 아르바이트를 하고, 어느 여학교에서 성경 과목을 가르치고, 교회에서는 교육전도사로 일했지요. 그야말로 눈코 뜰 새 없이 분주한 나날이었습니다. 잠은 늘 부족했고, 무엇을 하며 살 것인가 하는 실존적인 질문으로 인해 마음이 늘 무거웠습니다. 연로하신 부모님을 잘 모셔야 했고, 태어난 아이들도 잘 돌보아야 했기에 쉴 수는 없었습니다.

여러 해 전 파리의 루브르 박물관에 갔을 때 그림 한 점을 만났습니다. 보았다고 말하지 않고 만났다고 굳이 말하는 것은 그 그림이 준 충격에서 한동안 벗어나기가 어려웠기 때문입니다. 그 그림 앞에서 나는 붙박인 듯 오래 서 있었습니다. 그것은 지로데(Anne-Louis Girodet, 1767-1824)가 1806년에 제작한 '대홍수The Deluge'였습니다. 프랑스 대혁명 시기를 살았던 그는 어쩌면 그 시대의 혼란을 대홍수에 빗대 그리고 싶었는지도 모르겠습니다.

화면의 좌측 하단에는 거센 물결이 일렁이고 있습니다. 물에 익사한 것인지 이미 시체가 되어 물 위에 떠오른 이의 모습도 보입니다. 한 사내가 나직한 절벽에 서있는 고목을 붙들고 아내와 자식들을 건지기 위해 절망적인 노력을 기울이고 있습니다. 바위에 완강히 버티어 선 그의 두 다리는 터질듯 긴장되어 있고 공포에 사로잡힌 두 눈은 튀어나올 것만 같습니다. 그는 넘실거리는 물결 위 바위 턱에 아슬아슬하게 서 있는 여인의 오른손을 꼭 붙든 채 끌어 올리려 안간힘을 다하고 있습니다. 여인은 왼손으로 역시 공포에 질려 울음을 터뜨린 어린 아기를 필사적으로 붙들고 있습니다. 여인의 몸은 활처럼 휘어 있습니다. 또 다른 아이 하나가 일렁이는 물살에 휩쓸려 들어가지 않으려고 여인의 목과 머리채를

지로데, 〈대홍수〉

호모 비아토르

뒤에서 꼭 움켜쥐고 있기 때문입니다. 여인은 기력이 다 빠졌는지 축 늘어져 있습니다. 남편에게 의지하고 있는 오른손은 피가 통하지 않는 듯 퍼렇게 보입니다. 꽤 긴 시간이 흘렀음을 알 수 있습니다. 사내의 등에는 아버지로 보이는 노인이 매달려 있습니다. 노인의 발은 허공중에 늘어져 있고 눈뜰 기력조차 없는지 두 눈을 감고 있습니다. 아이러니하게도 그의 왼손에는 주황색 돈주머니가 들려 있습니다. 그 완강한 움켜쥠을 어떻게 이해해야 할까요? 설상가상으로 그 사내가 의지하고 있는 나무는 그 가족의 무게를 견디지 못해 부러지고 있습니다.

가족들의 무게를 다 짊어진 채 심연의 공포를 견뎌내고 있는 그 사내의 모습에서 나는 무엇을 본 것일까요? 뭐라 대답하기가 어렵습니다. 그냥 아팠습니다. 그리고 얼토당토않게 삶이 참 고단하다는 생각 이외에는 아무 것도 떠오르지 않았습니다. 삶은 참 위태롭습니다. 과거와 현재와 미래는 그렇게 난감하게 뒤엉켜 있습니다. 그럼에도 불구하고 삶은 계속되어야 합니다. 짊어지고 있는 짐이 무겁다고 투정할 것 없습니다. 훌훌 벗어던지면 시원할 것 같지만 꼭 그렇지는 않습니다.

조금 다른 맥락이기는 하지만 이 그림을 볼 때마다 떠오르는 노래가 하나 있습니다. 정성균의 시에 장사익이 엮어 부른 '삼식이'라는 곡입니다. 들어보신 적이 있는지요?

소낙비는 내리구요 허리띠는 풀렸구요
업은 애기 보채구요 광우리는 이었구요
소코뺑이 놓치구요 논의 뚝은 터지구요

치마폭은 밟히구요 시어머니 부르구요

똥오줌은 마렵구요 어떤 날 엄마 어떤 날 엄마

이 노래를 들을 때마다 그 광경이 떠올라 덩달아 마음이 급해지긴 하지만 그렇다고 하여 난감하다는 생각이 들지는 않습니다. '그래, 우리 어머니들은 그렇게 사셨지' 하는 생각만 듭니다. 4·4조의 리듬에 "~구요"라는 각운이 이 노래를 듣는 이들의 마음을 다급하게 몰아칩니다. 그런데 이 노래가 절창인 것은 그 다음 대목입니다. 갑자기 어린 아이들이 등장하여 맑고도 투명한 목소리로 노래를 부릅니다. "엄마 엄마 이리 와요것 보셔요 병아리떼 뿅뿅뿅뿅 놀고 간 뒤에 미나리 파란 싹이 돋아났어요 미나리 파란 싹이 돋아났어요." 오수경 선생의 동시에 박재훈 선생이 곡을 붙인 동요 〈봄〉입니다. 어머니가 처한 다급한 상황과 무관하게 터져 나오는 저 천진한 노랫소리는 마치 삶이 그렇게 심각한 것이 아니라는 사실을 일깨워주는 듯합니다.

지로데에서 장사익으로 생각이 마구 춤을 추고 있네요. 힘겨운 조건 속에 처해 있으면서도 그것을 고스란히 자기 삶으로 수납하며 사는 OOO 님의 모습에 내가 적잖이 감명을 받았기 때문일 겁니다. 누군가를 원망하고 투덜거리는 것은 약자의 버릇이라지요? 이 세상이 만들어놓은 성공과 실패의 기준을 뛰어넘어 누가 뭐라든 자기 길을 뚜벅뚜벅 걸어가는 모습이 참 아름답습니다. 또 하루해가 밝았습니다. 오늘도 사람들에게 기쁨을 잘 전달하며 살 수 있으면 좋겠습니다.

반 고흐, 복숭아 나무

냉이 꽃 피어있는
담이었구나

잘 지내고 계신지요? 소서<small>小暑</small>가 코앞
이어서 한낮에는 조금 덥지만 그래도 시원한 바람이 있으니 고마운 초
여름입니다. 맑은 바람에 취하고 배부를 수 있다면 잠시 동안 누리는 낙
으로 족한 것 아니냐는 옛 사람의 말이 떠올랐습니다. 얼마 전까지 교회
포도나무 아래에서 다른 화초들의 등쌀을 꿋꿋이 견디어내며 예쁜 꽃을
피어내던 매발톱 꽃이 이제 마침내 화려한 꽃 시절을 마감했습니다. 어
느 날 외부에 다녀왔더니 옥매 열매는 사무실 식구들이 다 따먹었더군
요. 대추나무에 하나 둘 열매가 달리기 시작하는 것을 보는 기쁨이 큽니
다. 무엇보다 제 마음을 환하게 해주던 것이 해바라기였습니다. 쑥쑥 키
가 커지더니 어느 날 노란빛 고운 꽃을 피어 올렸습니다. 한 송이 두 송
이 날마다 해바라기의 개화를 지켜보고 바라보는 것이 분주한 가운데
제가 누리는 일상의 낙이었습니다.

호모 비아토르

며칠 전 출근길에 해바라기가 무리지어 피어있는 곳을 바라보았더니 왠지 허전한 느낌이 들었습니다. 다가가 살펴보니 누가 가장 탐스러운 꽃 한 송이를 뭉텅 잘라갔더군요. 일시에 허탈과 분노가 일었습니다. 그깟 꽃 한 송이를 가지고 뭘 그래요 하고 나무라셔도 할 수 없습니다. 얼마 전에는 누가 함박꽃을 몇 송이 잘라가서 어처구니없어 했는데… 이 소박한 살피꽃밭을 통해 여러 사람이 누리는 기쁨을 그렇게 훼손한 그 손이 미웠습니다. 물론 그렇다고 해서 저주를 퍼붓거나 하지는 않았습니다. 그냥 안타깝고 속상했다는 말입니다. 피천득 선생님의 〈꽃씨와 도둑〉이 떠올랐습니다.

마당에 꽃이
많이 피었구나
방에는
책들만 있구나
가을에 와서
꽃씨나 가져 가야지

- 피천득, 〈꽃씨와 도둑〉

짧지만 울림이 큰 시입니다. 이런 예쁜 도둑이라면 함께 살아도 괜찮겠다는 생각이 듭니다. 꽃 한 송이를 두고 인간성 운운 하고 싶지는 않지만, 무엇이든 소유해야 직성이 풀리는 마음에는 선뜻 동의할 수 없습니다.

젊은 시절에 읽었던 한 책에서 만났던 시가 떠올랐습니다. 일본의 선불교 학자인 스즈키 다이세츠는 19세기 영국 시인인 알프레드 테니슨(Alfred Tennyson, 1809-1892)과 일본의 에도 시대의 하이쿠 시인인 마쓰오 바쇼(松尾芭蕉, 1644-1694)의 시를 통해 동양과 서양의 차이를 드러내려 합니다. 먼저 테니슨의 시입니다.

갈라진 벽 틈새에 피어 있는 꽃
나는 틈새로부터 너를 뽑는다.
나의 손에 너를 뿌리째 쥐고 있다.
귀여운 꽃 그러나 만일
네가 어떠한 것인지 너의 전부를 알 수 있다면
신과 인간이 어떤 존재인가를 알 수 있으련만.

(E. 프롬/鈴木大拙/R. 마르티노, 《禪과 精神分析》, 정음사, 김용정 옮김, 132쪽)

시의 화자는 꽃 한 송이를 온전히 이해할 수 있다면 신과 인간이 무엇인지도 이해할 수 있다고 확신합니다. 세상은 모두 한 호흡으로부터 나왔다는 시적 직관에서 비롯된 확신일까요? 그런 의미에서 그는 신비주의자입니다. 그런데 그는 벼랑에 핀 꽃을 뽑아 따내네요. 그는 꽃의 운명에는 별로 관심이 없습니다. 꽃은 그저 신과 인간에 대한 인식이 깊어지는 데 필요한 대상일 뿐입니다. 이 기묘한 불일치를 스즈키는 예리하게

호모 비아토르

포착해냈던 것 같습니다. 이제 바쇼의 하이쿠를 읽어보겠습니다.

자세히 보니
냉이 꽃 피어 있는 담이었구나.

(앞의 책, 129쪽)

아시다시피 하이쿠는 5, 7, 5의 3구 17 글자로 되어 있는 일본의 단시입니다. 번역자는 17자를 맞추느라고 애를 많이 썼습니다. 3구를 맞추지 못한 게 유감이라면 유감이겠습니다. 여하튼 이 시에서 시인은 꽃을 가만히 그리고 자세히 바라봅니다. 어쩌면 숨조차 죽이고 있었는지도 모르겠습니다. 작은 바람에도 그 고요한 순간이 일렁일 것 같아서요. 냉이 꽃이 피어 있는 담장. 평범하기 이를 데 없는 풍경입니다. 하지만 시인은 그 평범함 속에 깃든 하늘을 보고 있는 겁니다. 굳이 하늘이라는 말을 피해야 한다면 그 속에 깃든 생명의 신비를 보았다고 할까요? 바쇼의 시구 속에서 나는 "공중의 새를 보아라", "들의 백합화가 어떻게 자라는가 살펴 보아라" 하신 예수님의 마음을 읽습니다. 천진한 이들에게는 세상에 신비 아닌 것이 없습니다.

가끔 가족들이 모이면 서로 어린 시절의 흉을 보느라 여념이 없습니다. 주로 형이나 누나들이 동생들을 놀리는 것이지만 그때마다 웃음꽃이 피어납니다. 스스럼없이 그 시절을 회상하는 일이야말로 각자의 자리에서 분주하게 살아가는 우리가 가족이라는 사실을 재확인하는 일종의 의례인지도 모르겠습니다. '기억하다'라는 뜻의 영어 단어 'remember' 속에는 '다시-멤버가 되다'는 뜻이 담겨있다지요? 제 막내 누나가 갓 초등학교에 들어갈 무렵이었대요. 식구들이 마루에 앉아 있는데, 밖에서 놀던 누나가 허겁지겁 안마당으로 뛰어들더니 배꼽을 잡고 웃더랍니다. 영문을 몰라 바라보는 식구들에게 누나는 웃음을 참느라 애쓰면서 말했습니다. "어떤 사람이 모자를 쓰고 가요." 그러고는 다시 가가소소呵呵笑笑하더랍니다. 그 광경을 생각하면 지금도 웃음이 나옵니다. 거의 60년이 되었네요. 그 가난했던 시절, 웃음은 그렇게 헤펐습니다.

이제는 우리 마음이 참 각박해졌습니다. 소비사회가 도래한 후 우리는 소비자로 전락하였고-그렇습니다. 이것은 분명히 전락입니다-삶이 말할 수 없이 분주해졌습니다. 소비사회의 죄는 욕망의 절제이고, 소비사회의 복음은 새로운 상품이고, 쇼핑센터는 신전입니다. 욕망과 충족 사이의 거리는 늘 좁혀지지 않습니다. 다가가는 만큼 멀어지는 카프카의 《성》을 닮았습니다. 욕망의 벌판을 질주하는 동안 사람들의 마음이 참 모질게 변했습니다. 서울에서 골목이 사라짐과 동시에 이웃 간의 정도 차갑게 식어버린 것이 아닌가 싶습니다.

그래서인가요? 분주한 도시 생활을 청산하고 시골로 들어가신 것이. 아직 30대 중반의 나이인데도 그럴 용기를 냈다는 사실이 무척 대견해 보였습니다. 마음은 원이로되 실행에 옮길 용기가 없는 나의 처지에서는 그런 실행력이 불가사의하게 생각되기도 합니다. 노인들만 있던 마을에 젊은 일꾼이 들어오자 마을 어른들도 신명이 났다지요? 마을 머슴이 된 것 같다고 말하면서도 그걸 그렇게 싫어하는 것 같지는 않더군요. 이일

호모 비아토르

저 일에 불려 다니느라 고단하기는 하지만 흙을 만지는 삶이 참 좋다고 하셨지요? 첫 수확이라며 보내주신 감자를 삶아 먹을 때마다 그 천진한 얼굴을 떠올리며 흐뭇해하고 있습니다. 농촌 생활이 주는 고단함과 행복, 어느 것이 더 클지 나는 짐작할 수 없습니다.

그 귀촌을 부러워하면서 나는 헤르만 헤세를 떠올렸습니다. 그는 빼어난 소설가이자 문필가였지만 정원 가꾸는 것을 최고의 즐거움으로 여기던 사람입니다. 그는 나무들이야말로 자기 시선을 가장 많이 끄는 강력한 설교자였다고 말합니다. 그는 나무들이 위대하고도 고독하게 삶을 버티어 간 사람들 같다고 말합니다. 그는 한 그루의 나무가 하는 말에 귀를 기울입니다.

　내 안에는 핵심이, 하나의 불꽃이, 하나의 생각이 숨겨져 있다. 나는 영원한 생명을 지니고 있다. 영원한 자연의 어머니는 나와 더불어 전례가 없던 일을 시도한다. 내 모습과 내 피부 밑에 흐르는 혈관은 다른 어디서도 찾아볼 수 없는 유일한 것이다. 내 우듬지에 매달린 가장 작은 잎사귀가 벌이는 유희, 내 가지에 난 아주 작은 상처조차 유일한 것이다. 내 사명은 바로 그런 일회적인 것 속에서 영원의 모습을 보여주는 것이다(헤르만 헤세,《정원 일의 즐거움》, 두행숙 옮김, 이레, 52쪽).

한 그루 나무에 매달린 작은 잎사귀가 벌이는 유희도, 가지에 난 작은 상처도 유일한 것이라네요. 그런 일회적인 것 속에서 영원의 모습을 볼 수 있다면 우리 삶이 빈곤하지는 않을 겁니다. 농촌에 머무는 동안 그런 생의 신비에 눈을 뜰 수 있기를 빕니다. 농번기여서 분주하겠지만 가끔 한눈을 팔기도 하면서 이 무더운 여름을 이겨내세요. 평안을 빕니다.

덧붙임 | 해바라기가 잘린 바로 그 자리에 집사님 한 분이 스티로폼 위에 덧바른 종이에 예쁜 해바라기 꽃을 그려서 부착해 놓았습니다. 그런데 그 해바라기는 얼굴을 찌푸리고 있습니다. 꽃을 잘라간 이는 그 꽃을 보면서 어떤 생각을 할까요? 궁금합니다.

호모 비아토르

서로 따뜻하게
비벼대면서

　　　　　　　　　　　　이제 본격적인 무더위가 시작되려나 봅니다. 하긴 초복에 이르렀으니 그럴 만도 하지요. 조용히 엎드려 지낼 수 있다면 좋겠지만 현실은 그렇지 못합니다. 요즘 심정이 참 복잡합니다. '배신의 정치' 운운 하면서 의원들이 뽑아놓은 여당 원내총무를 인격 말살하는 대통령이나, 대통령의 심기 경호를 하느라 기본적인 도의조차 저버리는 여당 동료 의원들이나, 강 건너 불구경하듯 나몰라라 하는 야당 의원들이나 다 답답하기는 마찬가지입니다. '정치적'이라는 단어가 무얼 함축하는지 나로서는 알 도리가 없지만 적어도 진실한 삶과는 거리가 먼 것 같다는 느낌이 듭니다. '진실은 허위의 부정'이라는 수전 손택의 말이 떠오릅니다. "세계는 기본적으로 허위로 가득 차 있고, 진실은 언제나 허위를 '거부'할 때 빚어지는 것이죠." '아니오'라고 말할 수 없을 때 진실은 가뭇없이 스러집니다.

대학 시절 마르쿠제의《일차원적 인간》을 읽으면서 가슴이 뛰던 기억이 납니다. 세상이 우리를 길들여 비주체적 삶을 살도록 강요할 때, 우리 삶을 납작하게 만들어 일차원적 인간으로 소외시키려 할 때 분연히 일어나 '아니오'라고 말할 수 있는 사람이 될 수 있기를 소망했습니다. 그것은 정치적 억압에 대한 저항만을 의미하는 것은 물론 아닙니다. 알베르 카뮈의《반항적 인간》을 읽으면서 예수를 따른다는 것이 비장하고도 장엄하다는 사실을 새삼 실감하기도 했습니다. 내게 예수는 반항적 인간으로 보였기 때문입니다.

그리스도는 두 가지의 문제, 즉 악과 죽음의 문제를 해결하러 이 세상에 왔는데, 이 두 가지 문제는 곧 반항하는 인간들의 문제인 것이다. 그의 해결책은 우선 악과 죽음을 스스로 떠맡는 것이었다… 골고다의 밤이 인간의 역사에서 그토록 큰 중요성을 가지는 것은 오로지 그 암흑 속에서 신이 보란 듯이 자신의 전통적 특권을 버리고 절망까지를 포함한 죽음의 고뇌를 끝까지 살아내었기 때문이다(알베르 카뮈,《반항하는 인간》, 김화영 옮김, 책세상, 64-5쪽).

악과 죽음을 스스로 떠맡는 존재가 된다는 것, 신앙의 신비는 바로 거기에 있는 것 같았습니다. 카뮈는 "신이 인간이 되기 위해서는 그도 반드시 절망을 맛보지 않으면 안 된다"고 했지요. 사람들은 그를 무신론적 사상가로 분류하지만 어떤 의미에서 그는 신앙의 신비를 깊이 꿰뚫어본 사람 가운데 하나가 아닌가 싶습니다. 젊은 시절 카뮈는 제게 있어서 언제나 바라보아야 할 큰 산이었습니다. 치기 어렸던 그 시절 벗들과 신학

논쟁을 벌일 때면 카뮈를 전거 삼아 '득죄得罪'의 언사도 서슴지 않았습니다. 그러나 이젠 나이 탓일까요? 그 장하던 의기는 간 데 없고 비루한 일상만 남았습니다.

이야기를 나누고 싶다며 전화를 주셨을 때 사실 마음이 내키지 않았습니다. 원하시는 사안에 대해 조언을 해줄 만한 식견이 없다고 생각했기 때문입니다. 하지만 청을 차마 뿌리칠 수 없었던 것은 외로움이 짙게 밴 그 음성 때문이었습니다. 차 한 잔을 사이에 두고 마주 앉아 있는데 이상한 연민의 마음이 제 속에 차올랐습니다. 여낙낙하던 표정에 쓸쓸함이 배어 있었기 때문입니다. 40여 년 앞만 보고 달리다가 문득 멈추어 서서 돌아보니 속이 텅 비어 버린 것 같다 하셨지요? 견결堅決하던 젊은 날은 꿈처럼 멀어지고 고리삭은 중늙은이처럼 허탈한 웃음을 짓는 그 모습에 마음이 아렸습니다. 좀 더 많은 이들을 아우르고 싶어 당신이 평생 견지해왔던 입장에서 조금 후퇴를 하자 가까웠던 동지들부터 싸늘하게 등을 돌리더라는 이야기를 들으며 나는 그저 고개만 끄덕였습니다. 위로의 말을 건넬 수도 없었고, 그들의 매정함을 탓할 수도 없었습니다. 조직을 꾸려가기 위해서 원칙을 포기하는 순간 그 조직의 토대는 흔들리게 마련입니다. 제가 좀 무례하고 무책임하게 말했던 것 같습니다. '그냥 망하자' 하는 생각으로 일하면 안 되었느냐고, 우리를 부르신 분의 뜻대로 살다가 망한다면 그것은 실패가 아니라 영광이 아니냐고. 말하고 나니 낯이 뜨거웠습니다. 정작 자신은 그렇게 살지 못하면서 부사리처럼 군 것 같은 느낌이 들었기 때문입니다.

오랜 시간 이야기를 나누었음에도 불구하고 마음은 좀처럼 후련해지지 않았습니다. 뭔가 미진한 부분이 남아있었는데 다음 일정 때문에 대화는 더 이어질 수 없었습니다. 다시 만나자는 기약 없는 인사를 나누고 허정허정 종로 길을 걷다가 서점에 들러 시집 몇 권을 샀습니다. 시에 대한 취향도 나이에 따라 달라지는 모양입니다. 젊은 시인들의 시보다는 마치 힘을 다 빼고 쓰는 것 같은 나이 든 시인들의 곰삭은 시가 훨씬 더 마음에 와 닿더군요. 마종기 시인의 〈저녁 올레길〉(《마흔 두 개의 초록》, 문학과 지성사)에는 이런 대목이 나옵니다.

> 함께 걸어주어 고마웠어.
> 덕분에 힘들이지 않고 정신없이 걸었지.
>
> 가끔은 어디 어느 방향인지도 잊은 채
> 당신과 길이 있어서 걸었던 건지. 오래전
> 남의 길이 되겠다고 한 나를 용서해줘.
> 누가 감히 사람의 인도자가 되겠다니!
>
> - 마종기, 〈저녁 올레길〉 중에서

"…오래전/남의 길이 되겠다고 한 나를 용서해줘"라는 대목을 읽다가 가만히 공모의 미소를 지었습니다. 더러 사람들이 나를 멘토로 삼고 있다는 말을 들을 때마다 숨이 턱턱 막히곤 했습니다. 어차피 말씀 선포자로 내 인생에 복무하는 처지이니 말씀을 바로 선포하기 위해 애쓰는 것

호모 비아토르

은 사실이지만, 세월이 가도 든든해지기는커녕 늘 흔들리고 있는 나를 누군가 바라보고 있다는 생각만 해도 모골이 송연해집니다. 물론 그것은 거룩한 부담입니다. 하지만 젊은 날에도 그랬지만 지금은 더욱 더 '남의 길이 되겠다'는 생각은 한 번도 해본 적이 없습니다. 각자 저마다의 길을 성실하게 걷는 것 뿐이지요. 걷다가 우연인 듯 마주치면 반갑게 인사를 건네고, 잠시 함께 걷기도 하다가, 또 각자의 길로 가는 거지요. 어느 순간부터 "너희는 랍비라는 호칭을 듣지 말아라", "너희는 땅에서 아무도 너희의 아버지라고 부르지 말아라", "너희는 지도자라는 호칭을 듣지 말아라"(마태복음 23:8-10) 하신 예수님의 말씀이 구구절절 제 마음을 울립니다. 마종기 시인의 시 한 대목을 더 나누고 싶습니다.

> 그래도 오너라, 속상하게 지나간 날들아,
> 어리석고 투명한 저녁이 비에 젖는다.
> 이런 날에는 서로 따뜻하게 비벼대야 한다.
> 그래야 우리의 눈이 떠지고 피가 다시 돈다.
> 제발 꽃이 잠든 저녁처럼 침착하여라.
> 우리의 생은 어차피 변형된 기적의 연속들,
> 어느 해였지?
> 준비 없이 떠나는 숨 가쁜 봄날처럼.
>
> - 마종기, 〈봄날의 심장〉 중에서

꽃들이 화사하게 피어나는 소리에 동네가 들썩이는 날에도 시인은 피었다가 지는 꽃처럼 덧없는 인생을 처연히 바라보고 있습니다. 그러나 그는 그 허망해 보이는 시간을 허망하다 말하지 않습니다. "그래도 오너라, 속상하게 지나간 날들아." 시간과의 화해입니다. 그 화해는 '어리석은 저녁'에라야 비로소 가능한 것일까요? 해야 할 일과 하고 싶은 일이 많은 젊은 날에는 시간과의 화해가 어려운 것일까요? 시인은 "이런 날에는 서로 따뜻하게 비벼대야 한다"고 말합니다. 그렇지요. '당위'나 '강박'이 사라지면 서로가 측은히 여겨지는 법입니다. 서로 따뜻하게 비벼대면서 생에 깃드는 한기를 이겨내야지요. 시인은 스스로에게 다짐하듯이 말합니다. "제발 꽃이 잠든 저녁처럼 침착하여라." 문광훈 선생님의 시를 읽다가 '침착함'을 뜻하는 독일어 단어를 재발견하게 되었습니다. '가이스테스게겐바르트Geistewgegenwart'의 문자적 의미는 '정신의 현재'입니다. 지금 여기에 집중하는 것이지요. 지금에 오롯이 집중할 때 시인처럼 우리도 삶이 기적임을 알게 될까요?

무더운 여름, 너무 일에 몰두하지 마시고 천천히 그리고 침착하게 현재 속에 머무시면 좋겠습니다. 혼자 찬송가를 흥얼거려봅니다. "이 세상은 요란하나/내 마음은 늘 편하다."

인간보다 이상한
존재는 없다

　　　　　　　　　　　이상하지요? 초복이 지나면서 오히려
바람이 시원해졌습니다. 물론 며칠 못 가 여름이 본래의 성정을 회복해
우리를 고문하리라 생각하지만 그래도 며칠 잘 지냈습니다. 내 방에 들
어올 때 땀을 흘리고 있는 것을 보고 그 먼 길을 자전거로 왔음을 알 수
있었습니다. 짧은 바지 아래 드러난 근육이 제법 볼만하더군요. 자전거
를 못 탄 게 언제부터였는지 기억도 안 납니다. 목요일 밤이면 교우들과
어울려 한강변을 달리곤 했는데, 이젠 그런 호사마저 누리지 못하고 있
습니다. 창고 한 구석에 처박힌 채 바람까지 다 빠진 자전거를 볼 때마다
묘한 자책감과 상실감에 사로잡히곤 합니다. 시간을 낼 수 없을 만큼 분
주한 것은 물론 아닙니다. 다만 좀 게을러진 거지요. 거미줄에 매달린 채
버둥거리는 곤충처럼 나는 현실의 거미줄에 걸린 채 어찌할 바를 모르
고 있습니다. '시리아 난민 지원을 위한 평화의 철인 3종 경기'에 참가하

호모 비아토르

는 우리교회 젊은이들을 대견해 하면서도 선뜻 그들을 따라 나서지 못합니다.

교인 수 20명 남짓한 교회에서 어쩌면 그리도 다양한 일들이 벌어지는지 모르겠다고 하셨지요? 이야기를 듣는 동안 '정말 그런 일이 있을까?' 하는 생각이 들었습니다. 물론 자기 속에 있는 욕망을 타자에게 투사한 후, 거기서 비롯된 죄책감에서 벗어나기 위해 누군가를 희생양으로 삼는 일이 드물지 않게 일어난다는 사실을 잘 압니다. 그러나 막상 그 일에 직면하게 되면 누구나 당혹감을 느끼기 마련입니다. 나름대로 그 일을 잘 처리하고도 나를 찾아왔던 것은 문제를 해결하기 위해 노심초사하면서 입은 내면의 상처 때문이었을 거라고 생각했습니다. 그러나 정말 해줄 수 있는 말이 없더군요. '잘 견디라'거나 '다 시간이 해결해 줄 거야' 등의 말은 아무런 도움이 되지 않음을 알기 때문입니다. 사실 필요한 것은 충고가 아니라 답답한 마음을 털어놓을 수 있는 마당이었는지도 모르겠습니다.

《단속사회》의 저자인 엄기호 선생은 '곁'과 '편'이라는 말로 우리 시대를 진단하더군요. 그는 '곁'은 말하는 자리가 아니라 듣는 자리에 가깝다고 말합니다.

곁에서 듣는 이야기는 고통 혹은 슬픔에 찬 이야기인 경우가 많다. 이 이야기들은 논리정연하기보다는 오히려 비명과 한숨, 절규와 한탄이 뒤죽박죽 섞인 이야기들이다(엄기호, 《단속사회》, 창비, 6쪽).

그는 곁에서 듣는 이는 '말'을 듣는 것이 아니라 아직 '말이 되지 못한 말'을 듣는 것이라고 말합니다. 말해진 것 그 너머의 소리를 듣기 위해서는 대화 상대자에 대한 깊은 애정이 필수적입니다. 하나님은 모세에게 애굽에 있는 당신의 백성들이 고통 받는 것을 똑똑히 보았고, 억압 때문에 괴로워서 부르짖는 소리를 들었다고 말합니다. 부르짖음 혹은 신음은 논리적으로 구조화되지 못한 말이지만 하나님은 그들의 말을 너무나 분명하게 알아들으셨습니다.

다른 이를 모함하고 교회 안팎으로 나쁜 소문을 내고 다니는 사람을 용납하기란 여간 어려운 일이 아닐 겁니다. 교회의 일치와 평안을 뒤흔드는 사람을 보면 화가 나기도 하고, 그에게 받은 모욕을 되돌려주고 싶은 생각이 들 수도 있었을 텐데, 그래도 마태복음 18장의 권고를 잘 따르셨더군요. 홀로 권고해도 따르지 않는다면 교회가 함께 그 문제를 풀어가야지요. 하지만 그분도 인생의 어느 지점에서 받은 상처의 기억에서 자유롭지 않은 가련한 사람일 터이니 함부로 정죄하지는 말아야 합니다. 그를 마음으로 용납하고 공동체 속에 다시 받아들이는 문제는 결코 쉬운 일이 아닐 겁니다. 준비도 되지 않은 채 그에게 손을 내밀면 서로 더 큰 상처를 입을 가능성이 큽니다. 오세영 시인은 〈그릇〉이라는 시에서 "깨진 그릇은/칼날이 된다./무엇이나 깨진 것은 칼날이 된다"고 노래했습니다. 그렇지요. 우리 입술을 순하게 받아주던 사기그릇도 깨지면 칼날이 됩니다. 평소에 부드럽고 따뜻하게 사람을 대하던 사람도 어느 순간 깨진 그릇이 되어 다가오는 이에게 상처를 입히기도 합니다.

아무리 그렇다고는 해도 도무지 용납하기 어려운 이들도 있습니다. 요즘 우리 사회는 어느 대학 교수의 엽기적인 행각에 들끓고 있습니다. 그는 영상 디자인 분야의 최고 전문가라고 하더군요. 한 마디로 그는 잘 나가는 사람입니다. 제자들에게 일자리를 주선해주기도 하고, 교수가 되도록 힘을 써주기도 했습니다. 문제는 그가 자기의 우월적 지위를 이용해 타자를 지배하는 달콤한 맛에 빠졌다는 데 있습니다. 타자에게 자기의 의지를 강제할 수 있다는 것은 큰 유혹입니다.

일찍이 윤흥길은 소설 《완장》에서 이런 문제를 다뤘습니다. 그것이 완장이든 계급장이든 직급이든 사람들은 그것과 자기를 동일시하려는 경향이 있습니다. 그 교수는 자기가 관여하는 단체에 제자를 취직시킨 후, 일을 잘하지 못한다 하여, 손해를 끼쳤다 하여, 맘에 들지 않는다 하여 그를 폭행하기 시작했다고 합니다. 피해자는 그런 모욕과 폭력을 감수했습니다. 그 교수를 통해 자기 앞길이 열리기를 소망했기 때문입니다. 폭행은 더욱 심해졌습니다. 야구 방망이로 때리고, 손발을 묶은 상태에서 얼굴에 비닐봉지를 씌운 후 호신용 스프레이를 뿌리기도 하고, 심지어는 인분을 먹이기까지 했다고 합니다. 이 사건을 보면서 더욱 화가 나는 것은 사무실의 다른 동료들도 그 가학적인 행위에 가담했다는 사실입니다. 주체의 몰각입니다.

에릭 시걸의 소설 《드보라》에서 본 한 대목이 떠오릅니다. 탈무드에 나오는 이야기라고 하더군요. 사람이 세상에 태어날 때면 하나님은 하늘에 있는 영혼 창고에서 영혼을 꺼내어 각 사람에게 넣어주신답니다. 그런데 어느 날 그 영혼 창고가 비는 날이 옵니다. 그러면 세상에는 영혼이 없는 사람이 태어나게 되는 것이지요. 영혼 없는 사람, 그는 공감의 능력을 상실한 사람이 아닐까요?

　소포클레스의 비극 《안티고네》에는 이런 말이 나옵니다. "이상한 존재는 많지만, 인간보다 더 이상한 존재는 아무것도 없다." '이상한'이라고 번역된 그리스어 '데이논deinon'은 이상하다는 뜻 외에도 '무서운', '경이로운' 등의 의미로 쓰인다고 하네요. 이 단어를 '이상한unheimlich'으로 옮긴 하이데거는 이 단어를 "집과 같은, 즉 관습적이고 일상적이고 안전한 것으로부터 우리를 밖으로 내던지는" 것과 연결시켜 설명합니다(임철규,《그리스 비극》, 한길사, 324-325쪽).

　일상적인 세계, 상식의 세계, 예측 가능한 세계가 무너질 때 삶은 혼돈으로 변합니다. 그런데도 인간은 그런 무난한 세계에 쉽게 싫증을 느낍니다. 일탈의 욕망은 그렇게 나타납니다. 이런 일탈의 욕망이 없다면 인간 세계는 지루함 때문에 지옥으로 변할지도 모릅니다. 하지만 그 욕망이 타자를 물화시키거나 그의 존엄을 훼손하기 시작할 때 심각한 문제가 발생합니다.

　종교는 그런 과도한 욕망을 경계하는 나팔소리여야 합니다. 종교가 분명한 소리를 내지 못할 때 세상 도처에서 괴물들이 나타납니다. 참담한 것은 문제의 그 교수가 사람들에게 독실한 기독교 신자로 보였다는 데 있습니다. 그는 어떤 제자들에게는 하나님이 주신 재능을 잘 활용하라고 격려하고, 어떤 제자에게는 '너를 위해 기도한다'고 말하는 자상한 스승이었습니다. 그러나 자기 마음에 들지 않는 사람에게는 마성적인 모습을 드러냈습니다. 이러한 불일치를 어떻게 설명해야 좋을지 모르겠습니다.

　　　　　　　　　　　　　　　　　　　　　호모 비아토르

자기 성찰로 이어지지 않는 믿음의 고백이란 얼마나 허망한 것입니까? 나는 공감 능력의 확장이야말로 믿음이 깊어지고 있음을 보여주는 징표라 생각합니다. 공감을 협애하게 인간에게만 국한시킬 필요는 없습니다. 이 초록별 지구에 터 잡고 살아가는 모든 생명은 다 사랑받기를 원합니다. 사랑을 요구하는 그 소리에 다 응답하지는 못해도 무정한 사람이 되지는 말아야 합니다.

아주 가끔 이러한 외침이 부질없다는 생각이 들어 마음이 아뜩해지기도 합니다. '잘 살아보세' 하는 노랫가락이 거대한 파도가 되어 우리가 부르는 생명의 노래를 삼켜버리는 듯하기 때문입니다. 다시는 주님의 이름으로 말씀을 전하지 않겠다고 다짐했던 예레미야의 심정에 깊이 공감하지 않을 수 없습니다. 유진 피터슨 목사의 《메시지》는 절망감에 사로잡힌 예레미야의 절규를 이렇게 옮겨놓았습니다.

하나님, 주님은 그저 신기루입니다. 멀리서 보면 아름다운 오아시스이지만, 실제로는 아무것도 아닙니다(예레미야 15:18).

불경한 말이지요? 그래도 그는 정직합니다. 적어도 허위의식에 사로잡혀 있지는 않습니다. 하나님은 그를 꾸짖으십니다.

그 말을 거두어라. 그러면 내가 너를 다시 맞아들여, 내 앞에 우뚝 서게 하겠다. 말을 참되고 바르게 하여라. 천박한 푸념이 되지 않게 하여라. 그래야, 너는 나를 대변하여 말하는 자가 될 수 있다. 그들에게 맞추느라 말을 바꾸지 말고, 너의 말이 그들을 바꾸게 하여라(예레미야 15:19).

　'천박한 푸념'을 늘어놓지 말라는 말에 나른하던 정신이 화들짝 깨어났습니다. "그들에게 맞추느라 말을 바꾸지 말고, 너의 말이 그들을 바꾸게 하여라." 이 말씀을 붙들고 오늘의 황량한 세계를 건너야 하겠습니다. 가끔은 울고 싶고, 달아나고 싶은 생각이 들 때도 있지만 어떡하겠어요? 그 말을 하라고 부름 받았으니. 엄기호 선생의 말대로 '편'이 되어주진 못해도 어떤 경우에도 '곁'에 머무는 사람이 되도록 노력할게요. 언제 한 번 자전거를 같이 타기로 해요. 단 너무 빨리 달리지 말고, 천천히.

세상에 희망이 있느냐고 묻는 이들에게

호모 비아토르Homo Viator

　　　　　　　　　잘 지내고 있지요? 이제 떠나실 시간
이 다가오네요. 이번에 머물게 되는 곳은 캐나다에 있는 후터라이트 공
동체라고 하셨지요? 사실 그 소식을 듣기 전까지는 후터라이트Hutterite
공동체에 대해 알지 못했습니다. 자료를 찾아보니 오스트리아의 재세례
파 신자였던 야콥 후터(Jacob Hutter, 1500-1536)가 시작한 생활공동체더군
요. 가톨릭에 속했던 합스부르크 왕가의 탄압을 피해 모라비아로 피신
하고, 30년 전쟁 후에는 중부 유럽 여러 도시에서 망명 생활을 하다가,
1874년에 미국으로 이주했고, 세계대전 때 양심적 병역 거부 문제로 미
국 정부와 대립하기도 했지만, 지금은 주로 캐나다에 머물면서 사도행
전 2장 43-47절에 언급되고 있는 생활 공동체를 현실 속에서 구현하
기 위해 노력한다고 하더군요. 지금도 여성들은 발목까지 내려오는 원
피스를 입고 지내고, 남자들도 무늬가 별로 없는 소박한 옷을 입고 지

　　　　　　　　　　　　　　　　　　　호모 비아토르

낸다지요? 철저한 평화주의자들인 그들이 만들어내는 생활 풍경이 자못 궁금합니다.

작년인가요? 4년 동안이나 잘 다니던 직장을 그만 두고 당분간 세계의 여러 공동체를 탐방하겠다고 말했을 때 그 무모한 열정이 조금 걱정이 되었던 것도 사실입니다. 하지만 앞으로 어떻게 살아야 할지 고민하고, 그대로 살아낼 수 있는 근육을 만들기 위해 2~3년간 세계를 떠돌겠다는 그 열정을 축복하지 않을 수 없었습니다. "진정 복음적으로 산다는 것은 남들보다 더 잘 사는 게 아니라, 남들과 다르게 살아간다는 의미란 것, 이제 조금 알게 되었습니다. 다르게 살기 위해서는 다른 환경, 즉 공동체가 필요할 테구요. 덜 소비하고 더 행복할 수 있는 방법이 궁금합니다. 브라이언 월시의 표현을 빌리자면 제국에서는 괄시받아도 천국의 논리대로 꿋꿋이 함께 모여 사는 그런 움직임을 찾거나 만들고 싶습니다." 이렇게 말하는 분을 내가 어찌 아끼고 존경하지 않을 수 있겠습니까? 소비사회에 덜 의존적인 인간으로 거듭나고 싶다면서 집도 스스로 짓고, 필요한 걸 만들어 쓰고, 터앝이라도 일구어 먹을 것도 자급자족할 수 있는 능력을 기르고 싶다 하셨지요? 그렇게 될 겁니다.

이제 가지고 있던 살림살이도 어려운 공동체들에 다 나눠줬으니, 홀가분하게 떠나기만 하면 되겠습니다. 내게 이런저런 공동체를 소개해달라고 했을 때 최초의 방문지만 결정하고 일단 떠나면 성령께서 인도하실 것이라고 말했지요? 저는 그 사실을 철석같이 믿고 있습니다. 성령께서 순례자들과 함께 하시기 때문입니다. 시간과 이익을 다투는 자본주의 세계에서는 길을 잃어버리는 것이 허용되지 않지만, 순례자들은 길을 잃을 권리를 가지고 있는 이들입니다. 잠시 길을 잃어도 당황할 필요가 없습니다. 예기치 않았던 사람과 풍경을 만나 더 깊어질 수 있는 기회가 주어진 것이기 때문입니다.

작년에 두 달간 유럽을 떠돌았습니다. 사람들은 불안하지 않았느냐고 묻더군요. 물론 낯선 나라와 도시에 간다는 건 언제나 설렘과 더불어 불안을 야기하지요. 하지만 최초의 불안을 극복하고 나면 여유가 생깁니다. 급하다고 서둘 것도 없고, 뜻대로 되지 않는다고 안달할 것도 없습니다. 그저 노량으로 걸어가면 됩니다. 내가 길을 선택할 때도 있지만 길이 나를 선택할 때도 있다고 느긋하게 마음먹으면 됩니다. '순례자는 길을 잃을 권리가 있다'는 말을 선물로 드리고 싶습니다.

"사람이 마음으로 자기의 앞길을 계획하지만, 그 발걸음을 인도하시는 분은 주님"(잠언 16:9)이라는 히브리 지혜자의 고백은 현실 경험에서 나온 지혜일 겁니다. 'Solviture Ambulando.' '걸으면 해결된다'는 뜻의 라틴어인데 내가 늘 가슴에 갈무리해 두고 있는 말입니다. 무책임한 말처럼 들리겠지만 꼭 그런 것만은 아닙니다. 염려할 뿐 어떤 일을 시작할 엄두를 내지 못하는 이들은 이 말을 꼭 붙들 필요가 있습니다. 마땅히 가야 할 길이라면 그저 가면 됩니다. 이익과 손해를 계산하고, 성공과 실패를 예측하려니 힘이 들지요. 맥락은 다르지만 뤼쉰은 '고향'이라는 산문에서 "본래 땅 위에는 길이 없었다. 걸어가는 사람이 많아지면 곧 길이 되는 것이다"라고 말했습니다. 이것은 장자의 '길은 걸어갈 때 이루어진다道行之而成'는 말과 통합니다.

호모 비아토르

창세기에 나오는 믿음의 선조들은 다 길을 떠나는 이들이었습니다. 살던 땅, 태어난 곳, 아버지의 집을 떠나야 했던 아브라함은 물론이고 흉년 때문에 블레셋에 몸을 의탁할 수밖에 없었던 이삭, 형 에서를 피해 고향을 등져야 했던 야곱, 그리고 형들의 미움을 사서 종으로 팔렸던 요셉에 이르기까지 그들은 모두 유목적 삶을 살아야 했습니다. 언제라도 떠날 준비를 하고 산다는 것, 그것은 물론 불안정하고 고단한 삶이기는 하지만 새로운 경험을 향해 자기를 개방하고 사는 것이기도 합니다. 떠나는 이들은 언제나 주류적 가치에 사로잡히기를 거절하는 이들입니다. 이진순 선생과의 인터뷰에서 신영복 선생님이 하신 말씀이 참 가슴에 와 닿았습니다.

중심부는 변방의 자유로움과 창조성이 없기 때문에 역사적으로 반드시 무너지게 되어 있어요. 인류문명의 중심은 부단히 변방에서 변방으로 옮겨왔잖아요. 그런데 이런 역사적 변화는 그렇게 쉽게 진행되는 게 아니에요. 역사의 장기성과 굴곡성을 생각하면, 가시적 성과나 목표 달성에 과도한 의미를 부여하지 말고, 과정 자체를 아름답게, 자부심 있게, 그 자체를 즐거운 것으로 만드는 게 중요해요. 왜냐면 그래야 버티니까. 작은 숲(공동체)을 많이 만들어서 서로 위로도 하고, 작은 약속도 하고, 그 '인간적인 과정'을 잘 관리하면서 가는 것!(한겨레신문, 2015년 5월 9일 자 '이진순의 열림', 〈소소한 기쁨이 때론 큰 아픔을 견디게 해줘요〉 중에서)

중심부에 속하려는 가련한 노력이 사람을 피폐하게 만들지요. 변방의 사유를 하는 이들이야말로 진짜 자유인이 아닌가 싶기도 해요. 신영복 선생님은 큰 아픔을 같이 짊어지고 소소한 기쁨을 같이 나눌 이웃을 만드는 게 '더불어 숲' 정신이라고 말하더군요. 중심에서 변방으로의 이행은 정말 용기를 필요로 하는 일입니다. 하지만 즐거운 일이기도 하지요.

철학자 가브리엘 마르셀(Gabriel Marcel 1889-1973)은 인간을 가리켜 'Homo Viator'라고 말합니다. '떠도는 사람' 혹은 '길 위의 사람' 정도로 해석할 수 있겠네요. 이 말의 어감이 참 좋지 않아요? 마르셀이 생각하는 인간은 마음에 근원적인 그리움을 품고 하나의 중심을 향해 나아가는 존재입니다. 저는 오랫동안 호모 비아토르로 살고 싶다는 꿈을 꾸고 있지만 오랜 정착생활에서 좀처럼 벗어나질 못하고 있습니다. 물론 몸이 떠나는 것만이 능사는 아닙니다. 길 위에 있으면서도 정착민처럼 사는 사람도 있고 한곳에 붙박여 살면서도 늘 떠남 속에 있는 이도 있습니다. 불교에서 말하는 출가는 번잡한 세간을 떠나는 것이기는 하지만 더 근본적으로는 잘못된 가치관으로부터의 거듭된 떠남을 가리키는 말일 겁니다. 하지만 때로는 이런 말이 떠나지 못하는 자의 슬픈 자기 위안에 지나지 않는다는 생각이 들기도 합니다.

먼 길을 떠나는 젊은이들이 내 방을 찾아올 때마다 나는 야곱 이야기를 상기시키곤 합니다. 브엘세바를 떠나 하란으로 가는 먼 여정이 얼마나 힘겨웠을까요? '돌베개'는 그런 신산스런 삶의 은유입니다. 홀로 광야에서 잠을 청하는 야곱을 찾아오신 주님은 지금 그가 누워 있는 땅을 그와 그의 자손에게 주겠다고 하신 후 보호와 동행까지도 약속하십니다.

내가 너와 함께 있어서, 네가 어디로 가든지 너를 지켜 주며, 내가 너를 다시 이땅으로 데려 오겠다. 내가 너에게 약속한 것을 다 이루기까지, 내가 너를 떠나지 않겠다(창세기 28:15).

주님이 함께 하심을 참으로 믿는다면 괜히 지레 겁먹을 이유는 없을 겁니다. 어디에 가든 견결한 태도를 유지하면서도 여낙낙하게 그 상황을 받아들이는 분들이기에 저는 큰 염려를 하지 않습니다. 먼 길을 떠나는 두 분에게 스페인의 산티아고로 순례 여행을 떠나면서 조이스 럽 수녀가 수첩에 갈무리해두고 아침마다 되뇌었다는 기도문을 전해드리고 싶습니다.

제 영혼의 보호자시여,
오늘 하루 길 가는 저를 인도하소서.
해를 당하지 않도록 지켜주소서.
주님과, 주님의 땅과, 주님의 온 가족과
관계가 더욱 깊어지게 하소서.
제 안에 주님의 사랑이 강건하여져서
우리가 사는 세상 속에서 제가
주님의 평화의 임재가 되게 하소서. 아멘.

잘 다녀오세요. 그리고 함께 걷는 길 위에서 이루어지는 '작은 숲' 이야기를 제게도 나눠주세요. 고맙습니다.

세속적 우상과의 싸움

그동안 평안하셨는지요? 무더위가 절정입니다. 새벽에 일어나 앉아 있는데도 온 몸에 땀이 배어드는 것을 보니 삼복더위라는 말이 빈말이 아님을 알겠습니다. 방충망에 붙어 있는 매미 울음소리가 처연합니다. 가뜩이나 무더운 날에 우리 마음에 불을 지르는 이들로 인해 더욱 견디기 어려운 날들입니다. 60대 중반의 아주머니 한 분은 정부가 잘못한 것도 없는데 왜 정부를 비판하느냐며 다짜고짜 세월호 유가족의 뺨을 때렸다지요? 그리고 '애들 운명이 그것뿐'이라는 막말까지 서슴지 않았다고 합니다. 강자와 자기를 철저히 합일화하는 이의 치기로 보기에는 석연치 않은 점이 많습니다.

대통령의 동생인 박근령 씨가 일본의 포털 사이트인 '니코니코'와의 대담에서 한 말을 접하고는 아연실색하지 않을 수 없었습니다. 그는 일본군 위안부 문제 사과를 거듭 요구하는 것은 부당하다고 말했더군요.
또 일본 정치인들의 신사참배를 트집 잡는 것은 내정간섭이라며 "나쁜
사람이니까 묘소에 찾아가지 않는 것이 오히려 패륜"이라고까지 말했다
지요? 이것은 한 개인의 돌출된 발언이라기보다는 뉴라이트적 역사관을
가진 이들의 생각을 대변한 것이라고 평한 이도 있던데, 이게 사실이라
면 참 답답한 노릇이 아닐 수 없습니다. 그 기사를 대하는 순간 평화노래
꾼인 홍순관 님의 노랫소리가 떠올랐습니다. '대지의 눈물'이라는 주제
로 아흔 번의 '정신대 공연'을 마친 후에야 비로소 지을 수 있었다는 노
래 말입니다.

음~ 바람이 불어 옛날은 갔는데도
기억 속에 보이는 그 분홍 저고리
눈물은 노래를 막아 부르지 못하여도
하늘의 그 손길 야윈 손잡아
바구니 옆에 끼고 나물 캐다
그만 시간을 잃어버리셨죠
다시 찾아 드릴께요 어머니
열네 살 소녀 그 어린 꿈들
이 땅에 흐르는 대지의 눈물이여
다시는 그 수치를 당하지 않으리
눈물은 노래를 막아 부르지 못하여도
하늘의 그 손길 야윈 손 잡아

"바구니 옆에 끼고 나물 캐다 그만~" 하는 대목에서 마치 꽃모가지가
툭 떨어지듯 내려앉는 가객의 음성은 그 단절의 쓰라림을 고스란히 반
영해주고 있습니다. 그 아픈 마음, 아니 아프다는 말로도 형용할 수 없는
그 처절한 시간을 떠올리며 노래꾼은 조용히 눈물을 흘립니다. 열네 살
어린 꿈, 그들이 잃어버린 그 시간을 어떻게 다시 찾아줄 수 있을까요?
하늘의 손이 되어 그들의 손을 잡아주고, 그 수치를 잊지 않고, 다시는
그런 일이 반복되지 않도록 하는 일일 겁니다. 그런데 세상은 자꾸 그런
시간의 기억을 떠나보내자고 말합니다. 부끄럽고 남루한 역사의 기억을
재빨리 처리해버린 후 마치 아무 일도 없었다는 듯이 말쑥하게 살고 싶
은 것이 강자들의 마음일 겁니다. 친일파의 후손들이 득세하는 세상에서
그들의 호의에 기대 살려는 마음 자체가 오류임을 재삼재사 깨닫게 됩
니다.

  선생님은 고야와 렘브란트 같은 화가들의 위대함은 회화사의 영역 바
깥에 놓여 있던 민중들의 소박하면서도 비루한 삶을 그림 속으로 끌어
들인 데 있다고 말씀하셨습니다. 추하고 기괴해 보이기까지 하는 세계를
관통하지 않은 아름다움은 불완전할 수밖에 없습니다. 주류 세계에 속한
이들의 눈에는 포착되지 않는 사람들, 마치 투명인간처럼 취급되는 사람
들의 이야기를 빼놓고는 역사를 말할 수 없습니다. 그것은 미학도 마찬
가지겠지요. 신학이 강자들의 역사 이면에 있는 약자들의 이야기에 주
목하기 시작한 것도 그리 오래 되지 않았습니다. 남미의 해방신학, 북미
의 흑인신학, 여성신학, 민중신학은 주류 세계에서 배제된 채 역사의 변

호모 비아토르

방에 머물던 이들의 시선으로 세상을 다시 바라보고 있습니다. 사실 성경은 폭력과 배제, 모욕과 박해, 고난과 슬픔을 일상적으로 겪으며 살던 이들에게 새로운 삶의 가능성을 열어 보여주고 있습니다. 저는 창세기에 나오는 창조 이야기도 반제국주의적 담론으로 읽을 수 있다고 생각합니다. 토라의 핵심이라 할 수 있는 출애굽기는 피라미드로 상징되는 억압의 체제 맨 밑단에서 비인간적인 삶을 강요당하던 이들을 찾아오시는 하나님 이야기로 시작됩니다.

선생님은 우리가 신적인 것의 차원을 말하는 것은 삶 자체의 정상화를 위해 필요하다고 말씀하셨습니다. 그러면서 삶의 정상화란 곧 삶의 인간화라고 말씀하셨지요? 옳습니다. 초월의 지평을 도외시하고는 도무지 난마처럼 얽혀있는 세상사를 풀 길이 없습니다. 욕망이라는 쇠항아리를 머리에 뒤집어쓰고 사는 이들은 다른 이들의 아픔에 공감할 수 없는 법입니다. '저 너머'의 눈으로 삶과 현실을 바라볼 수 있을 때 우리는 아주 조금씩 자아의 늪에서 빠져나올 수 있게 됩니다. 초월은 나의 나 됨을 우리라는 더 큰 지평 속에서 재정의하도록 해줍니다. 바로 이것이 삶의 인간화의 길이 아닌지요? 기존 질서에 의문부호를 붙이는 동시에 자기 삶을 늘 초월의 지평과 연결시킬 수 있어야 우리는 지난한 투쟁 속에서도 고갈되지 않을 수 있을 겁니다. 예수의 삶의 비밀은 바로 여기에 있는 것 같습니다.

예수는 사람을 편견 없이 대한 사랑의 인간이었지만, 그 스스로는 사랑받지 못했다. 밑바닥 사람들에 대한 그의 관심은 그 자체로 기성사회에 대한 도

전이었기 때문이다. 그리하여 그의 메아리 없던 사랑은 그 자체로 억압의 연속성에 균열을 내는 일이고, 편견의 지배와 단절하는 일이었다(문광훈, 《가면들의 병기창》, 한길사, 504쪽).

밑바닥 사람들에 대한 관심이 곧 기성사회에 대한 도전으로 치환되는 것은 그제나 이제나 마찬가지입니다. 브라질 출신의 대주교였던 돔 헬더 까마라(Hélder Câmara, 1909-1999)도 같은 뜻의 말을 했습니다. "내가 가난한 이들에게 먹을 것을 주면 그들은 나를 성자라 부른다. 그러나 내가 왜 가난한 이들이 굶주리는지 물으면, 그들은 나를 빨갱이라고 부른다." 기득권을 누리고 있는 이들은 가난한 사람들을 타자화하거나 물화시키는 데 익숙합니다. 물화된 사람들은 자기들에게 주어진 공간을 떠나지 말아야 하고, 가진 자들의 호의를 기다려야 한다고 교육받습니다. 그렇지 않으면 그들은 위험한 인물로 분류됩니다. 예수는 그런 '당연의 세계'에 균열을 냈습니다. 그렇기에 그는 십자가형을 당할 수밖에 없었습니다.

예수에게 신분이나 계급, 지위나 재산은 금지해야 할 우상과도 같았고, 사랑과 너그러움과 자유는 우상 너머에 자리하는 실천적 덕목이었다. 사랑과 진실은 계급이나 지위, 신분과 권력 같은 세속적 우상을 넘어서지 못하면 도달될 수 없다. 완전한 객관성은 부정성 속에서 우상 없이 오직 영적 진실을 염두에 두는 가운데 얻을 수 있다(앞의 책, 505쪽).

누가 부정할 수 있겠습니까? 그런데 지금 한국교회는 정반대의 길로 달려가고 있는 것처럼 보입니다. 신분, 계급, 지위, 재산을 열정적으로 추구하고 있으니 말입니다. 예수가 한사코 뿌리쳤던 우상을 교회는 온 힘을 다해 붙잡으려 합니다. 어느 교단에서 목회자 연금으로 조성한 기금을 신용불량으로 은행권에서 대출을 받을 수 없는 회사에 고액의 이자를 받고 빌려주었다는 보도도 나오고 있습니다. 꿩 잡는 게 매라는 건가요? 수단과 방법을 가리지 않고 돈을 불리고, 그것을 하나님의 은총으로 치장하는 일이 교계에서 종종 벌어집니다. 정말 부끄럽습니다. 총선이 다가오자 기독교 정당을 만들어 정계에 진출하겠다는 의욕을 보이는 사람들이 결집하고 있습니다. '기독교'라는 이름을 전유함으로 그들은 개신교회를 웃음거리로 만들고 있습니다. 선생님께서 '세속적 우상'이라 말씀하셨던 것을 그들은 예수의 이름으로 추구하고 있습니다. 예수의 이름으로 예수를 부인하고, 진리의 이름으로 진리를 웃음거리로 만들고, 평화의 이름으로 불화를 빚어내는 이들이 어찌 이리도 많습니까?

세속적 우상과의 싸움은 길고도 긴 싸움이 될 것입니다. 문학인은 문학인의 언어로, 예술가는 예술적 표현으로, 인문학자는 인문학자의 개념으로, 종교인은 종교인의 진정성으로 싸워야 합니다. "진리가 너희를 자유롭게 할 것이다"(요한복음 8:32) 하신 이 말씀에 붙들려 달려가야 하겠습니다. 이 땅의 어느 한 켠에 억압의 연속성에 균열을 내고, 편견의 지배를 단절하기 위해 치열하게 노력하는 분이 있다는 사실이 얼마나 든든한지요? 외로운 세상, 좋은 길벗이 되어주셔서 감사합니다. 무더위 속에서도 청안청락하시기를 빕니다.

회한과
희망 사이

평안을 빕니다. 무더위에 어떻게 지내세요? 정말 덥지요? 전에는 사무실이 너무 더워 일을 하기 어려우면 가끔은 카페를 찾기도 했는데, 요즘은 그저 부채질이나 하면서 더위를 견디고 있습니다. 냉방이 잘 된 카페에 한 시간 정도 앉아 있으면 몸에 한기가 들어서 컨디션이 나빠지곤 했습니다. 그런 기억 때문인지 차라리 더위에 맞서는 게 낫다는 생각이 드는 겁니다. 이제 입추와 처서 사이를 지나고 있으니 곧 더위도 한풀 꺾일 겁니다. 가끔은 시원한 계곡을 찾아가 탁족을 하면서 계곡을 스치는 바람과도 만나고, 새들의 노랫소리도 듣고, 물고기와 희롱도 하고, 한시 몇 편을 낭독하며 시간을 보냈으면 좋겠다는 생각이 들기도 하지만 일상의 쳇바퀴에서 좀처럼 벗어나지 못하고 있으니, 나도 어쩌면 그만큼 길들여진 것인지도 모르겠습니다. 마음먹고 하려면 못할 것도 없지만 늘 생각만 있을 뿐 결행하지 못하니 말입

호모 비아토르

세상에 희망이 있느냐고 묻는 이들에게

호모 비아토르

니다.

요즘도 여전히 많이 아프신가요? 며칠 전에는 온몸이 굳어지면서 정신까지 혼미해져 119에 실려 가면서 남편에게 "여보, 이번에는 나 살리지 마"라고 읍소를 했다 하셨지요? 얼마나 힘겨웠으면 그랬을까 싶어 마음이 아팠습니다. 하긴 7살부터 열 차례가 넘는 대수술을 받고 온갖 합병증에 시달리면서 우울증과 대인기피증 공황장애까지 겪으셨다니 그럴 만도 합니다. "주님 이제는 제발 내 목숨을 나에게서 거두어 주십시오. 이렇게 사느니 차라리 죽는 것이 낫겠습니다"라고 하소연했던 요나의 마음을 알 것 같다고 하셨지요? 사람이 강철이 아닌 바에야 거듭되는 고통에 마음이 녹아내리지 않을 사람이 누가 있겠습니까? 죽음에의 유혹은 어쩌면 살고 싶다는 절박한 외침인지도 모르겠습니다.

알베르 카뮈가 존경했던 장 그르니에의 말이 떠오르네요.

> 실존은 때때로 더 이상 존재하지 않는 것을 향하며(그때 무는 존재를 뒤따르며 그것이 바로 회한이다), 때로는 아직 존재하지 않는 것을 향해 간다(그때 무는 존재를 앞서가며 그것이 바로 희망이다)(장 그르니에, 《존재의 불행》, 권은미 옮김, 문예출판사, 59쪽).

회한과 희망 사이에서 매순간 넘어지지 않으려고 균형을 잡으면서 조금씩 앞으로 나아가는 것이 인생인가요? 매순간 가슴이 터질 것 같고 너무 아파서 누군가를 붙들고 작은 위로나마 청하고 싶어 하는 그 마음을 저는 조금은 헤아릴 수 있습니다.

메일을 받고는 시몬 베유의 책《신을 기다리며》를 꺼내들었습니다. 아시다시피 시몬 베유는 유대계 프랑스 철학자입니다. 그는 사회주의와 노동운동에 깊은 관심을 가진 강단 있는 여인이었습니다. 그래서 공장과 농장에서 임금노동자로도 살았습니다. 시몬 베유의 편지와 에세이를 엮어낸 페렝 신부는 서문에서 "그녀는… 굶주림, 피로, 매정한 거부, 연속 공정 노동의 압박감, 실업에 대한 불안을 몸소 겪었다. 시몬에게 그것은 일개 '경험'이 아니라 현실적이고 전적인 육화化였다"(시몬 베유,《신을 기다리며》, 이세진 옮김, 이제이북스, 10쪽)고 기록했습니다. 그는 스페인 내전에도 참전한 행동하는 지식인이었는데, 가족들과 미국에서 망명생활을 하다가 프랑스의 레지스탕스 운동에 합류하고자 귀국을 시도하다가 런던에서 객사하였다고 합니다. "어떤 인간 집단에도 속하지 않는 이방인으로서 외따로 살아가게끔 예정되었다고 생각"(같은 책, 29쪽)했던 그다운 죽음이 아닐 수 없습니다.

젊은 시절 그의 글을 읽으면서 한없이 부끄러워졌던 기억이 있습니다. 그의 치열한 삶도 삶이려니와 신을 갈망했지만 교회 제도 속에 귀속될 수 없었던 그 정직한 태도가, 적당한 선에서 현실과 타협하며 살던 제 나태한 의식에 타격을 가했기 때문입니다. 사람들이 소중히 여기는 것들을 냉소하는 것이 그나마 내가 하고 있던 저항의 전부였습니다. 그에 비하면 시몬 베유는 그야말로 '불꽃의 여자'였습니다. 시몬은 노동 현장에 참여했던 경험이 자기에게 준 충격을 이렇게 표현하고 있습니다.

불행과 조우하고서 저의 청춘은 죽었습니다… 로마인들이 벌겋게 달군 쇠로 가장 멸시하는 노예의 이마에 낙인을 찍었던 것처럼 저는 그곳에서 영원히 남을 노예의 낙인을 받았습니다. 그때부터 저는 늘 제가 노예라고 생각해왔습니다(같은 책, 44-45쪽).

저는 불행과의 접촉에서 영혼이 갈가리 찢기듯 혹독한 고통을 느꼈고, 그때문에 한동안 하느님을 도무지 사랑할 수 없었습니다. 불가능을 말하기까지 그리 많은 것이 필요하지 않았습니다. 저 자신이 불안해서 견딜 수 없을 정도였지요. 저는 그리스도께서 예루살렘 함락의 참상을 예견하시고 눈물을 흘리셨다는 말씀을 기억하며 조금이나마 마음을 달랩니다. 그리스도께서 연민을 허락하시기를 바랍니다(같은 책, 70쪽).

이런 순결한 영혼의 글을 읽는 일은 언제나 고통스럽습니다. 마치 맨발로 가시밭 위를 걷는 것 같은 예리한 아픔이 고스란히 전달되기 때문입니다. 고통은 언제나 견디기 힘겹지만 온갖 장벽들로 차단된 세상을 깊이 인식하기 위한 단초가 될 수도 있습니다. 고통이야말로 모든 인간들이 만날 수 있는 보편적인 자리일 테니 말입니다. 바벨론에 잡혀가서 내일을 기약할 수 없는 형편 속에 살았던 이스라엘 사람들은 인류사에 길이 남을 절창 하나를 얻었습니다. '고난 받는 종의 노래'로 알려진 노래입니다.

그는 사람들에게 멸시를 받고, 버림을 받고, 고통을 많이 겪었다. 그는 언제나 병을 앓고 있었다. 사람들이 그에게서 얼굴을 돌렸고, 그가 멸시를 받으니, 우리도 덩달아 그를 귀하게 여기지 않았다. 그는 실로 우리가 받아야 할 고통을 대신 받고, 우리가 겪어야 할 슬픔을 대신 겪었다. 그러나 우리는, 그가 징벌을 받아서 하나님에게 맞으며, 고난을 받는다고 생각하였다. 그러나 그가 찔린 것은 우리의 허물 때문이고, 그가 상처를 받은 것은 우리의 악함 때문이다. 그가 징계를 받음으로써 우리가 평화를 누리고, 그가 매를 맞음으로써 우리의 병이 나았다(이사야 53:3-5).

감히 이런 노래 하나를 얻을 수 있다면 어떤 고통이라도 감수할 수 있다고 말할 수는 없습니다. 고통은 아무래도 익숙해지기 어려운 현실이기 때문입니다. 고통도 일종의 '두려운 낯섦Unheimliche'입니다. 하지만 그것은 예기치 않은 시간에 찾아와 우리 일상의 리듬을 뒤흔들어놓습니다. 기왕 고통과 시련 속에 머물러 있어야 한다면 제2이사야가 당도했던 그런 인식의 깊이에까지 당도할 수 있으면 좋겠습니다. 그래야 억울하지 않지요. 고통의 어둔 밤 저편에서 희번하게, 암암하게 번져오는 빛을 보기 위해서는 눈을 감지 말아야 합니다.

하루하루 중심을 바로 잡으며 살다보면 그것이 쌓이고 쌓여 자유로워질 수 있을 것이라고 말씀하셨지요? 옳습니다. 그 하루하루가 중요합니다. 하루가 모여 인생이 되기 때문입니다. 지향을 잃지 않고, 끝없이 자신을 교정하며 나아가는 것, 그것이야말로 인생의 대장정이 아니겠습니

호모 비아토르

까? 어린 시절 홀로 고통의 문제를 해결해야 했을 때 나 스스로를 객관화하여 던졌던 질문이 있습니다. '이것이 네가 견딜 수 있는 마지막 고통인가?' 나의 대답은 늘 '아니다'였습니다. 오연하고 삭연한 그런 자의식이 삶을 견디는 데는 도움이 되었던 것 같습니다. 이제는 이런 기세가 숙지근하게 변하고 말았습니다만 그래도 그때의 기억이 가끔은 저를 지탱해주는 힘이 되기도 합니다.

나찌의 절멸 수용소에서 살아남았던 작가 임레 케르테스는 포로들이 수용소에서 벗어나는 세 가지 방법이 있다고 말했습니다. 첫째는 탈출입니다. 하지만 그것은 거의 불가능했습니다. 둘째는 자살입니다. 수용소에서는 누구라도 한 번쯤은 그런 생각에 사로잡힌다고 합니다. 죽어서라도 수용소에서 빠져나가는 것이 치욕스러운 삶을 견디는 것보다 낫다는 생각이 들기 때문일 겁니다. 셋째는 상상력의 힘에 기대는 것입니다. 제 아무리 엄격한 감시자들도 상상력만큼은 통제할 수 없었습니다. 상상을 통해 그는 식탁에 둘러앉아 음식을 나누며 담소하는 자기 가족들 곁으로 다가가기도 하고, 벗들과 어울려 담소하는 자리에 가기도 했습니다. 상상력은 하나님이 인간에게 주신 가장 귀한 선물 가운데 하나입니다. 언젠가 치과 의자에 앉아서 치료를 기다리면서 저는 이런 상상여행을 해 본 적이 있습니다.

"나는 지금 독일의 소도시 아이제나허에 있는 바흐의 생가에 와 있다. 뒤뜰이 아름다웠던 그 집. 박물관으로 사용되고 있는 그 건물 2층에는 참 멋진 의자가 있었지. 소라 껍질을 연상시키는 빨간색 의자, 그네처럼 앞뒤로 조금씩 움직일 수도 있던, 세상에 그렇게 멋진 의자가 또 있을까. 그 의자에 앉아 듣던 바흐의 〈토카타와 푸가〉, 참 장중했지. 장엄한 오르겔 연주를 듣는 순간 왠지 비현실적인 공간에 와 있는 것 같은 느낌이 들었지. 그런 의자 하나만 있으면 얼마나 좋을까. 삶이 아무리 곤고해도 그 의자에 앉기만 하면 바흐의 음악이 흘러나오고. 특히 내가 좋아하는 〈무반주 첼로 모음곡〉을 들을 수 있다면 행복할 텐데."

이런 상상은 우리 의식을 짓누르는 현실의 무게로부터 잠시라도 벗어나게 해줍니다. 삶은 늘 힘에 부칩니다. 아무리 이해해보려 애써도 이해되지 않는 일도 많습니다. 삶은 어쩌면 이해하는 것이 아니라 견뎌야 하는 것인지도 모르겠습니다. 견디기 힘든 고통을 겪고 있는 분에게 이런 말이 부질없음을 잘 알지만 그래도 이렇게 주절주절 이야기를 늘어놓은 것은, 그 아픔을 조금이나마 함께 나누고 싶은 마음을 전달하고 싶어서입니다. 언제 그림 그리는 이야기를 좀 들려주세요. 그 표현 행위가 내면에 일으키는 변화에 대해서요. 오늘도 꽤 무더울 것 같습니다. 그러라지요. 나는 견디어 낼 겁니다. 평안을 빕니다.

아름다운 영혼의
성좌

주님 안에서 평안하시기를 빕니다. 황급히 올라오느라 인사조차 드리지 못하고 왔습니다. 결례를 한 것 같습니다. 결과적으로는 한 이틀 에어컨 바람에 시달린 탓인지 간헐적으로 기침이 터져 나와 밤잠을 이루지 못하게 하네요. 잠을 이루지 못하니 생각이 많아집니다. 비몽사몽간에 써야 할 글을 머릿속에서 몇 번씩 썼다가 지우곤 했습니다. 자고 일어나면 그 찬란했던 생각의 편린들이 빛을 잃고 만다는 것을 잘 알면서도 그 생각의 단초를 놓치고 싶지 않아 조바심합니다.

인생을 꿈이라고 말한 이들이 있습니다. 《삼국유사》〈탑상편〉에 나오는 '조신 이야기'가 떠오릅니다. 세달사라는 절에 살던 그는 절에 속한 장원莊園 관리를 위탁받습니다. 그곳에서 그는 태수 김흔공의 딸의 자태에 반해 전전긍긍하지요. 그는 낙산사의 관세음보살을 찾아가서 그 앞에 엎드려 요행 얻기를 빌었습니다. 하지만 여인은 아버지의 강권에 의해 다른 이에게 시집을 갔고, 조신은 다시 관세음보살 앞에 엎드려 슬피 울다가 잠에 빠집니다. 그는 꿈속에서 그리던 여인과 만나 가정을 이루고 40여년 세월을 자식들을 낳아가며 근근이 살아갑니다. 궁핍했기에 초근목피로 연명해야 했고 때로는 구걸을 해야 하기도 했습니다. 자식들이 굶주려 죽자 아내는 서로 헤어지는 것이 낫겠다며 이렇게 말합니다.

혈색 좋던 얼굴과 어여쁜 웃음도 풀 위의 이슬처럼 사라져버렸고 지란芝蘭 같은 백년가약도 버들개지가 바람에 날리듯 없어져버렸습니다. 당신은 나 때문에 괴로움을 받고, 나는 당신 때문에 근심이 되니 옛날의 기쁨을 곰곰이 생각해보니, 그것이 바로 우환의 터전이었습니다(일연,《삼국유사2》, 이재호 옮김, 솔, 123쪽).

부부가 아쉬움 속에 막 헤어지려 하다가 조신은 꿈에서 깨어났습니다. 아침이 되니 수염과 머리털이 다 희어졌고 정신이 망연茫然하여 세상에 뜻이 아주 없어져버렸고, 오욕에 찌든 마음도 얼음 녹듯 없어져 버렸다고 합니다. 이미 수염과 머리털이 희어진 처지이지만 아직은 세상에 대한 관심이 얼음 녹듯 사라져버리지 않아 이 오탁汚濁의 거리를 바장이고 있습니다. 장자는 나비가 되어 날아다니는 꿈을 꾸고 난 후에 "내가 나비의 꿈을 꾼 것인가, 아니면 나비가 장자라는 사람의 꿈을 꾼 것인가" 물었다지요? 이른바 호접몽胡蝶夢입니다. 나비와 장자가 구분이 되기는 하지만 그 차이가 절대적인 것이 아니라는 뜻일 겁니다.

호모 비아토르

백일몽은 허망하지만 이렇듯 깨달음에 이르는 꿈을 꿀 수 있다면 얼마나 좋을까요? 꿈은 또한 꿈입니다. 사람들이 가끔 제게 '꿈이 뭐냐고 묻습니다.' 이 나이에 무슨 꿈이 있겠습니까만 꿈 없는 사람은 루저라는 세뇌를 받아서인지 그들의 질문은 집요합니다. 엊그제 모임에서 닉네임을 정하고 그렇게 정한 까닭을 이야기하는 것을 들으면서 참 복잡한 심회가 되었습니다. 상당수의 참가자들이 자기가 온몸으로 지향하는 가치를 중심으로 닉네임을 구성한 것을 보았습니다. 그분들의 착하고 예쁜 꿈을 마음으로 응원하면서도 '아, 저 순박한 마음이 세상의 광풍 앞에서 흔들리지 않을까, 금이 가는 것은 아닐까' 불길한 마음이 들기도 했습니다.

제 차례가 되어서 나의 닉네임을 '우두커니'로 정해보았다고 말했습니다만, 큰 의미는 없습니다. 뭐든지 하라고, 해야 한다고 떠미는 행동과잉의 시대에 대한 소극적 저항인지도 모르겠습니다. 과거의 찬란했던 혹은 쓰라렸던 기억에 사로잡히지도 않고, 미래에 대한 기대 불안에 사로잡히지도 않고, 그저 지금 여기서의 삶에 충실하고 픈 게 제 꿈이라면 꿈입니다. 이것은 폴 틸리히의 '영원한 지금'으로 설명해볼까 싶은 생각도 들지만 굳이 그럴 필요조차 없다는 생각이 듭니다. 선생님은 제 이야기에 대한 응답으로 미래는 우리에게 속한 것이 아니기 때문에 아무런 계획도 세울 생각이 없다면서 철저한 수동성 속에서 살기를 바란다는 어느 목사님 이야기를 들려주셨습니다. 신앙은 사실 수동과 능동의 조화이지요. 이 두 가지는 상반된 것처럼 보이지만 실은 하나입니다.

선생님은 젊은 벗들과 어울려 생활 공동체를 일구고 계십니다. 그 아름다운 꿈의 현장을 볼 수 있었던 것이 제게는 큰 기쁨이었습니다. 그리스도의 정신을 공동체적 삶을 통해 번역해내지 않으면 허망할 것 같은 생각이 들었다고 하셨지요? 제게도 생활 공동체를 만들어 볼 생각이 없냐고 묻는 이들이 있습니다만, 천성적으로 낯가림이 심한 저는 선뜻 그런 생활로 뛰어들 엄두를 못 내고 있습니다. 스스로도 낯설기 이를 데 없는데, 가족이 아닌 이들과 더불어 같은 공간을 분유하며 평화롭게 지낼 용기가 제게는 없습니다. 성격이 그리 모난 편은 아니니 적응할 수는 있을 거라는 생각이 들기도 하지만 역시 제게는 '고독의 자리'가 필요하기 때문입니다. 지금도 수도 공동체에 머물고 싶다는 생각을 할 때가 있습니다. 베네딕도 성인이 기도에 정진하던 곳에 세워진 수도원 입구에는 '기도와 노동ora et labora'이라는 글귀가 새겨져 있습니다.

'기도와 노동'이야말로 수도생활의 핵심이라는 뜻일 겁니다. 기도와 노동 그리고 침묵에 대한 목마름은 평생 저를 괴롭히는 강박관념이기도 합니다. 성무일도에 따라 기도하고, 적당한 몸 노동을 통해 몸으로부터의 소외에서 벗어나고 싶습니다. 바라면서도 실현하지 못하는 것이 정착 생활에 익숙해진 사람의 비애입니다. 작년에 이탈리아의 아씨시에 있는 프란체스코 수도원 구석구석으로 저를 안내해 준 한 수사는 "낯선 이들과 어울려 사는 게 힘들지는 않냐?"는 저의 물음에 씁쓰레한 미소를 짓더니 이렇게 대답했습니다. "부모와 친척까지 다 버리고 이곳에 들어온 독한 사람들의 모임이니 오죽하겠어요." 그의 말은 수도생활에 대한 나의 막연한 동경이 얼마나 관념적인가를 다시 한 번 자각하는 계기가 되었습니다.

공동체 생활은 끝없는 모험일 겁니다. 삶의 방식과 습관이 다른 타자를 마음으로 용납하고, 존중하기까지는 상당한 시간이 필요하겠지요? 쉽지 않은 일일 것 같습니다. 하지만 사람들을 진심으로 환대해주시고, 어떤 이야기든 세상에서 가장 귀한 이야기를 접했다는 듯 경청해주시는 선생님의 모습에서 그 공동체가 소박하지만 아름답게 유지되는 까닭을 알아차릴 수 있었습니다. 공동체 거실에 걸려 있었던 그 많은 영적 인물들의 사진과 초상화는 선생님과 그 공동체가 지향하는 삶이 무엇인지를 넌지시 일러주고 있었습니다. 그 벽면 위에서 위대한 혼들이 두런두런 이야기를 나누는 것 같은 느낌이 들었습니다.

기존체제를 타격하여 조그만 틈을 만들고 그 틈을 통해 하늘빛이 비쳐들게 했던 사람들, 어두운 세상과 온몸으로 부딪치면서 한 줄기 섬광으로 타오르던 이들의 모습을 바라보니 가슴이 두근거렸습니다. 아름다운 영혼의 성좌가 거기에 펼쳐지고 있었습니다. 이용도, 루쉰, 토리, 김약연, 강순명, 마더 테레사, 톨스토이, 토마스 아퀴나스, 최흥종, 이세종, 토머스 머튼, 함석헌, 디트리히 본회퍼, 마하트마 간디, 원경선, 가가와 도요히코, 우찌무라 간조, 김교신, 김구, 전우익, 로제 수사, 이승훈, 앨버트 슈바이처, 이현필, 프란체스코, 이찬갑, 권정생, 윤동주, 유누스, 문익환, 안창호…. 제 기억에 남아 있는 이들만 꼽아보는 데도 숨이 가쁠 지경입니다. 그분들의 면면을 살피는데 왜 김종삼의 시 〈묵화墨畵〉가 떠올랐는지 모르겠습니다.

물먹는 소 목덜미에
할머니 손이 얹혀졌다.
이 하루도
함께 지났다고, 서로 발잔등이 부었다고,
서로 적막하다고,

- 김종삼, 〈묵화〉

눈물겨운 광경입니다. 삶이란 이런 것이겠거니 싶기도 합니다. 비록 하루 일이 힘에 겨워 발잔등이 부어도 그 고단한 하루를 함께 겪어낼 수 있는 대상이 있다는 게 복이라면 복이지요. 소 목덜미에 얹히는 할머니의 손은 '말 없는 말'입니다. 아무리 적막강산이라 해도 삶은 계속되어야 하기에 시인은 차마 마침표를 찍지 못하고 쉼표를 찍었습니다. 내일도 역시 삶은 고단할 겁니다. 하지만 괜찮습니다. 조금은 골막한 삶이라 해도 함께 걸어갈 길벗이 있으니 다행입니다. 노량으로 걷다 보면 마침내 마침표에 이르게 될까요? 선생님의 그 벽면에 초대되어 실존의 인사를 나누고 있는 그분들의 견결堅決한 품성을 생각하니 세상이 어지럽다고 탄식만 하고 있는 삶이 부끄러워졌습니다. 그분들은 제게 이르십니다.

덧거친 세상을 온몸으로 기지 않으면 하늘에 이를 수 없다. 하늘은 저 위에 있는 것이 아니라 저 아래에 있다.

잠깐 동안의 만남이었지만 선생님은 저의 후텁지근한 일상 속에 불어온 시원한 바람과 같았습니다. 늦은 시간이었음에도 불구하고 선드러진 태도로 맞아주신 사모님께도 감사의 인사를 드립니다. 그 공동체의 꿈을 마음으로 응원하겠습니다. 제 마음의 성좌에 또 하나의 별이 떠오른 듯하여 기쁜 오늘입니다. 평안을 빕니다.

Chapter 5
Akedah

존 귀 함

아케다

독사의 혀 같이
징그러운 바람이여!

여름의 끝자락에 또 다시 큰 태풍이 다가오듯 마음이 심란합니다. 비무장지대 안에서 벌어진 목함 지뢰 폭발로 촉발된 군사적 위기가 자못 심각합니다. 한미연합훈련인 을지프리덤 가디언UFG 훈련이 시작되기 전 우리 군은 오랫동안 중단했던 대북 심리전 방송을 재개했습니다. 그리고 포격 사건이 벌어졌습니다. 북한의 김정은은 준전시상태를 선포하고 22일까지 대북방송을 중단하지 않으면 전면전도 불사하겠다고 큰 소리를 치고 있고, 우리 정부는 '단호하게' 대처하겠다는 말만 반복하고 있습니다. 일종의 치킨 게임인 셈입니다.

그런데도 국민들은 늘 듣던 노래를 다시 듣는 것처럼 심드렁합니다. 분단 상황 속에서 오래 살아온 탓인지 다소 불안하기는 하지만 설마 무슨 일이 있겠느냐고 애써 현실을 외면하는 듯합니다. 그러나 자식을 군에 보낸 부모들의 마음은 바짝 타들어갑니다. 댁의 자제도 전역이 몇 달

남지 않았다고 하셨지요? 부대의 밴드를 통해 '조금 긴장되기는 하지만 걱정하지 마시라'고 의젓하게 메시지를 전해 왔다며 웃으시는 모습이 오히려 서글퍼보였습니다. 히브리 시인의 탄식이 절로 떠오릅니다.

> 내가 지금까지 너무나도 오랫동안, 평화를 싫어하는 사람들과 더불어 살아 왔구나. 나는 평화를 사랑하는 사람이다. 그러나 내가 평화를 말할 때에, 그들은 전쟁을 생각한다(시편 120:6-7).

끊임없이 평화를 교란시킴으로써 이익을 얻는 이들이 있습니다. 그들은 사람들에게 공포심과 적대감을 심어주기 위해서 무슨 일이든 하려 합니다. 우는 아이를 달래기 위해 어른들이 일쑤 '자꾸 울면 어비 온다'고 말하는 것처럼, 평화를 미워하는 이들은 끊임없이 적들의 존재를 상기시키곤 합니다. 남북의 평화로운 통일을 위해 기도하는 이들이 많습니다. 산에서, 기도원에서, 교회에서 그들은 열정적으로 기도합니다. 나라를 위해 기도하기를 쉬는 죄를 범해서는 안 된다며 자기들의 행위에 의미를 부여하기도 합니다. 문제는 그것이 기도로만 그친다는 것입니다. 헨리 나우웬은 기도란 "평화를 미워하는 자들의 거처를 떠나 하나님의 집으로 들어가는 것"이라고 말했습니다. 평화를 위해 기도하면서도 상대방에 대한 적의를 버리지 못한다면 그 기도는 허구에 지나지 않습니다.

며칠 전 교회 사무실에서 나와 집으로 가려는데 집사님 한 분이 교회 화단가에 서서 열심히 뭔가를 검색하고 있었습니다. '뭐 하고 계시냐'고 물었더니 화단에 핀 백일홍을 보면서 그에 얽힌 이야기가 아슴푸레 떠올라 확인 차 찾아보고 있었다고 대답했습니다. 그리고는 이야기를 들려주었습니다. 어촌 마을 사람들은 마을의 안녕을 위해 해마다 머리 셋 달린 이무기에게 아름다운 처녀를 제물로 바치곤 했습니다. 어느 해인가 한 처녀가 제물로 바쳐지게 되자 한 용사가 나서서 처녀로 분장하고 있다가 이무기의 목 두 개를 베었습니다. 처녀는 자기 목숨을 살려준 그 용사를 평생 섬기며 살겠다고 했지만, 그 용사는 이무기의 목을 마저 자르고 돌아온 후에 그리 하자며 길을 떠났습니다. 그는 이무기를 죽이는데 성공하면 배에 흰 깃발을 달고 돌아올 것이고 실패하면 붉은 깃발을 달고 돌아올 것이라고 말했습니다. 처녀는 백일기도를 올리며 용사의 무사 귀환을 빌었습니다. 그리고 마침내 백 일째 되는 날 저 수평선 너머로부터 배 한 척이 들어왔습니다. 처녀는 목이 빠져라 그 배를 바라봅니다. 안타깝게도 그 배에는 붉은 색 깃발이 걸려 있었습니다. 실의에 빠진 처녀는 바다에 몸을 던져 자결하고 맙니다. 그러나 실은 이무기의 피가 흰 깃발에 묻어 붉게 보였던 것이었습니다. 마을 사람들은 처녀의 시신을 수습하여 장사를 지내주었습니다. 그런데 그 무덤에서 붉은 색 꽃 한 송이가 피어났습니다. 사람들은 백일기도를 드리던 처녀의 단심이 꽃으로 피어난 것이라 하여 '백일홍'이라 이름을 붙였다고 합니다.

생각해보면 백일홍 이야기 속에는 가혹한 현실 속에서 살아가야 했던 민중들의 애환이 고스란히 담겨 있음을 알 수 있습니다. 일 년에 한 번씩 처녀를 바치라 했던 이무기는 어쩌면 막강한 힘과 권력을 누리며 사람들을 억압하던 이들에 대한 민중적 표상인지도 모르겠습니다. 전설이나 민담에는 그러한 강고한 현실을 타파하는 영웅이 꼭 등장합니다. 백일홍 이야기에서는 이무기의 목을 자르는 영웅적인 인물이 바로 그 사람입니다. 하지만 이야기는 행복한 결말을 보여주지 않습니다. 처녀는 죽고 영웅은 홀로 남습니다. 어쩌면 이게 진짜 현실을 반영하고 있는 것이 아닐까요? 이무기는 또 다시 나타날 거고, 처녀와 영웅의 비극적인 사랑 이야기 또한 반복될 겁니다. 사람들은 여름이면 어김없이 우리 산하에 지천으로 피어나는 백일홍을 보면서 불의한 질서를 무너뜨리는 영웅의 도래를 기다렸는지도 모르겠습니다.

백일홍 이야기를 들으면서 제가 떠올린 것은 대만 출신의 신학자 C.S. 송(송천성)이 들려주는 《맹부인의 눈물》이라는 민담이었습니다. 민담은 진시황제의 통치하에 일어났던 이야기를 들려줍니다. 진시황은 훈족의 침입을 막기 위해 북쪽 변경 전체를 둘러싸는 성벽을 축조하기로 결정했습니다. 그러나 성벽은 쌓자마자 곧 무너져 버리곤 했기 때문에 공사가 전혀 진척되지 않았습니다. 어느 현자가 나타나서 긴 성을 축조하려면 일 마일마다 한 명씩을 매장시켜야만 성벽이 완성될 수 있다고 말합니다. 백성을 잡초쯤으로 생각하던 황제는 많은 이들을 생매장시키며 일을 진행해나갔습니다. 그런데 한 유명한 학자가 황제에게 '만萬'이 10,000을 뜻하므로 만 씨 성을 가진 사람을 마지막으로 성벽에 매장하면 성벽이 무너지지 않을 것이라고 고했습니다. 그래서 선택된 것이 막 결혼식을 올린, 만 씨 청년이었습니다. 청년은 울부짖는 맹 부인을 뒤로 한 채 군졸들에게 끌려갔습니다. 남편의 시신을 수습하기 위해 거대한 만리장성 앞에 당도한 맹부인은 도무지 어찌할 바를 몰라 땅바닥에 주질러 앉아 처절한 울음을 토해냈습니다. 그 눈물은 거대한 성벽을 감동시켰고, 만리장성은 그대로 무너져 내리고 말았습니다. 닳아 부서진 남편의 유골이 그녀 앞에 흩어졌습니다(C.S. 송, 《맹부인의 눈물》, 도서출판 일과놀이, 20-33쪽 참조). 이야기는 계속되지만 이 정도에서 멈춰야 할 것 같습니다.

C.S. 송은 이 민담을 근거로 해서 자신의 정치신학을 전개해 나갑니다. 국가안보를 빌미로 해서 민중들을 도구화하는 현실을 지적하면서 그는 모욕당하고 억압받으며 헐벗은 민중들의 이야기에 귀를 기울여야 한다고 말합니다. 그리고 정치신학은 "민중의 눈물 즉 자기와 다른 사람들의 불행 때문에 흘리는 민중의 눈물에서 비롯"된다고 말합니다(같은 책, 89쪽). 울 수 있는 민중, 가슴 아파 눈물 흘릴 수 있는 민중이야말로 새로운 시대를 여는 첨병입니다.

만해 한용운의 〈당신을 보았습니다〉가 떠오릅니다. 시의 화자인 '나'는 저녁거리가 없어 조나 감자를 꾸려 이웃집에 갔다가 주인에게 말할 수 없는 모욕을 당합니다. "거지는 인격이 없다. 인격이 없는 사람은 생명이 없다. 너를 도와주는 것은 죄악이다." 그런데 시인은 "그 말을 듣고 돌아 나올 때에 쏟아지는 눈물 속에서 당신을 보았습니다" 하고 노래합니다. 눈부신 전환입니다. 눈물이 렌즈가 되어 새로운 현실을 보게 하니 말입니다. 시의 화자인 '나'는 또한 민적民籍이 없다 하여 자기를 함부로 대하는 장군 이야기를 들려줍니다. 그는 "민적이 없는 자는 인권이 없다. 인권이 없는 너에게 무슨 정조냐" 하고 능욕합니다. 하지만 시의 화자는 "그를 항거한 뒤에 남에게 대한 격분이 스스로의 슬픔으로 화하는 찰라에 당신을 보았습니다" 하고 노래합니다. 이때의 슬픔은 애상이 아닙니다. 인간의 유한성에 대한 자각에서 비롯된 근원적 슬픔입니다. 하늘은 그 슬픔을 통해서만 우리에게 드러나는 것인지도 모르겠습니다.

이무기들이 처녀를 제물로 바치라 위협하고, 집권자들이 국민들을 잡초처럼 여겨 함부로 희생시키고, 부자와 장군이 가련한 처지에 빠진 이들을 능욕하려 들고, 평화를 미워하는 자들이 득세하는 세상입니다. 현실을 보면 암담합니다. 그래도 나는 낙심하지 않습니다. 다른 세상을 바라보고 있기 때문입니다. 모든 이에게 '남에게 대한 격분'을 '스스로의 슬픔으로' 바꿔야 한다고 말할 수는 없지만 나는 아렴풋하게나마 그 세계의 깊이를 맛본 듯합니다. 슬픔은 그래서 희망입니다. 다시 한 번 백일홍에 눈길을 줍니다. 그 속에 담긴 이야기에 귀를 기울입니다. 처녀는 죽었지만 그의 이야기는 거듭거듭 되살아나고 있습니다. 맹부인의 눈물은 지금도 강고한 불의의 벽을 무너뜨리고 있습니다. 이 새벽, 마음을 모아 이 땅의 평화를 위해 기도를 올립니다.

누구나
그 수심水深을 모른다

　　　　　　　잘 계신지요? 세상사에 누구보다도
예민하신 분이기에 잘 계실 수 없음을 잘 알면서도 이런 상투적인 인사
를 드리는군요. 파란 가을 하늘이 서러운 날들입니다. 신문에서 한 장의
사진을 본 후 제 마음은 그 언저리를 맴돌 뿐 다른 곳으로 이행할 줄을
모릅니다. 무지근한 아픔에서 헤어 나올 길이 없습니다. 속을 모르는 분
들은 내 얼굴이 거칠하다며 잘 먹고 잘 쉬라고 걱정해주십니다. 내 얼굴
이 어때서 그러냐고 엉너리쳐 보지만 마음의 어둠만은 숨길 수가 없는
모양입니다.

　아일란 쿠르디, 세 살배기 시리아 난민, 캐나다로 망명하고 싶었지만
결국 장벽처럼 버티고 선 푸른 바다에서 다섯 살배기 형 굴립과 엄마 레
함과 더불어 생을 마감했습니다. 감청색 짧은 바지에 붉은 색 티셔츠를
입고 앙증맞은 운동화를 신고 아릴란은 침대에 엎드려 잠이 든 듯한 포

즈로 우리 앞에 모습을 드러냈습니다. 그 또래의 손자 손녀를 두었기 때문일까요? 차마 그 사진을 똑바로 들여다 볼 수 없었습니다. 하늘에 계신 아버지는 악한 사람에게나 선한 사람에게나 똑같이 해를 떠오르게 하시고, 의로운 사람에게나 불의한 사람에게나 똑같이 비를 내려주신다지요? 그 무심한 공평함이 고마울 때도 있지만 지금은 아닙니다. 아버지께서 조금 차별을 해주셨더라면 어땠을까 싶은 거지요.

먹먹한 마음에 책이 손에 잡히지 않아 괜히 서가만 살피고 있다가 엘리 비젤의 책《흑야》에 눈이 갔습니다. 나치의 절멸 수용소 경험을 담은 책입니다. 아마도 그 책에 담긴 절절한 아픔이 아니고는 내 마음의 아픔을 잊을 수 없을 것 같아서였을 겁니다. 책을 뒤적이다가 로쉬 하샤나 저녁 기도를 드리기 위해 재소자들이 모여드는 장면에 이르렀습니다. 화자인 '나'는 대뜸 하나님께 대들듯 말합니다.

"나의 하느님, 당신은 뭡니까?" "당신에게 신앙과 분노와 반항심을 고백하는 이 시달림을 받는 무리에 대해 당신은 도대체 무엇입니까? 이 모든 허약과 이 와해와 이 부패 앞에서 우주만물의 주이신 당신의 전능 전지하심은 무슨 의미가 있습니까? 저들의 마음과 저들의 불구된 육신에 왜 아직도 고통을 주십니까?"(엘리 위젤,《黑夜》, 허종열 역, 가톨릭출판사, 82쪽)

회중들의 기도가 계속되는 동안 집전자는 간헐적으로 말합니다. "하느님을 찬미할지어다", "모든 땅과 우주 만물은 하느님의 것!" '나'에게

아케다

기근과 배고픔 때문에 고향을 등지는 사람들,

가물거리는 희망의 불빛을 향해

세상에 희망이 있느냐고 묻는 이들에게

필사적으로 몸을 내던지는 사람들의 아픔을

어찌 제가 다 헤아릴 수 있겠습니까?

아케다

그 말은 공허하게 들립니다. 그날 '나'는 신에게 간청하지 않기로 작정합니다. 자기가 원고이고 신이 피고였기 때문이었습니다. 저는 이 대목에서 아주 오래 오래 머물렀습니다. 지금도 신을 피고석에 세우고 싶은 이들이 많을 겁니다. 평생 하나님 이야기를 하고 살아왔지만 나는 하나님을 변호할 능력이 없습니다.

오래 전 문화혁명의 와중에 군중들로부터 받은 모멸감에 스스로 목숨을 거둔 중국 작가 라오서의 《루어투어 씨앙쓰》를 읽다가 "비는 공평하지 않다. 공평함이 없는 세상에 내리기 때문이다"라는 구절과 만나 충격을 받았던 기억이 납니다. 비가 내린 후 시인은 연잎 위의 구슬과 쌍무지개를 읊조리지만 가난뱅이들은 어른이 병나면 온 식구가 굶주리는 게 현실입니다. 아이들은 배가 고파 좀도둑질을 하거나, 자기 몸을 팔 수도 있습니다. 살아야 하니까요. 천지불인天地不仁을 가르친 노자에게 하늘이 좀 편파적이면 안 되냐고 부르대고 싶습니다. 물론 어리석은 짓이지요.

작년 로마에서 난민들을 위한 기도회 이야기를 들은 후 난민선에 몸을 싣고 저 망망한 지중해 푸른 물에 몸을 맡긴이들을 떠올리며 가슴 아파하곤 했습니다. 검은 물에 삼켜진 이들의 애절한 눈빛을 보며 가슴 먹먹해졌던 순간이 떠오릅니다. 기근과 배고픔 때문에 고향을 등지는 사람들, 가물거리는 희망의 불빛을 향해 필사적으로 몸을 내던지는 사람들의 아픔을 어찌 제가 다 헤아릴 수 있겠습니까? 많은 이들이 그 희망의 땅에 당도하지 못한 채 바다에서 생을 마감했습니다. 낭만적으로 호명되곤 하던 지중해는 이제는 아픔의 바다가 되었습니다. 기적적으로 구출된 이들의 삶도 어렵기는 마찬가지입니다. 싸구려 선글라스나 조잡한 기념품을 내보이며 관광객들에게 다가서곤 하던 사람들, 햇볕을 피해 그늘진 곳에 앉아 겁먹은 눈길로 지나가던 사람들을 바라보던 이들이 떠오릅니다.

장 아메리는 고향이란 유년의 나라, 어린 시절의 나라라면서 "그것을 잃어버린 사람은 패배자로 남게 되는데, 타향에서는 더 이상 술에 취해 비틀거리며 돌아다닐 수도 없고, 발을 내딛는 것 또한 얼마간의 두려움과 함께 새로 배워야 한다"(장 아메리, 《죄와 속죄의 저편》, 안미현 옮김, 도서출판 길, 108쪽)고 말했습니다. 어려운 상황이기는 하지만 그래도 타향에 이른 사람은 어떻게든 살아갈 것입니다. 문제는 타향에조차 이르지 못한 채 세상과 서둘러 작별하는, 아니 작별을 강요당하는 사람들입니다. 그들을 기억하며 기도하고, 국제사회가 관심을 가져야 한다고 촉구하기는 했지만 직접 할 수 있는 일은 별로 없었습니다. 그런데 이번은 좀 다릅니다. 분노라기보다는 견디기 어려운 슬픔이 순간순간 나를 엄습하고 있습니다.

가인은 "네 아우 아벨이 어디 있느냐?"는 하나님의 물음에 "내가 내 아우를 지키는 자니이까?"하고 대꾸했지요. 이것은 죄에 삼켜진 인간의 말입니다. 형제자매를 사랑으로 돌보는 것은 인간됨의 기본입니다. 그런 책임을 방기하는 것은 스스로를 비인간화하는 것입니다. 하나님은 가인에게 "네 아우의 피 소리가 땅에서부터 내게 호소한다"고, 그리고 억울한 피가 흐른 그 땅은 황폐하게 될 것이라고 말씀하셨습니다. 땅을 일구며 살았던 가인에게 그보다 더 큰 형벌은 없을 것입니다. 그는 이제 도망

아케다

자 신세가 되어 생명력이 없는 땅을 경작해야 합니다. 무고하게 죽어간 자의 억울함이 신원되지 않은 땅은 황폐한 땅입니다. 엉뚱하게도 김종삼의 시 〈民間人〉이 떠오릅니다.

> 1947년 봄
> 深夜
> 黃海道 海州의 바다
> 以南과 以北의 境界線 용당浦
> 사공은 조심 조심 노를 저어가고 있었다.
> 울음을 터뜨린 한 兒를 삼킨 곳.
> 스무 몇 해나 지나서도 누구나 그 水深을 모른다.

> ― 김종삼, 〈民間人〉

배에 탄 사람들을 살리기 위해 아기를 바다에 던져야 했던 어머니의 그 비통한 마음을 시인은 이렇게도 건조한 문체로 이야기하고 있습니다. 일체의 감상이 배제되어 있기에 더욱 우리 가슴에 큰 울림이 되어 다가옵니다. "스무 몇 해나 지나서도 누구나 그 水深을 모른다"는 시구에서 독자들은 시인이 느끼는 아픔의 깊이를 느낄 수 있습니다. 아마도 '水深'이라는 기표에는 '愁心'이라는 뜻도 담겨있을 것입니다.

김기림은 〈바다와 나비〉에서 "아무도 그에게 수심을/ 일러준 일이 없기에/ 흰나비는 도모지 바다가 무섭지 않다"고 노래했습니다. 그를 사로잡았던 '바다'가 무엇인지 분석할 마음은 없지만 '무섭지 않다'는 시구가 오히려 제 몸을 오스스 하게 만들었던 기억이 납니다. 파도를 청무우 밭으로 착각하고 내려앉으려다가 어린 날개를 적시고 다시 날아오르는 나비의 외로움도 조금은 느낄 수 있었습니다. 바다가 짠 것은 세상 사람들이 흘린 시름의 눈물이 흘러들었기 때문이라지요?

세월호 참사가 난 후 나는 아직 바다에 들어가지 못합니다. 작년에 괌에 초대를 받아갔을 때 저를 초대한 이들이 스쿠버 다이빙을 제안했지만 차마 그럴 수 없었습니다. 물에서 죽어간 이들의 시린 마음이 신원되지 않았는데 물속에 들어가서 즐기는 것을 스스로 용납할 수 없었기 때문입니다. 덕분에 일정이 없는 시간에는 숙소에 틀어박혀 우두커니 창밖을 내다보거나 가지고 간 책만 읽었습니다. 그게 작년 9월 초였으니 벌써 일 년의 세월이 흘렀네요. 세월호 가족들의 눈물은 여전히 마르지 않았는데, 세상은 마치 아무 일도 없었다는 듯 무심히 흘러갑니다. 사람들의 서러운 외침은 일상의 소음 속에 섞여 잦아들고, 잊지 않겠다던 굳은 다짐은 어느 결에 망각의 강으로 흘러 들어가고 말았습니다. 아일란과 304인의 세월호 희생자들은 우리에게 묻고 있습니다. 우리의 죽음 이후 세상이 달라졌냐고? 그리고 우리에게 부탁하고 있습니다. 제발 우리의 죽음을 허비하지 말아달라고. 과연 이 사건들은 의미의 저장소 역할을 할 수 있을까요? 그렇게 만드는 것이 살아있는 자들의 책무일 것입니다.

제 글이 가리산지리산 제멋대로 흘러 여기까지 왔습니다. 머리에 파편처럼 떠오르는 이미지들만 마구 나열하고 말았습니다. 그것을 긴 호흡 속에서 통합하고 적절한 언어에 담아낼 내적 여백이 아직은 허락되지 않고 있기 때문입니다. 지금까지 현실에 거리를 두고 베돌며 살아오기는 했지만 요즘은 유난히 사회적 아픔이 크게 다가옵니다. 헬레네에게 '네 펜테'라도 청하여 깊고 행복한 잠에 빠지고 싶은 나날입니다. 괜한 넋두리로 마음을 어지럽게 해드린 것이 아닌지 우려됩니다. 너그러이 용납하여 주시면 좋겠습니다.

타르튀프적 존재를
넘어

안녕하세요? 백로가 지나서인지 조석 기운이 제법 시원합니다. 이맘 때면 병처럼 가을 들녘에 나가 그 황홀한 노란 빛 속에 머물고 싶어집니다. 이상하지요? 바람에 조용히 흔들리는 벼 포기를 물끄러미 바라보다 눈을 감으면 어떤 충만함이 느껴집니다. 종교체험과는 다른 묘한 느낌입니다. 바람과 햇빛과 달빛이 만들어낸 적요한 장관 앞에서 한껏 겸허해집니다.

어제는 초면이었지만 마치 오랜 지기를 만난 것처럼 많은 이야기를 나누었습니다. 비교적 낯가림이 좀 있는 편인데, 처음부터 마음을 열고 귀를 기울일 수 있었던 것은 너무 넘치지도 모자라지도 않는 언어 때문이었을 것입니다. 다소 지친 듯 보이긴 했지만 말 속에 담겨 있는 진실과 열정 또한 느낄 수 있었습니다. 도종환은 〈동안거〉라는 시에서 "장군죽비로 얻어맞고 싶다/눈 하나 제대로 뜨지 못하고 어둡게 앉아 있는/내 영혼의 등

짝이 갈라지도록"이라고 노래했습니다. 가끔 진실한 이들의 말은 장군죽비가 되기도 합니다.

십 년 이상을 이 땅에서 이주 노동자들을 위해 사셨더군요. 사실 '~을 위해'라는 단어의 사용이 조심스럽기는 합니다. 우리가 누구를 위해 일한다는 것이 가능한 일인가 싶기도 하구요. 직업적 필요에 따라 수행하는 일을 '~을 위한다'고 말하지는 않습니다. 그것은 그 행위가 자발적일 때에만 사용할 수 있는 말입니다. 누구를 위한다는 생각은 자칫하면 우리 마음에 그늘을 만들어낼 수도 있습니다. 상대방으로부터 내가 기대했던 반응을 얻지 못할 때 원망하는 마음이 들 수도 있으니 말입니다. '~을 위하여'라는 말 속에 담긴 실팍한 자의식이 느껴질 때면 불편한 느낌이 들기도 합니다. 부모가 자식을 닦달하며 '다 너를 위해서야'라고 말할 때 그 말은 일면 진실이지만, 다른 일면 거짓이기도 합니다. 그 속에는 나를 위하는 숨은 욕망이 담겨 있기 때문입니다.

그래서 생각해 보았습니다. 예수가 병자들을 고쳐줄 때, 귀신들린 사람에게서 귀신을 내쫓을 때, 정상성의 울타리 밖으로 떠밀린 사람들을 위로할 때 그들을 위한다는 생각이 있었을까요? 저는 그렇지 않았을 거라고 생각합니다. 다만 그렇게 하지 않을 수 없었기에 하셨겠지요. 당연히 대가를 바라거나 찬사를 바라는 마음은 없었습니다. 그들을 추종자로 만들지 않고 각자의 삶의 자리로 돌려보낼 수 있었던 것은 자아 강화의 욕망이 아예 없었기 때문일 것입니다. 저는 언제부터인지 '~을 위하여' 일한다는 생각을 버리게 되었습니다. 그것이 저의 허위의식일 수도 있다는 생각이 들었기 때문입니다.

그럼에도 불구하고 선생님께서 '이주 노동자를 위하여' 사셨다고 말하는 것을 용서하여 주시기 바랍니다. 딱히 다른 표현이 떠오르지 않기 때문입니다. 미등록이주노동자(불법체류자)들의 처지를 딱하게 여겨서 그들과 동고동락했던 시간을 회상하실 때 선생님은 참 행복해보였습니다. 아무런 보상이 주어지지 않은 일이었음에도 불구하고 그들의 체불된 임금을 받아주기 위해 고용주들과 만나 싸우고, 몸이 아프다고 하면 병원에 데려가고, 해고되어 갈 곳이 없으면 그들의 안식처를 마련해주기 위해 애쓰고….

그러다가 훌쩍 이주노동자의 삶을 살아보아야겠다는 생각에 먼 타국으로 떠나셨다고 했지요. 말은 그렇게 하셨지만 여러 가지 사정이 있으셨겠지요. 저는 그것을 꼬치꼬치 묻고 싶지는 않았습니다. 다만 짐작하기로는 교회와 교회 지도자들에게 받았던 상처가 깊으셨던 것 같았습니다. 모든 것이 낯설 수밖에 없던 타국에서 나그네로 사는 것이 참 어렵더라고 하셨지요. 고용 허가를 받지 못한 처지였기에 신분은 늘 불안정하고, 매년 비자를 갱신하는 것 또한 번거로운 일이었을 겁니다.

선생님은 한국인 고용주들에게 받았던 상처 이야기를 하셨습니다. 2년 이상 한 직장에서 일한 후 고용주의 추천서가 있어야 안정적 신분이 될 수 있다는 사실을 악용하여 비정규 노동자들의 목덜미를 꽉 죄는 이들이 많았다고 하셨지요. 마땅히 주어야 할 임금이나 수당을 주지 않았고, 그것을 요구하면 거칠게 위협하는 일이 반복되면서 선생님은 좀 환멸을 느끼셨던 것 같습니다. 더욱이 그 고용주들이 대개 교인들이었고,

교회에서는 아주 신실한 신자 행세를 하더라면서 그들의 믿음이 왜 구체적 일상 속에서는 작동하지 않는지 모르겠다고 하실 때 저도 모르게 깊은 한숨을 내쉴 수밖에 없었습니다. 고백과 삶의 불일치, 일상적 삶으로 번역되지 않는 신앙의 문제는 교회와 신자들이 심각하게 반성해보아야 할 과제입니다.

　문제는 신앙생활이 존재의 변화로 이어지지 않는다는 데 있습니다. 많은 이들이 방편적인 신앙에 머물 뿐, 그 믿음을 통해 새로운 삶으로 이행하지 못합니다. 아브라함은 하나님의 부르심을 받았을 때 본토 친척 아비집을 떠났다고 합니다. 예언자들 역시 마찬가지입니다. 그들은 비록 비루할지언정 안락했던 삶의 자리를 박차고 일어나 존재의 광야로 들어가기를 꺼리지 않았습니다. 갈릴리의 어부들은 배와 그물을 버려두고 예수를 따랐습니다. 따르기 위해서는 떠나지 않을 수 없습니다. 하지만 우리는 아무 것도 버리지 않을 뿐만 아니라, 떠날 엄두조차 내지 않습니다. 언제나 자기 동일성 속에 머물려 합니다. 그러면서 믿음을 통해 육신의 평안, 마음의 평안을 누리기를 소망합니다. 자기 삶이나 존재에 대한 반성적 성찰은 좀처럼 일어나지 않습니다. 우리가 순례자라는 사실은 망각된 지 이미 오래입니다. 일상성 속에 뿌리 내리지 못한 신앙은 우리가 필요에 따라 걸쳤다 벗기도 하는 망토에 지나지 않습니다.

　선생님의 말씀을 들으면서 17세기의 프랑스 작가 몰리에르(Moliere 1622-1673)의 희곡 〈타르튀프〉가 떠올랐습니다. 몰리에르는 그 작품에서 종교인의 위선을 신랄하게 폭로합니다. 타르튀프는 경건한 신앙인인 척하면서 실은 돈과 음식과 여자를 탐하는 사람입니다. 타르튀프는 몰리에

르가 만들어낸 허구의 인물입니다만 프랑스어에서 '타르튀프'는 '위선자'를 뜻하는 일반명사로 사용되고 있다고 합니다. 그는 파리의 부유한 시민인 오르공의 식객이 되어 그 집에 머물고 있습니다.

타르튀프가 타락한 인물임을 알아본 손위 처남 클레앙트가 오르공에게 그를 경계해야 한다고 말하자 오르공은 타르튀프를 변호합니다. 그는 정말 경건한 사람이라는 거지요. 그는 아무 것에도 애착하지 말라고 가르칠 뿐 아니라, 교회에서는 온화한 얼굴로 두 무릎을 꿇고 앉아 열렬하게 기도를 바치기도 하고, 신앙의 기쁨에 충만해서 한숨을 내쉬며 수시로 바닥에 입을 맞추어 신에 대한 경외감을 표현한다는 것입니다. 궁색한 것 같아 선물을 보내면 일부를 돌려보내고, 그걸 되돌려 받지 않으려고 다시 보내면 기어이 가난한 이에게 나눠주곤 한다는 것입니다. 이만하면 정말 경건한 사람 같지요? 하지만 클레앙트는 오르공이 위선과 신앙, 가면과 얼굴, 유령과 사람, 가짜 돈과 진짜 돈을 구별할 줄 모른다면서 오르공을 책망합니다. 그는 억지 신앙을 처바른 사기꾼, 사람들의 눈길을 끌려는 신자들처럼 가증스러운 것이 없다면서 이렇게 말합니다.

그자들은 이해타산을 밝히는 음험한 영혼으로 신앙을 장사와 상품으로 생각하고 거짓된 눈짓과 꾸민 믿음으로 신용과 위엄을 사려고 들지. 그런 자들은 남다른 열성을 보이며, 하늘의 길을 이용해 저네들 재산을 만들고 있다네. 그들은 열망하며 기도를 바치고, 매일같이 뭔가를 구하고, 속세의 집착을 버리라고 설교하며, 자신들의 악덕에다 열렬한 신앙을 꿰맞추지. 그자들은 성질이 급하고, 복수심이 강하며, 성실하지 못하고, 약삭빨라 남을 궁지에 몰아넣기 위해서라면 뻔뻔스럽게도 하늘을 위하는 양 내세워 저네들의 뻔뻔스런 원한을 감춘다구(J.B.P 몰리에르, 《타르튀프·서민귀족》, 극예술비교연구회 옮김, 동문선, 32쪽).

예나 지금이나 위선적 신앙인의 양태는 비슷한 모양입니다. 클레앙트는 진정한 신자들은 자신들의 덕을 허풍스레 과장하지도 않고, 허영을 부리지도 않는다고 말합니다. 그들의 신앙은 인간적인 동시에 까탈스럽지도 않습니다. 남을 뜯어고치려 들지도 않고 잘난 체 떠들어대지도 않습니다. 그들은 삶으로 우리를 나무랄 뿐이라는 것입니다. 그들의 삶 자체가 거울이 되어 우리 자신을 돌아보도록 만든다는 말일 겁니다. 아직도 가야 할 길이 참 멀기만 합니다. 옛날에 권투 중계를 하던 이의 멘트가 떠오릅니다. 승부가 어느 한편으로 얼추 기울면 그는 황혼녘 서해바다를 닮은 목소리로 이렇게 말했습니다. "갈 길은 멀고 해는 뉘엿뉘엿 지고 있는 격이네요." 꼭 이런 마음입니다. 지금을 기독교의 황혼이라 말하면 화낼 분들이 많겠지요? 하지만 지금 타르튀프의 망령을 떨쳐버리지 못한다면 우리는 결국 황혼을 맞이할 수밖에 없을 겁니다.

얼마 동안이나 더 나그네로 사실지 모르겠지만 부디 자중자애하며 진실한 길 꼿꼿하게 걸으시면 좋겠습니다. 어둡고 낙심되는 일들이 많은 세상이지만 그래도 가끔은 먹장구름 너머에서 밝은 빛이 새어나오기도 하니 다행이지요. 언제든 우리는 다시 만나게 될 것입니다. 그때 서로의 모습을 감사함으로 재확인할 수 있으면 좋겠습니다.

세상의 모든
라헬을 위해

　　　　　　　　　　주님의 평강을 빕니다. 한 번도 뵌 적
이 없는 분에게 불쑥 편지를 쓰는 무례를 용서해주시기 바랍니다. 저는
한국에 살고 있는 평범한 시민입니다. 목회자로 살고 있습니다. 출판사
의 부탁으로 앞으로 출간될 선생님의 책 원고를 읽고 몇 마디 추천의 글
을 쓰게 된 것이 인연이라면 인연이겠습니다. 제가 선생님에 대해 알고
있는 것은 참척慘慽의 고통을 당해 세상이 무너지는 것 같은 충격을 경험
한 어머니라는 사실뿐입니다.

　사랑하는 아들 토드가 스물한 번째 생일이 지난 지 채 1시간도 되지
않았을 때 죽임을 당했다지요? 선생님은 그 순간을 "나의 하늘에서 별
들이 떨어졌다"고 쓰셨습니다. 벌써 33년 전 일이니 세월이 꽤 흘렀네
요. 하지만 세월이 흘렀다고 해서 그 순간의 기억으로부터 완전히 벗어
날 수는 없을 겁니다. 선생님이 그나마 그 비탄의 시간을 견딜 수 있었던

　　　　　　　　　　　　　　　　　　　　　　　　　아케다

내가 얼마나 못된 죄를 지었길래
주님은 나를
빛도 없고
온기도 없고
희망도 없는
이 수렁에 빠뜨리셨습니까?

것은 세상에서 고통 받고 있는 모든 이들과 함께 '울고 계신 예수'의 이미지를 떠올렸기 때문이었습니다. 그때 월터 부르그만 교수가 탄식시를 써볼 것을 제안하셨다지요? 그래서 선생님은 자식들의 죽음 앞에서 위로받기를 거절하는 라헬이 되어 탄식시를 써내려가기 시작했습니다.

하나님,
나를 찾으소서!
나는 지금 슬픔의 계곡에서 길을 잃어
나가는 길을 알지 못합니다.

하나님,
나를 찾으소서!
이 계곡으로 오셔서 나를 찾으소서!
이 통곡의 땅에서 나를 꺼내주소서.

주님은 나의 깨진 마음속에
당신의 집을 지으실 수 없습니까?

주님,
내 울부짖음을 듣고 계시다는 기색이라도 하소서!

주님,

아케다

세상의 빛깔이 모두 사라졌습니다!

음악소리가 모두 꺼졌습니다!

남아 있는 푸른빛을

침묵의 수의가 모두 덮어버렸습니다.

사방이 잿빛이고

죽음의 냄새가 진동합니다.

내가 얼마나 못된 죄를 지었길래

주님은 나를

빛도 없고

온기도 없고

희망도 없는

이 수렁에 빠뜨리셨습니까?

　가슴을 비집고 흘러나오는 그 비탄의 신음을 받아 적듯 적은 시편들이 제 가슴을 울렸습니다. 어떻게 그 깊은 어둠 속에서도 빛이신 하나님을 향해 마음을 들어 올리실 수 있었습니까? 선생님의 탄식시들은 하나님의 선하심과 진실하심에 대한 오롯한 신뢰를 담고 있습니다. 이해할 수 없는 하나님의 침묵 속에서도 그 가멸찬 은혜에 대한 갈망을 잃지 않으셨습니다. 생명의 주님이 어디 계신지 모르겠다고 탄식하면서도 동시에 주님 없이는 그 아픔 속을 걸을 수 없다고 고백하셨습니다.

　나는 선생님의 탄식시를 읽으며 자식으로 인해 눈물을 흘리고 있는 모든 어머니들을 떠올리지 않을 수 없었습니다. 이런저런 사고로 자식을 잃은 어머니들, 특히 작년에 벌어진 세월호 참사로 참담한 시간을 보내고 있는 이들 말입니다. 그들은 모두 위로받기를 거절하는 라헬입니다. 만삭의 몸으로 남편을 따라 고향을 등질 수밖에 없었던 야곱의 아내 라헬은 벧엘과 에브랏 사이 어딘가에서 산고를 겪다가 죽음을 맞이했습니다. 죽음이 다가옴을 보면서 라헬은 막 태어난 아들의 이름을 '내 슬픔의 아들'이라는 뜻의 '베노니'라고 불렀습니다. 젖 한 번 물리지 못하고 핏덩어리 자식과 헤어져야만 하는 어머니의 비통함이 그 이름 속에 담겨 있습니다. 하지만 그 이름을 불길하게 여긴 야곱은 그 이름 대신 '내 오른손의 아들'이라는 뜻의 '베냐민'으로 불렀지요. 자식에게 밝은 미래를 선물해주고 싶은 아버지의 마음이겠습니다만 베냐민은 또한 베노니일 수밖에 없습니다. 라헬은 길에서 죽었고 베들레헴에 가까운 에브랏 근처에 묻혔습니다.

예레미야는 주님의 말씀을 빌어 "라마에서 슬픈 소리가 들린다. 비통하게 울부짖는 소리가 들린다. 라헬이 자식을 잃고 울고 있다. 자식들이 없어졌으니, 위로를 받기조차 거절하는구나"(예레미야 31:15) 하고 말합니다. 바벨론에 포로로 잡혀가는 자식들을 바라보며 무덤 속에 잠들어 있던 라헬이 울고 있다는 말입니다. 이것은 정말 강렬한 이미지입니다. 라헬의 통곡은 또한 헤롯에 의해 죽임 당한 아기들을 애도하는 베들레헴 여인들의 눈물과도 연결됩니다.

아브라함의 아내 사라 역시 말할 수 없는 고통을 겪은 여인이었습니다. 아브라함과 함께 겪었던 나그네 세월의 고통을 말하는 게 아니라, 구십 세에 얻은 아들 이삭을 잃을 뻔했던 경험을 말하는 것입니다. 창세기 22장은 하나님의 명령으로 아브라함이 아들 이삭을 번제로 바치려 했던 사건을 보도하고 있습니다. 사람들은 그것을 공포와 전율 속에서도 하나님의 뜻을 받들려는 아브라함의 믿음을 칭송하거나, 윤리적 실존을 넘어서는 종교적 실존의 패러독스를 설명하기 위해 인용하곤 합니다. 또 인신제물을 바치던 습속에서 벗어나 동물제물을 바치는 행태로의 이행을 보여주는 사건으로 소개하기도 합니다. 유대인들은 아브라함보다 이삭에게 초점을 맞춰 신의 제단 앞에 스스로를 바치는 이삭의 모습을 이상적인 신앙인의 모범으로 제시하기도 합니다. '아케다Akedah'가 바로 그것입니다. 어떤 해석이든 여기서 한 가지 주목해야 할 것이 있습니다. 이이야기에서 사라가 사라지고 있다는 사실입니다. 자신의 태속에 들어온 생명을 애지중지 돌보고 산고를 겪으며 출산한 아들의 운명을 결정하는 일에 사라는 제외되고 있었던 것입니다.

그러나 화가인 마크 샤갈은 사라를 잊지 않았습니다. 프랑스 니스에서 〈이삭의 희생Le sacrifice d'Isaac〉이라는 그림과 만났을 때 나는 오랫동안 그그림 앞에 머물 수밖에 없었습니다. 샤갈은 붉은색 옷을 입은 아브라함의 주위도 온통 붉은 색으로 채색함으로써 그 상황의 절박함을 표현하고 있습니다. 아브라함은 오른손에 칼을 든 채 곤혹스러운 표정을 짓고 있습니다. 그를 향해 천사가 황급하게 다가오고 있습니다. 장작더미 위에 누워있는 이삭의 모습은 평온해 보입니다. 샤갈은 이삭을 노란색으로 칠함으로써 영적으로 승화된 상태임을 드러내려 했습니다. 화면의 왼편 나무 아래에는 어린 숫양 한 마리가 있습니다. 하나님이 준비해주신 양입니다. 그런데 그 뒤에서 우리는 슬픔에 잠긴 사라의 모습을 발견할 수 있습니다. 사라는 두 손을 가슴 앞에 들어 올린 채 절규하고 있습니다. 펼쳐진 손가락이 사라가 느끼는 고통을 드러내고 있습니다. 그런데 샤갈은 그림의 상단에 십자가를 지고 가는 아들을 바라보는 마리아를 그려 넣었습니다. 울고 있는 예루살렘 여인들의 모습도 보입니다. 샤갈은 사라와 마리아를 고통을 매개로 하여 만나게 합니다. 어쩌면 울고 있는 예루살렘의 여인들은 세상 도처에서 울고 있는 어머니들의 모습인지도 모르겠습니다. 섣부른 위로나 충고 없이 아픔을 아픔으로 제시하는 샤갈이 고맙게 여겨집니다.

그 아픔 혹은 슬픔 속에서 길을 잃는 이들도 있지만 그 슬픔을 통해 고통 받는 이들과 깊이 연결되는 이들도 있습니다. 선생님의 탄식시에서도 '나'라는 시적 자아가 어느 결에 '우리'로 확장되는 경우가 많았습니다. 철학자 김상봉 선생은 슬픔을 '수동성의 장소' 혹은 '자기부정성의 장소'라고 일컫습니다. 그리고 수동성 속에서만 존재가 열린다고 말합니다(김상봉과 고명섭의 철학 대담, 《만남의 철학》, 도서출판 길, 379쪽 참고). 슬픔이야말로 '너'에게로 건너가는 다리가 아닌가 싶습니다. '나'의 고통이 그냥 '나'만의 고통에 머물 때 감상 혹은 애상에 빠지기 쉽지만 그것이 타자의 고통에 대한 공감으로 화할 때 그 고통은 보편적 의미를 획득합니다. 선생님의 탄식시들은 그렇기에 지금 고통 속에 있는 많은 이들의 공감을 불러일으킬 것이고, 더 나아가서는 치유 사건도 일으킬 수 있으리라 생각합니다.

패트릭 리 퍼머의 《그리스의 끝 마니》라는 책을 읽다가 그리스 시골 마을 사람들의 장례 풍습 이야기를 들으며 놀랐던 적이 있습니다. 가난

아케다

한 여인들은 자기들의 비애와 고통을 가감 없이 드러냅니다. 죽음으로 인한 상실이 그만큼 크다는 것이겠지요. 여인들은 머리를 풀어헤치고 손톱으로 자기 뺨을 할퀴기도 하면서 곡을 합니다. 무덤 속으로 관이 내려갈 때는 비명을 지르며 무덤으로 몸을 던지기도 한다고 합니다. 관습적으로 형성된 애도의 형식이긴 하지만 슬픔의 수문을 활짝 열어놓음으로써 사람들은 삶과 죽음의 화해를 도모합니다. 패트릭 리 퍼머는 "서양의 점잖고 소박한 장례식, 소리를 낮춘 목소리와 자기절제, 용감한 미소, 침착함은 슬픔이라는 감정을 완전히 질식시키거나, 땅속으로 몰아넣어 그곳에서 음험하고 위험하게 뿌리를 뻗으며 평생 곪아터지게 놔둔다"고 말합니다(패트릭 리 퍼머, 《그리스의 끝 마니》, 봄날의 책, 109쪽).

나는 아직 슬픔에 대해 말할 자격이 없습니다. 존재 일반 속에 깃든 슬픔의 정한에 깊이 사로잡힌 채 살고 있고, 육친을 떠나보내는 슬픔을 경험하기는 했지만 참척의 고통을 겪은 이들의 슬픔에 견딜 수 있겠습니까? 선생님께서 각혈을 하듯 토해내신 탄식시들을 세상 사람들에게 내보일 용기를 내신 것에 대해 진심으로 감사의 인사를 올립니다. 섣부른 희망이나 위로가 아닌 슬픔의 연대야말로 우리가 인간임을 재확인하는 길이 아닌가 싶습니다. 그럼에도 불구하고 선생님의 남은 생이 조금은 더 밝아지고, 삶이 주는 행복 또한 누리실 수 있으면 좋겠습니다. 선생님의 탄식시를 읽는 동안 내내 백건우 선생이 연주한 '사랑의 죽음'(바그너의 〈트리스탄과 이졸데〉에 나오는 곡을 리스트가 편곡한 것)과 리스트의 '침울한 곤돌라 2번'을 들었습니다. 혹시 기회가 되신다면 그 연주를 들어보시면 좋겠습니다. 주님의 평강을 기원합니다.

지중지중
물가를 거닐면

평안하신지요? 모처럼 맞은 휴일입
니다. 라디오에서는 가볍고 부드러운 선율이 흘러나오고 있습니다. 아
내에게 무슨 곡이냐고 물었더니 영화 〈대부〉의 주제곡인 'speak softly
love'라네요. 영화의 비장함에 비해 이 곡은 얼마나 부드러운지요. 폴 모
리아 악단의 연주는 감미롭기 이를 데 없습니다. 연휴의 첫날 이 곡을 선
곡한 까닭은 알 수 없지만 마음이 좀 말랑말랑해진 것은 사실입니다.

짧기는 하지만 지난 며칠 동안의 여정은 참 즐거웠습니다. 어떤 장소
는 그곳에 머물고 있는 혹은 머물렀던 누군가에 대한 기억과 더불어 의
미 있게 다가옵니다. '통영' 하면 충무김밥이나 오미사 꿀빵을 떠올리는
사람도 있겠고 이순신 장군을 떠올리는 사람도 있겠지만, 제게 그곳은
유치환, 백석, 김춘수, 김상옥, 박경리, 윤이상, 전혁림 등의 이름과 함께
상기되곤 합니다. 아, 이중섭도 빼놓으면 안 되겠네요. 한려수도를 끼고

있는, 구릉이 많고 아담한 이 도시에서 근현대사에 등장한 빼어난 예술가들이 그리도 많이 등장했다는 사실이 예사롭게 보이질 않습니다.

고개 하나를 넘을 때마다 모습을 달리하는 바다를 바라보며 나는 백석의 마음을 사로잡았던 한 여인을 떠올렸습니다.

남쪽 바닷가 어떤 낡은 항구의 처녀 하나를 나는 좋아하였습니다. 머리가 까맣고 눈이 크고 코가 높고 목이 패고 키가 호리낭창하였습니다.

백석은 산문 〈편지〉에서 그 여인에 대해 이렇게 묘사했습니다. 눈에 그려질 듯 생생합니다. 하지만 그의 사랑은 친구 신현중의 질투 때문에 어긋나 버리고 말았습니다. 그의 시 〈바다〉에는 어긋난 사랑에 대한 아픔이 절제된 언어 속에 고스란히 배어 있습니다.

바닷가에 왔드니
바다와 같이 당신이 생각만 나는구려
바다와 같이 당신을 사랑하고만 싶구려

구붓하고 모래톱을 오르면
당신이 앞선 것만 같구려
당신이 뒤선 것만 같구려

그리고 지중지중 물가를 거닐면

당신이 이야기를 하는 것만 같구려

당신이 이야기를 끊는 것만 같구려

바닷가는 개지꽃에 개지 아니 나오고

고기비눌에 하이얀 햇볕만 쇠리쇠리하야

어쩐지 쓸쓸만 하구려 섧기만 하구려

　－ 백석, 〈바다〉

　절절합니다. 시인은 종결어미 '~구려'의 반복적 사용을 통해 그리움을 생생하게 환기시키고 있습니다. '쇠리쇠리하다'(빛나다)라는 평북 사투리가 왠지 쓸쓸함을 증폭시키는 듯도 합니다. 시인의 시간을 스쳐 지나간 한 여인에 대한 애틋한 사랑의 감정이 사람들에게 보편적 감동을 자아내는 까닭은 모두가 그런 아슴푸레한 기억을 붙들고 살기 때문일 겁니다.

　박경리 기념관을 둘러보며 긴 세월《토지》의 창작에 몰두했던 작가의 뜨거운 혼이 떠올라 숙연해졌습니다. 작가는 자기 문학 세계를 '연민과 생명 사랑'이라는 말로 요약했지요. 토지의 종지가 생명 사랑임이 분명하지만,《토지》이후의 작품은 더욱 작가의 생명 사랑을 뚜렷하게 드러내고 있습니다. 어쩌면 흙을 가까이 하는 삶을 살았기 때문인지도 모르겠습니다. 생명 사랑은 언제나 작은 것들에 대한 세심한 관찰을 통해 구현되는 법입니다. 그 작은 것들은 자꾸 멈추어 서지 않으면 보이지 않는 것들이지요. 멈추어 서는 것이야말로 참된 삶의 시작이라고 말할 수 있

　　　　　　　　　　　　　　　아케다

남쪽 바닷가 어떤 낡은 항구의 처녀 하나를 나는 좋아하였습니다.
머리가 까맣고 눈이 크고 코가 높고 목이 패고 키가 호리낭창하였습니다.

아케다

을 겁니다. 박경리 선생은 "사랑은 가장 순수하고 밀도 짙은 연민"이라고 말합니다. 그리고 '불쌍한 것에 대한 연민, 허덕이고 못 먹는 것에 대한 설명 없는 아픔, 그것에 대해서 아파하는 마음이 가장 숭고한 사랑'이라고 말합니다. 그 아픔에 대한 감성을 잃어버리는 것, 그 아픔에 대해 반응할 줄 모르는 것, 바로 그것이 기독교가 말하는 타락일 겁니다. 저는 그렇게 이해하고 있습니다.

에스겔은 이스라엘의 회복을 예고하는 장면에서 하나님께서 백성들에게 새로운 마음과 영을 넣어 주실 것이라면서 주님의 말씀을 이렇게 대언합니다. "너희 몸에서 돌같이 굳은 마음을 없애고 살갗처럼 부드러운 마음을 주며 너희 속에 내 영을 두어, 너희가 나의 모든 율례대로 행동하게 하겠다"(에스겔 36:26-27a). 노자가 '뻣뻣한 것은 죽음의 무리에 속하고 부드럽고 유약한 것은 생명의 무리에 속한다'(故堅强者死之徒, 柔弱者生之徒 《도덕경》 76장)고 말한 것도 아마 비슷한 뜻이 아닐까 싶습니다.

해저 터널 가까운 곳에 있는 김춘수 유품 전시관을 둘러보며 여러 가지 복잡한 감회가 떠올랐습니다. 김종길 교수는 추도사에서 시인을 가리켜 "그만의 시세계를 펼치기 위해 이 세상에 태어난 천생의 시인"이었다고 말했더군요. 동양의 옛 사람들은 위대한 시인을 가리켜 '적선謫仙' 곧 세상에 귀양 온 신선이라고 했다지요? 그가 그런 이름에 값하는 존재인지는 모르겠습니다만 그는 우리 시사에서도 매우 귀중한 인물임은 분명합니다. 5공화국 시절에 국회의원을 했다는 사실 때문에 그의 시 전체를 매도할 수는 없습니다. 문학관에 갈 때마다 내가 유심히 살펴보는 것은 그 작가의 필체입니다. 언젠가 장충동에 있는 한국현대문학관에서 여러 문인들의 필체를 보면서 그 단정하고 유려한 필체에 감탄했던 적이 있습니다. 그러다가 마치 초등학교 아이의 글씨 같은 필체를 보고 실소를 금할 수 없었는데 그게 이광수의 글씨라는 사실을 알고는 깜짝 놀랐습니다. 일순간 천재는 악필이라는 말이 떠오르더군요. 그런데 김춘수 선생의 글씨는 참 정겨웠습니다. 고담枯淡한 인품이 그대로 드러나고 있었습니다. 전시되어 있던 '메아리'라는 글의 초고를 보며 빙긋 웃지 않을 수 없었습니다. 글씨도 글씨려니와 내용 때문이었습니다.

시인은 "릴케의 비가悲歌를 10번까지 읽는 동안 걷잡을 수 없이 눈물이 나더라는 일본의 어느 유명한 시인이 쓴 글을 읽고 나도 릴케의 비가를 10번까지 조심조심 읽었지만 어렵기만 하고 눈물은 나지 않았다"고 썼습니다. 일본말로 읽었는지 독일말로 읽었는지 그 시인에게 물어보고 싶었는데 주소를 몰라 물어보지 못했다는 대목에 이르러서는 웃음을 금할 수 없었습니다. 50년 전 일을 회상하면서 시인은 장난꾸러기 소년처럼 말하고 있습니다. 이성복 시인은 '진지함, 측은함, 장난기'를 문학의 세 축으로 말하더군요(이성복, 《극지의 시》, 문학과지성사, 89쪽). '장난기'가 참 중요한 것 같습니다. 이성복은 장난기가 없으면 예술이 되지 못한다고 말하네요. 심각하기만 하고 재미도 장난기도 없는 제 글이 문제임을 새삼 자각했습니다.

통영에 머물다가 머리도 식힐 겸 거제에도 잠시 다녀왔습니다. 거제 수용소 터를 지나며 '너스'들과 함께 거즈를 접고 있었던 시인 김수영의

아케다

초췌한 모습이 잠시 떠올랐습니다. 그곳에서 그는 성경을 많이 읽었다지요? 사방이 가로막힌 세계에서 그는 초월의 세계를 바라보았던 것일까요? 비가 내리는 수용소 터는 을씨년스러웠습니다. 감정의 습속 때문인지도 모르겠습니다. 그러고 보니 정말 희한하다는 생각이 드네요. 제가 나치의 수용소를 방문할 때마다 추적추적 비가 내렸습니다. 다카우, 작센하우젠, 부헨발트 모두 마찬가지였습니다. 인간의 잔학성을 눈으로 목격하면서 깊이를 알 수 없는 심연 속에 빠져드는 것 같았는데, 내리는 비때문에 오소소 한기를 느끼곤 했습니다.

기분을 전환하려고 '바람의 언덕'을 천천히 걸었습니다. 뭐 딱히 볼 것은 없었지만 한적한 산책이 주는 위안이 컸습니다. 바람을 거슬러 우산을 펼쳐들고는 텅 빈 바다를 망연히 바라보았습니다. 그 한적함이 참 행복했습니다. 그곳을 벗어나 몽돌 해수욕장을 찾은 것은 파도소리가 듣고 싶었기 때문입니다. 몽돌이 깔린 해안으로 밀려왔던 파도가 물러나면 자갈 사이로 물이 빠져나가면서 내는 소리가 참 정겨웠습니다. '자글자글.' 가만히 귀를 기울이면 매번 다른 소리가 났습니다. 어떤 때는 솔숲을 스치는 바람소리 같았고, 어떤 때는 가마솥에서 밥이 뜸 들 때 나는 소리 같았고, 시냇물이 졸졸 흘러가는 소리 같기도 했으며, 아궁이에서 볏짚이 타들어가는 소리 같기도 했습니다. 삶 또한 그렇겠지요. 파도가 끝도 없이 밀려오고 또 물러나는 리듬 속에서 우리는 저마다의 소리를 내며 삽니다. 나는 지금 어떤 소리를 내고 있는지 돌아보았습니다. 어쩌면 그 소리는 제 귀에 안 들리는 것인지도 모르겠습니다. 오직 다른 사람들만이 그 소리를 분별하여 들을 수 있을 겁니다. 그 소리가 부디 누군가에게 소음이 되지 않기를 바랄 뿐입니다.

　덕분에 귀한 시간을 보낼 수 있었습니다. 통영국제음악당에서 들었던 앙상블 디토(비올리스트 리커드 용재 오닐이 구성한 악단)의 연주를 듣게 해주셔서 감사합니다. 슈베르트의 피아노 오중주 A장조, '송어', D.667은 특히 훌륭했습니다. 연주자들의 소리를 온전히 받아내는 음악당이 참 아름다웠습니다. 이제 일상으로 돌아왔습니다. 조화롭던 시간과 화음 속으로 세상의 불협화음이 또 끼어들겠지요. 그래도 낙심하지 않습니다. 세상을 정겨운 곳으로 만드는 이들이 도처에 있으니 말입니다. 거듭 감사드립니다. 이 가을날, 저 청명한 가을 하늘처럼 마음 드높아졌으면 좋겠습니다.

아케다

가시밭길을
걷다

안녕하세요? 일전에 만나 뵈어 반가
웠습니다. 오랜 시간 동안 사귀어 온 사람처럼 스스럼없이 대해주셔서
저도 격의 없이 이야기를 할 수 있었습니다. 이제 우리는 기성세대라는
사실을 부인할 수가 없습니다. 어떤 분들은 마음은 여전히 청년이라고
말하지만 저는 그렇게 말할 수 없습니다. 청년 시절의 불온함도 열정도
치기도 제게서 이미 멀어졌기 때문입니다. 지레 마음이 늙어버린 것이
아닌가 싶어 두렵기도 합니다.

추석 연휴 기간 중에 제가 마음으로 좋아하는 목사님 한 분이 강원도
의 깊은 골짜기에 들어가 야영을 하면서 지내시는 이야기를 SNS를 통해
곁눈질하면서 그의 청년 정신을 부러워한 적도 있습니다. 홀로 그 깊은
계곡에 들어가 텐트를 치고, 밤의 추위와 싸우면서, 평소에 좋아하던 음
악을 듣고 또 듣는 그 마음이 참 아름다웠습니다. 전원 교향곡을 틀어놓

아케다

고 마치 오케스트라가 앞에 있기라도 한 것처럼 지휘를 하는 모습을 보며 절로 찬탄이 흘러 나왔습니다. 시냇물소리에 귀를 기울이는 동안 그의 가슴에 켜켜이 쌓였던 울울함도 씻겨내려 갔겠지요? 하얀 수염이 멋진 그 목사님의 모습 그 자체가 감동이었습니다.

어느 시대든 기성세대가 보기에는 젊은이들이 불온해 보입니다. 버르장머리가 없어 보이기도 하고, 철 없어 보이기도 합니다. 하지만 지금의 젊은이들을 보면서 우리는 또 다른 위태로움을 느낍니다. 대학을 졸업해도 미래가 보장되지 않는 현실 속에서 멀미를 하는 젊은이들이 정말 많습니다. 선생님은 기성세대와 기존 권위에 대한 맹목적 부정과 적대감을 품고 있는 젊은이들의 세태를 우려하셨습니다. 대학사회에 몸담고 계시기에 그런 세태가 더욱 예민하게 느껴지실 겁니다. 어떤 분은 요즘 젊은이들에게 꿈이 뭐냐고 물으면 '정규직'이라고 대답한다면서 혀를 차시더군요. 어처구니없는 현실이기는 하지만 그게 적나라한 오늘의 현실인 것 같기도 합니다.

정부는 청년 가운데 직업을 갖지 못한 이들이 약 9퍼센트라고 말하지만 실제로는 그보다 훨씬 많습니다. 대개 그런 공식적인 통계에 곱하기 3을 해야 한다지요? 주변을 둘러보아도 청년실업 문제가 대단히 심각하다는 사실을 알 수 있습니다. 많은 이들이 비정규직으로 일을 합니다. 그런 일자리조차 얻지 못한 이들이 많습니다. 학자금 대출을 받아가면서 근근히 공부를 했고, 스펙을 쌓기 위해 더 많은 비용을 투자하며 몇 년을 보냈지만 대학문을 나서는 순간 빚쟁이가 될 수밖에 없는 현실이니 말해 무엇 하겠습니까?

어쩌면 젊은이들이 기성세대에게 보이는 분노는 절망감의 또 다른 표현이 아닌가 싶습니다. 많은 이들이 익명성 뒤에 숨어서 타자들에게 공격적인 분노를 표출하기도 합니다. 누군가를 이해하고 보듬어 안으려 하기보다는 거칠게 공격하거나 조롱하는 이들이 많아지고 있습니다. '일베'가 심각한 사회 문제로 대두하고 있음에도 불구하고 일베 현상은 종식되지 않습니다. 그들이 보이는 공격성의 정당성 여부를 떠나 많은 이들이 사회에 대한 자기들의 불만을 그런 방식으로 터뜨리는 일에 익숙해지고 있다는 사실이 참 우려스럽습니다.

그들이 보이는 분노와 적대감은 타자에게 상처를 주기도 하지만 자기 파괴적 열정이기에 더욱 심각합니다. 어느 시대에나 기득권자들은 내부의 모순으로 인해 사회적 분노가 높아갈 때 그 분노의 물꼬를 터주기 위해 희생양을 만들곤 했습니다. 바로 '희생양 만들기' 문화가 그것이지요. 로마의 옛 시가가 화재로 인해 무너지면서 민중들은 새로운 도시를 만들고 싶어 했던 네로가 고의로 불을 지른 것이라고 생각했다고 합니다. 네로는 민중들의 분노를 피하기 위해 기독교인들을 희생양으로 만들었습니다. 불의 심판이 있을 것이라고 가르쳤던 기독교인들이 그 심판을 앞당기기 위해 불을 질렀다는 소문을 퍼뜨린 것이지요. 페스트가 창궐하던 중세 말기에 사람들은 그 페스트의 책임이 마녀들과 유대인들에게 있다고 생각했습니다. 마녀 사냥이 벌어졌고, 유대인에 대한 대대적인 박해가 일어났습니다. 희생양으로 선택되는 이들은 대개 폭력을 폭력으로 되갚을 능력이 없는 이들입니다. 아감벤의 말대로 그들은 '호모 사케르'가 되어 희생당할 뿐입니다.

아케다

우리 시대의 많은 이들이 세상이 이 지경이 된 것은 좌파들 때문이라고 선전합니다. 보수집단은 '잃어버린 십년'이라는 표현으로 사람들의 의식을 세뇌했습니다. 그들은 참 손쉬운 해결책을 발견해낸 겁니다. '좌파', '종북', '빨갱이'라는 말 한마디면 모든 이성적인 판단을 잠재울 수 있습니다. 박봉우 시인의 〈휴전선〉이 자꾸 되뇌어지는 요즘입니다.

산과 산이 마주 향하고 믿음이 없는 얼굴과 얼굴이 마주 향한 항시 어두움 속에서 꼭 한 번은 천둥 같은 화산이 일어날 것을 알면서 요런 자세로 꽃이 되어야 쓰는가.

– 박봉우, 〈휴전선〉 중에서

시가 발표된 지 이제 거의 60년이 되어가는 데도 이 시는 현재성을 잃지 않고 있습니다. 이런 게 비극이 아니고 무엇이겠습니까? 문제는 사람들 사이에 그런 적대감을 만들고 그 적대감을 이용하여 자기 이익을 취하는 무리들입니다. 그들은 나라야 어찌되든 상관하지 않습니다. 사람들 사이의 신뢰의 토대인 언어를 타락시키고, 사람들의 영혼을 망가뜨리는 일을 서슴지 않습니다. 그렇기에 나는 그런 이들이 사탄에게 속했다고 말하고 싶습니다.

분노해야 할 때 분노하지 못하고, 엉뚱한 이들에게 화풀이나 하면서 우리는 생을 낭비하고 있는지도 모르겠습니다. 미국 텍사스크리스천대

브라이트 신학대학원 교수인 강남순 박사는 분노를 배워야 한다면서 분노를 세 가지로 나눠 설명합니다. 본능적 분노, 성찰적 분노, 파괴적 분노가 그것입니다. 본능적 분노는 내게 가해지는 침해에 대한 즉각적인 반응일 겁니다. 성찰적 분노는 잘못된 세상에 대한 정당한 분노입니다. 문제는 파괴적 분노입니다. 그것은 앞에서 말한 두 가지 분노가 지나쳐 타자에 대한 증오, 원한, 복수심으로 전이된 분노입니다. 파괴적 분노는 행위에 대한 반감이 아니라 행위자를 향한다는 것이 그 특징입니다. 상대를 악마화하거나 파괴하고 싶은 열정에 사로잡힐 때 생명은 위축되게 마련입니다. 강남순 박사는 불의에 대한 분노인 성찰적 분노를 배워야 한다고 말합니다. 그것은 세계에 대한 '책임적 관심'인 동시에 '변혁에의 열정'이라고 말합니다(2015년 10월 6일자 한국일보 칼럼을 자유롭게 요약). 옳습니다. 그런 분노가 없다면 세상은 악한 이들의 낙원이 될 것입니다.

남아프리카공화국의 정치가이자 신학자인 알란 뵈삭Allan Boesak은 *Walking on Thorns*라는 책에서 의미심장한 말을 합니다. 오늘의 교회가 잃어버린 것은 심리학이나 문학이 아니라 거룩한 분노라는 것입니다. 거리에서 불의가 자행되고 거짓이 횡행하는 세상에 살면서 분노할 줄 모른다면 그는 하나님도 세상도 알지 못하는 것이라는 것이지요. '아파르트헤이트apartheid(인종차별정책)'와 치열하게 맞서 싸운 사람이기에 그의 말은 강력한 울림이 있습니다. 그는 순교자 카즈 뭉크Kaj Munk의 말을 인용하여 말합니다.

아케다

오랫동안 교회의 상징은 사자, 양, 비둘기 그리고 물고기였다. 하지만 한 번도 카멜레온이었던 적은 없다.

이 책을 읽은 것이 1990년이니까 이미 오랜 시간이 흘렀는데도 저는 이 구절을 잊을 수가 없습니다. 카즈 뭉크의 말은 자꾸만 나의 삶을 돌아보게 만듭니다.

오늘도 한 젊은이가 저를 찾아와서 자꾸만 현실과 타협하게 되는 자신의 모습을 자조적으로 고백했습니다. 사뭇 진지한 그에게 나는 '그래서는 안 된다'고 말할 수도 없었고 '적당히 적응하며 살라'고 할 수도 없었습니다. 삶은 엄중한 것이고 결국은 자기가 선택할 문제이니 말입니다. 그는 자기를 자꾸만 작게 만드는 세상에 분노하기보다는 자기 비하에 빠진 것처럼 보였습니다. 악한 세상은 늘 그렇게 착한 사람들을 좌절시키곤 합니다. 강남순 박사가 말하듯 불의에 대해 분노하기 위해서는 세상의 구조를 살필 줄 아는 지혜가 필요합니다. 그러기 위해서는 열심히 공부하는 수밖에 없습니다. 그런데 세상은 그런 공부의 기회를 자꾸만 차단합니다. 세상 구조의 문제나 자기 실존 문제에 대한 관심을 갖는 순간 루저가 될 것이라는 근거 없는 두려움을 유포합니다.

그런 두려움에 사로잡히는 순간 사람은 한없이 취약해집니다. 유혹에 약해집니다. 그럴 때 사탄은 매혹적인 모습으로 그들에게 다가옵니다. 자기 존엄에 대한 생각을 내려놓기만 하면 인생이 편해진다고 말합니다.

선생님은 제게 마치 영혼을 빼앗긴 것처럼 멍한 시선으로 창밖만 내다보는 학생들이 많아졌다고 탄식하셨습니다. 자포자기적인 심정에 빠져 유혹 앞에 자기를 내던지며 사는 이들 때문에 마음 아프다고 하셨습니다. 지금이야말로 세상의 북소리에 발맞추지 않고도 행복을 누릴 수 있는 길이 있음을 가리키는 이정표들이 많아져야 할 때입니다. 기성세대인 우리가 해야 할 역할은 그것이 아닐까요? 이래라 저래라 누구를 가르칠 자격은 우리에게 없습니다. 삶이 뒷받침되지 않는 말의 허망함을 저는 너무나 잘 압니다. 가르침은 가리킴이 되어야 합니다. 참 어려운 과제입니다만 그마저 지향하지 않는다면 우리는 역사의 준엄한 심판 앞에 설 수밖에 없습니다. 그것이 알란 뵈삭의 책 제목처럼 가시밭 길을 걷는 것 같을지라도 그 길이야말로 우리가 선택해야 할 길이 아닐까 싶습니다.

선생님께 괜히 무거운 말씀을 올린 것 같습니다. 그래도 함께 고민하는 이들이 있다는 사실이 참 고마운 나날입니다. 깊어가는 가을날, 우리도 아름답게 무르익을 수 있으면 좋겠습니다.

아케다

성과 속의
경계를 넘어

　　　　　　　　　안녕하신지요? 한로를 앞둔 절기여서
인지 조석 기운이 선선합니다. 새벽녘에는 한기가 느껴지기도 하더군요.
개울가에 핀 물억새가 갈색에서 흰색으로 변해갈 날이 멀지 않았습니
다. 사무실에 앉아 있다가 문득 인기척이 느껴져 돌아보았을 때 선생님
은 문 밖에서 저를 바라보고 계셨습니다. 짧은 시간의 응시였겠지만 공
교롭게도 눈길이 그렇게 마주친 것이지요. 누구시냐고 묻는 제게 선생님
은 제 글을 읽고 꼭 만나고 싶어 어렵게 찾아왔노라고 말씀하셨습니다.
예기치 않은 만남은 설렘이기도 하지만 부담스러울 때도 있습니다. 정직
하게 말씀드리자면 의례적인 응대만 하고 얼른 하던 일로 돌아가고 싶
었습니다. 하지만 잠시 이야기를 나누는 동안 저를 대하는 선생님의 마
음이 진실하다는 느낌이 들었고, 저는 선생님과의 이야기 속으로 충실히
빠져들기로 작정했습니다.

아케다

염색을 전공한 아티스트로 강북에 있는 중형교회에서 신앙생활을 하고 있다고 하셨지요? 초대전과 개인전을 몇 차례 하셨으니 중견작가이시겠습니다. 개인전을 할 때 교회의 여러 어르신들이 방문해 주셨는데, 그런 전시 공간에 생전 처음 와봤다고 수줍게 고백하는 할머니들을 보면서 가슴이 무지근해졌다고 말씀하실 때 저는 선생님의 눈가에 어린 눈물을 보았습니다. 그렇지요. 이런저런 전시회나 연주회장을 찾아다니는 일이 일상의 한 부분인 사람들도 있지만 평생 가도 그런 기회를 한 번도 누리지 못하는 이들도 있습니다.

작년인가요? 피아니스트 백건우 선생의 섬마을 연주회를 보면서 깊은 감명을 받은 적이 있습니다. 그는 왜 아끼는 피아노를 차에 싣고 음향시설이 잘 갖춰진 음악당이 아니라 섬마을을 찾아갔을까요? 백건우 선생은 한 번도 그런 문화 혜택을 누려본 적이 없는 이들에게 연주를 들려주고 싶었다고 말했습니다. 그 마음이 눈물겹게 고마웠습니다. 제가 좋아하는 연주자였기에 감동은 더욱 컸습니다. 더러 뱃고동 소리도 섞이고 개가 짖는 소리도 들렸지만 연주를 감상하는 섬마을 사람들의 모습은 시종 진지하고 아름다웠습니다. 진정한 예술적 아름다움은 그렇게 발생하는 사건임을 저는 분명히 느낄 수 있었습니다.

선생님은 전시회에 오지 못한 분들에게도 그 작품들을 감상하실 수 있는 기회를 드리고 싶었고, 그래서 교회의 열린 공간에 그 작품들을 한시적으로나마 걸고 싶었는데 책임자로부터 일언지하에 거절당하셨다면서 어떻게 그럴 수 있느냐며 조금 흥분하셨습니다. 거기에 대해서는 제가 할 말이 없습니다. '사정이 있었겠지요'라거나 '어쩜 그럴 수가 있지요?'라며 맞장구칠 수는 없는 노릇이었습니다. 일의 맥락을 소상히 알지 못하는 상황에서 내린 섣부른 판단이 얼마나 위험한지를 잘 알기 때문입니다.

선생님은 자리를 뜨기 전 자신에게 당부할 말이 없느냐고 물으셨습니다. 초면인 분에게 제가 무슨 당부를 하겠습니까? 그렇지만 저는 주제넘게도 기독교인이라 하여 신앙을 직정적으로 드러내는 예술작업에 몰두하지 말라고 말씀드렸습니다. 물론 우리는 성서에 나오는 드라마틱한 사건이나 장면을 형상화한 많은 미술 작품과 만납니다. 위대한 화가들은 성서의 그 사건을 그대로 재연하는 것을 목표로 삼지 않습니다. 그 사건이 자기 속에서 일으킨 변화나 암암하게 떠오르는 이미지를 표현하려고 애씁니다. 그들은 마치 물결에 밀려 한곳에 쌓인 보드라운 모래처럼 시간이 지나가면서 자기 속에 새겨놓은 무늬 혹은 결절結節을 드러내려 합니다. 화가들은 빛과 그림자, 밝음과 어둠, 형태와 색채를 통해 그 무늬나 결절을 드러내려 하지만 그것은 언제나 손사래를 빠져나가는 모래알처럼 의도에서 벗어나기 일쑤입니다.

그 어려움을 회피하기 위해 많은 사람들은 쉬운 길을 택하곤 합니다. 경건함을 가장하거나 소재주의에 탐닉하는 것이지요. 조금 조심스러운 말이기는 합니다만 기독교적 소재를 즐겨 다루는 국내 화가들의 그림을 볼 때마다 좀 답답하다는 생각이 드는 것은 왜일까요? 그 작품들 속에서 드러나는 것은 하나님의 신비나 인생의 비의가 아니라 작가들의 나르시시즘인 경우가 많습니다. 심미적 체험은 개별적이고 구체적이고 특수합니다. 하지만 그 체험을 표현하려 할 때는 온축과 절제가 필요합니다. 빛은 어둠을 배경으로 할 때 오롯이 드러나듯이 표현되는 것은 표현될 수

아케다

없는 것까지 내포할 수 있어야 하는 것 아닌가요? 내가 선생님께 신앙을 너무 직정적으로 드러내지 말라고 말씀드렸던 것은 바로 이 때문입니다. 종교예술은 꼭 종교적 소재를 다뤄야 하는 것일까요? 발터 니그는 "종교적 소재를 담지 않은 종교예술이란 있을 수 없다"는 구스타프 하르트라우프의 말을 반박하며 이렇게 말합니다.

이 대답은 너무 편협하지 않은가? 렘브란트의 〈풍차가 있는 풍경〉이 과연 비종교적인가? 바흐의 음악은 가장 세속적인 곳에서 가장 경건하지 않은가? 성聖과 속俗의 구분은 복음의 깊이에 부합하지 않는다. 겉으로 종교적으로 보여도 속물 정신에서 나온 그림이 있고, 세속의 사물이 아주 강하게 종교적인 경우도 있다. 모든 것을 포용하는 신성은 종교 영역과 세속 영역으로 나뉘지 않는다. 이 두 영역이 신성 안에서 서로 화합하여 하나가 되었기 때문이다(발터 니그, 《조르주 루오》, 윤선아 옮김, 분도출판사, 29쪽).

'겉으로 종교적으로 보여도 속물 정신에서 나온 그림이 있고, 세속의 사물이 아주 강하게 종교적인 경우도 있다'는 말이 아주 강렬하게 다가옵니다. 이것은 '일상의 성화'라는 나의 관심에도 적용할 수 있는 말입니다. 루브르 박물관에서 렘브란트의 〈도살된 소〉(1655년경)를 보았을 때의 충격이 떠오릅니다. 도무지 빛의 화가라는 렘브란트의 그림 같지 않은 그림이었습니다. 도살된 소가 허공중에 매달려 있습니다. 전통적인 회화에서 잘 다루지 않는 노인, 장애인, 거지, 부랑자에게 따뜻한 시선을 던지고 그들을 자기 그림 속에 담아냈던 렘브란트이기는 하지만 그래

렘브란트, 〈도살된 소〉

〈도살된 소〉를 보았을 때의 충격이 떠오릅니다. 도무지 빛의 화가라는 렘브란트의 그림 같지 않은 그림이었습니다. 렘브란트는 왜 그런 그림을 그렸을까요? 삶의 덧없음을 드러내고 싶었던 것일까요? 회피하고 싶은 그 그림을 자꾸 들여다보는 동안 삶과 죽음의 경계가 멀지 않다는 사실을 인정하지 않을 수 없었습니다.

아케다

도 도살된 소는 정말 뜻밖이라 말할 수밖에 없습니다. 그곳이 도축장인지 푸줏간인지는 모르겠습니다. 발굽과 머리는 잘려 있고 몸통은 좌우로 갈라져 있습니다. 가죽은 벗겨지고 뿔도 뽑혀 있습니다. 가만히 그 그림을 보고 있노라면 왠지 비릿한 피 냄새가 날 것만 같습니다. 얼마 전까지만 해도 푸른 풀밭 위를 여유롭게 걸어 다녔을 피조물이 물체로 환원되어 걸려 있습니다. 렘브란트는 왜 그런 그림을 그렸을까요? 삶의 덧없음을 드러내고 싶었던 것일까요? 회피하고 싶은 그 그림을 자꾸 들여다보는 동안 삶과 죽음의 경계가 멀지 않다는 사실을 인정하지 않을 수 없었습니다.

1655년이면 유럽에서 30년 전쟁이 끝난 지 몇 해 지나지 않은 때입니다. 스페인과의 독립전쟁에서 승리를 거두었다고는 해도 네덜란드가 겪은 전쟁과 폭력의 회오리는 사람들의 삶을 뒤흔들어 놓았을 것입니다. 실제로 렘브란트는 이 무렵 파산을 선고 받기도 했습니다. 예민했던 화가는 도살된 채 나무에 걸려 있는 소를 통해 자기 모습을 보았던 것인지도 모르겠습니다. 하지만 나는 그 그림 속에서 이리저리 찢긴 유럽의 모습과 모욕당하는 하나님의 모습을 본 듯했습니다. 이건 완전히 비전문가의 추측일 따름입니다. 눈을 게슴츠레 뜨고 바라보니 도살된 소는 마치 십자가에서 죽임을 당한 어떤 분의 모습처럼 보이기도 했습니다. 자세히 살펴보면 문설주 뒤에 숨은 채 빠꼼히 바깥을 내다보고 있는 한 여인의 모습이 보입니다. 그 여인이 바라보고 있는 것은 무엇일까요? 고통스럽지만 계속되어야 할 삶이었을까요? 절망의 심연에서 떠오르는 희망이었을까요? 생각에 생각이 꼬리를 물며 이어집니다.

　저는 어둠을 모르는 빛, 절망의 심연을 거치지 않은 희망, 대가를 치르지 않고 주어지는 은혜, 추함을 외면하는 아름다움, 불화의 쓰림을 알지 못하는 조화, 흔들림조차 없는 확신, 일상을 떠난 영성을 신뢰하지 않습니다. 흔들림 속에서 든든함을 지향하고, 추한 현실 속에서 아름다움을 발견하고, 가장 속된 것 속에서 거룩한 것을 보려고 노력할 뿐입니다. 그래서 나의 길은 흔들리며 걷는 길입니다.

　며칠 전 문병란 시인(1933-2015)이 세상을 떠나셨다는 소식을 들었습니다. 젊은 시절 《새벽의 서》라는 시선집을 읽으며 가슴 뜨거워졌던 기억이 나서 그 책을 다시 꺼내 들고 처가집 벌초하듯 듬성듬성 읽어나갔습니다. 그러다가 '아랍의 하느님'이라는 시에서 그만 숨이 턱 막혀옴을 느꼈습니다.

　　하느님께서는 어디 계실까?
　　꽃 속에 계실까?
　　돌멩이 속에 계실까?
　　아니면, 죽어 가는 사람들의
　　썩은 시체 위에
　　한 마리의 쉬파리로 붕붕거리고 계실까?
　　머나 먼 아랍, 그보다 가까운

　　　　　　　　　　　　　　　　　　　　　　아케다

나의 조국 임진강 언덕 위에

가시 철조망으로 계시고

사막의 선인장 가시 위에

야보롯이 피어나는 요요로운 꽃으로 계시고

덩굴 찔레의 콕콕 찌르는 가시로 계시는

나의 하느님, 오늘은

죽어가는 팔레스타인 아랍 여인의

썩은 창자 속에서

한 마리 구더기로

더러운 냄새로 오시는 나의 하느님!

- 문병란, 〈아랍의 하느님〉 중에서

누군가는 불경하다 말할지도 모르겠습니다. 하지만 나는 시인의 아픔을 통절하게 느낄 수 있습니다. 시인이 의지하는 하나님은 더럽고 추하고 사소한 것들 속에서 당신의 모습을 드러내는 진정으로 거룩한 분이십니다. 속된 것 따로, 거룩한 것 따로인 세상은 가짜일 가능성이 많습니다.

예술에 대해 문외한인 제가 한 말을 너무 괘념치 마시기 바랍니다. 선생님의 작품을 볼 수 있는 기회가 있으면 좋겠습니다. 청명한 저 가을 하늘처럼 우리도 누군가에게 그런 맑음을 상기시킬 수 있는 존재가 되어야 하겠지요? 하루하루 그분과 동행하며 기뻐하시길 빕니다.

치곡致曲의
삶을 향하여

　　　　　　　　　　　　　오늘 만나서 참 반가웠습니다. 홍안의
청년으로 만난 후 거의 40년의 세월이 흐르고 있군요. 세월의 빠름을 한
탄해보아야 아무 소용없는 일이지만, 그동안 뭘 하고 살았나 돌아보니
회한이 밀려옵니다. 인생의 각 시간에 주어진 역할들을 감당하느라 나름
대로 갖은 수고를 다 했다고 말할 수 있을 겁니다. 대개는 시간에 등 떠
밀리며 살았지만 시간을 타고 산 때도 없지는 않았습니다. 어느 것이 더
나은 삶이었는지는 잘 모르겠습니다. 등 떠밀리며 살던 시간, 어지러움
이 아득하게 밀려올 때면 애써 잊고 살았던 허무함이 마치 안개처럼 나
의 존재를 삼켜버리곤 했습니다. 그러나 그 허무함은 어둠의 중심으로
우리를 이끄는 냉소주의와는 달랐습니다. 지금 애집하고 있는 일들이 어
쩌면 부질없는 것인지도 모른다는 자각이었습니다. 그래서인가요? 성공
지향적인 삶을 추구하는 이들을 저는 편안하게 만나기 어렵습니다. 그들

　　　　　　　　　　　　　　　　　　　　　　　　　　　　아케다

이 보이는 뻔뻔스러울 정도의 욕망과 자아에 대한 지나친 확신이 아슬 아슬하게 여겨지기 때문입니다.

볕 좋은 오늘, 모처럼 우리가 젊은 시절을 함께 보낸 신학교 주변을 어슬렁거려보았습니다. 그때나 지금이나 별 변화가 없습니다. 활발하게 움직이며 손님을 대하는 영천 시장 상인들, 골목길에 쪽파를 내놓고 퍼질러 앉아 다듬고 있는 식당 주인, 협소한 공간에 앉아 나른한 표정으로 바깥을 살피는 가게 주인들. 사람 사는 모습은 이렇게 평범하고 진부하지요. 하지만 그런 평범함과 진부함이야말로 우리 삶을 지탱해주는 기둥이라는 생각이 들자 그들이 참 정겹게 느껴졌습니다. 육교 옆에 있던 '00 다방'이 지금도 그대로 있더군요. 하! 모두가 멋진 이름으로 개명하고 있는데, 그 다방은 고집스레 옛 이름을 고수하고 있었습니다. 그 시절 늦수그레한 사내들과 히히덕거리던 레지들도 이제는 60줄의 중늙은이가 되어 어딘가에서 살고 있겠지 생각하니 영문 모를 고적감이 밀려왔습니다. 지하 공간의 그 퀴퀴한 냄새가 기억 속에서 환기되기도 했습니다.

20대 초반 나는 그 다방에 틀어박혀 김수영의 시를 외우곤 했습니다. 〈거미〉라는 시가 떠오르는군요.

내가 으스러질 정도로 설움에 몸을 태우는 것은
내가 바라는 것이 있기 때문이다.
그러나 나는 그 으스러진 설움의 풍경까지 싫어진다.
나는 너무나 자주 설움과 입을 맞추었기 때문에
가을 바람에 늙어가는 거미처럼 몸이 까맣게 타버렸다.

이 시를 외우면서 영문을 알 수 없는 설움에 감염되었던 적이 있었습니다. 정현종 선생의 번역으로 파블로 네루다의 시집《스무편의 사랑의 시와 한 편의 절망의 노래》을 읽다가 김수영의 시와 느낌이 비슷한 시구를 발견하고는 오소소 소름이 돋았던 기억이 있습니다.

달이 사는 내 황폐한 침실 속에서,
내 식구인 거미들, 그리고 내가 좋아하는 파괴 속에서,
나는 내 잃어버린 자아를 사랑하고, 내 흠 있는 성격,
내 반짝거리는 충격 그리고 내 영원한 상실을 사랑한다.

-〈소나타와 파괴들〉 중에서

마침 울고 싶은데 뺨을 때려주는 격이랄까요? 시대와 불화하면서도, 그래서 설움에 몸을 태우면서도, 여전히 자아를 온전히 포기하지 못하는 나의 모습이 이 시 속에 고스란히 반영된 것 같았습니다. 이 시를 수첩에 적어놓고 읽고 또 읽었습니다. 젊은 시절의 일이긴 하지만 지금도 이런 정서에서 벗어나지 못한 것을 보면 나는 철들긴 그른 모양입니다.

그 가난했던 시절 허름했던 행자네서 점심을 라면으로 때우고 나면 어떤 친구들은 기도실에 올라가 엎드렸고, 나를 포함한 몇몇은 다방으로 몰려가 핏대를 올려가며 토론을 하곤 했지요. 신앙의 뿌리가 없었던 나는 진부한 신앙 논리 속에 머물며 한 치도 벗어나려 하지 않는 이들의 허약한 논리를 깨뜨리기 위해 언어의 날을 세웠고, 나름 신실했던 이들

아케다

은 염려스런 모습으로 나를 바라보곤 했습니다. 관습적인 언어와 전복적인 언어가 부딪치며 내는 굉음으로 아마 다방이 시끄러웠을 겁니다.

토론이 길어지고, 이야기가 순환논리에 빠지면 나는 인내심을 잃고 의도적으로 불온한 언어를 내뱉기도 했습니다. "만약 내가 그런 방식으로 믿지 않는다 하여 신이 내게 지옥행을 선고한다면 나는 기꺼이 지옥에 들어가겠다." 친구들은 뜨악한 시선으로 나를 바라보곤 했습니다.

사실 그때 나를 사로잡고 있던 이는 알베르 까뮈였습니다. 지금도 여전히 그의 책을 가까이 두고 있는 것을 보면 나의 내면에는 그 고독했던 사나이에 대한 이상한 그리움이 있는 모양입니다. 그래서일까요? 나는 교회가 한사코 지켜내려고 하는 그 진부한 예수보다는 까뮈가 더 매력적이라고 말하기도 했습니다. 회의가 허용되지 않는 경직된 신앙의 언어보다는 터부를 깨뜨리는 불온한 말에 이끌렸던 시절이었습니다. 지옥 운운했던 것은 적어도 내가 믿는 하나님 혹은 예수님은 그렇게 편협하지 않다는 역설적 확신이 있었기에 가능한 이야기였을 겁니다.

무신론적인 사상가 테리 이글턴은 "지옥은 순수한 소멸의 상태"라고 말합니다.

지옥은 우리가 '들어가는' 물리적 공간이 아니다. 빛이나 사랑이나 절망이라는 물리적 공간이 없듯이 말이다. 전통 신학에 따르면 지옥에 있다는 말은 고의로 신의 사랑을 거부함으로써 신의 손아귀에서 떨어져 나오는 상태다.

그의 말을 조금만 더 들어볼까요?

> 모든 생명력의 원천인 신을 떠나서는 어떤 생명도 존재할 수 없기 때문에 궁극의 지옥은 불멸이 아니라 소멸이다.(테리 이글턴,《악》, 오수원 옮김, 이매진, 39쪽)

지옥불의 두려움으로 사람들을 위협하고, 통제하려는 이들의 저열한 욕망을 생각할 때마다 나는 모욕감을 느끼곤 합니다. 지옥은 하나님이 만드신 것이 아니라 바로 우리가 만드는 것인지도 모르겠습니다.

이슬람 신비주의 전통인 수피즘이 들려주는 이야기가 하나 생각납니다. 어느 날 유명한 여성 신비가인 라비아Rabia가 한 손엔 횃불을 들고 다른 손에는 물통을 들고 허겁지겁 달려가고 있었습니다. 사람들은 그녀에게 무슨 일이냐고, 지금 어디로 가는 길이냐고 물었습니다. 그러자 라비아는 "나는 지금 낙원에 불을 지르고, 지옥에 물을 끼얹으려고 가는 길입니다. 그러면 하나님에 대한 참된 인식을 가로막는 너울이 완전히 사라질 겁니다"라고 말했다고 합니다(edited by James Fadiman & Robert Frager, *Essential Sufism*, Harper SanFrancisco, 1997, p.86). 라비아가 보기에 하나님에 대한 참된 인식을 가로막는 것이 바로 지옥에 대한 두려움과 낙원/천국에 대한 열망이었던 것이지요.

이것은 오늘도 마찬가지가 아닌가 싶습니다. 두려움 때문에 믿고, 주어질 보상 때문에 믿는다면 그것은 순수한 믿음이라 할 수 없습니다. 어떻게든 욥을 무너뜨리려고 애쓰던 사탄이 하나님께 했던 말을 기억하시

아케다

지요? "욥이, 아무것도 바라는 것이 없이 하나님을 경외하겠습니까?"(욥기 1:9) 사탄의 질문은 매우 예리합니다. 사탄은 인간의 허약함을 꿰뚫어 보고 있습니다. 보상없는 믿음이 정말 가능할까요? 우리도 사람인지라 좋은 믿음에 상응하는 보상을 받고 싶어합니다. 하지만 보상에 대한 관심이 하나님 자신에 대한 관심을 넘어설 때 타락이 시작됩니다.

삶에 무슨 정답이 있겠고 신앙의 길이 어디 외길이겠습니까? 때로는 주어진 길을, 때로는 선택한 길을 시행착오를 거치며 가는 게 인생이겠지요. 걷고 또 걷는 동안 마땅히 가야 할 길이 오련하게나마 떠오른다면 그나마 다행이라 하겠습니다. 로버트 프로스트(1874-1963)가 이십 대에 쓴 〈가지 않은 길〉을 기억하시지요? 노란 숲 속으로 두 갈래 길이 있었다지요? 시인은 두 길 모두 선택할 수 없어 섭섭했다고 말합니다. 그래서 한참 서서 시야가 닿는 곳까지 그 길을 유심히 바라보다가 사람들이 많이 걷지 않은 것 같아 보이는 길을 택했다고 말합니다. 한 사람이 두 길을 함께 걸을 수는 없습니다. 그렇기에 인간의 가슴에는 회한이 쌓입니다. 어쩌면 가지 못한 그 길이 내 삶을 더 아름답게 만들었을지도 모른다고 생각하기 때문입니다. 그런 회한이나 비애감에 사로잡히지 않으려면 지금을 충실히 살아내는 수밖에 없습니다.

《중용》 23장에 '치곡致曲'이라는 단어가 나옵니다. '치'는 한발 한발 나아가 마침내 이르는 것이고, '곡'은 곡진하다는 뜻이니, '치곡'이란 마음과 뜻을 정성스럽게 한 채 한발 한발 나아가는 것을 이르는 말일 겁니다. '정성스럽다'는 말이 새삼스럽게 다가오는 요즘입니다. 거짓과 술수가 판을 치는 세상이기에 더욱 그렇습니다. 이익에 따라 흔들리지 않고 마음을 온새미로 그분께 바칠 때 우리는 지금보다는 조금 나은 사람이 될 수 있을 것 같기도 합니다.

　단풍이 들고 낙엽되어 떨어지는 일은 나무들의 겨울 준비라지요? 벗들의 머리에 내린 흰 이슬을 보며 이상한 안도감이 들었어요. 이제는 진리의 빛으로 아름답게 물들기를 소망할 뿐입니다. 그저 바라보기만 해도 마음 흐뭇해지는 얼굴이 될 수 있다면 얼마나 좋겠어요? 주어진 삶의 자리가 어디든 성실하게 '그 길'을 걷는 벗들이 있다는 사실이 참 든든합니다. 이 좋은 가을날 부디 청안청락하시길 빕니다.

눈 떠 바라보기를
잊지 마라

　평안하신지요? 무정하고 무심한 세월
이 흐르고 또 흐르더니 어느덧 상강霜降 절기를 맞게 되었네요. 옛 사람
은 이맘 때를 가리켜 "만산滿山 풍엽楓葉은 연지臙脂를 물들이고, 울 밑의
황국화黃菊花는 추광秋光을 자랑한다"고 노래했습니다. 단풍을 보며 여인
의 볼에 찍는 연지를 떠올리는 것이 참 정겹습니다. 국화의 노란빛이 사
뭇 부드러워진 가을빛이 깃든 것이라 하는 상상력이 참 여유롭습니다.
이런 여유는 멈춰 설 때만 누릴 수 있는 것일 텐데, 달구치듯 우리를 몰
아가는 어떤 강박관념 때문에 가을을 만끽하지 못하고 삽니다.

　짧은 시간이었지만 남해에서 함께 보낸 시간이 벌써 아련한 그리움으
로 물들고 있습니다. 자옥한 미세먼지 때문에 해돋이의 장관을 보지 못
하고 푸른 바다 풍경을 보지 못한 것이 못내 아쉽긴 하지만 그래도 좋은
이들과 동행한 시간이 시종 유쾌했습니다. 다 함께 합주하던 리코더 소

리가 마치 이명증처럼 자꾸 들려옵니다. 남해 금산에 올라 모두 보리암으로 향했을 때 저는 금산 꼭대기를 찾았습니다. 이성복 시인의 시 〈남해 금산〉이 자꾸 떠올랐기 때문입니다. 누군가에 대한 시인의 그리움이 내 속에도 떠오르기를 바란 것인지도 모르겠습니다. 산을 오르면서 저는 습관처럼 이성복의 시를 읊조렸습니다.

> 한 여자 돌 속에 묻혀 있었네
> 그 여자 사랑에 나도 돌 속에 들어갔네

사랑하지만 끝내 안을 수 없는 여자, 그리움이 얼마나 사무쳤으면 시의 화자는 그 돌 속으로 들어갔을까요? 산꼭대기에서 내려다보이는 돌올嵌兀한 바위를 보면서 시인의 시선이 저 바위에 머물렀던 것인지도 모르겠다는 생각이 들었습니다. 이성복 시인은 "사랑의 의무는 사랑의 소실에 다름 아니고, 사랑의 습관은 사랑의 모독"이라고 말합니다. 아마도 그럴 겁니다.

산길을 천천히 걷는 동안 젊은 날 내 마음을 달뜨게 했던 오규원 시인의 〈한 잎의 여자〉도 떠올랐습니다.

> 나는 한 여자를 사랑했네,
> 물푸레나무 한 잎같이 쬐근한 여자,
> 그 한 잎의 여자를 사랑했네,
> 물푸레나무 그 한 잎의 솜털,

아케다

그 한 잎의 마음
그 한 잎의 영혼
그 한 잎의 눈
그리고 바람이 불면 보일 듯 보일 듯한
그 한 잎의 순결과 자유를 사랑했네

그 한 잎의 마음,

그 한 잎의 영혼,

그 한 잎의 눈,

그리고 바람이 불면 보일 듯 보일 듯한

그 한 잎의 순결과 자유를 사랑했네.

- 오규원, 〈한 잎의 여자〉 중에서

이 시를 만난 후 괜히 물푸레나무를 보면 그 잎을 유심히 보는 버릇이 생겼습니다. 남세스럽지만 바람에 몸을 뒤채는 나뭇잎을 볼 때마다 이런 시구가 떠오르는 것을 보면 나는 아직도 젊은 날의 영문 모를 열정과 작별하지 못한 것인지도 모르겠습니다.

바닷가 산책로를 걸으면서 안개에 가려 우련하게 떠오르는 해를 적막한 시선으로 바라보셨지요? 햇빛이 고요한 물결 위로 번져올 때 우리는 아픔에 대한 이야기를 나눴습니다. 평생 품고 살아가야 할 아픔 말입니다. 드러내놓고 말하지 않아 그렇지 아픔이 없는 사람이 누가 있겠습니까? 물론 그 아픔의 정도는 사람마다 다르지요. 저는 선생님을 볼 때마다 그 아픔과 더불어 살아온 이의 쓸쓸함과 아울러 어떤 넉넉함을 느끼곤 했습니다. 세월이 지나면 나아질 거라는 기대라도 있다면 그나마 다행이지만, 그 고통이 운명처럼 달라붙어 죽을 때까지 해결될 수 없는 일이라면 생각만으로도 참 힘겨운 인생입니다. 그 무거운 짐을 헌옷 벗어던지듯 벗어버리고 싶은 생각이 들지 않으셨나요? 여전히 속된 저는 생

아케다

각만으로도 그 무게에 짓눌리는 느낌입니다.

가끔 운명의 속박 같은 것을 느낄 때마다 헤라클레스의 죽음을 떠올립니다. 영웅인 남편 헤라클레스가 다른 여인에게 마음을 빼앗길까 봐 조바심치던 아내 데이아네이라는 반인반수의 괴물인 켄타우로스의 피가 묻은 옷을 남편에게 보내지요. 헤라클레스의 활을 맞고 죽어가면서 켄타우로스가 했던 말을 믿었기 때문입니다. 켄타우로스는 자기 피가 묻은 옷을 헤라클레스에게 입히면 그의 사랑이 결코 떠나지 않을 거라고 질투심에 사로잡힌 여인을 속였던 것입니다. 아내가 보낸 옷을 입은 헤라클레스는 살갗이 타들어가는 고통에 몸부림치다가 마침내 불타는 장작더미 위에 몸을 던져 생을 마감합니다. 영웅의 최후로는 매우 불명예스럽고 치욕적인 죽음입니다.

바울 사도도 떠오릅니다. 그는 자기 몸에 있는 가시를 없애달라고 세 번씩이나 기도했다고 하지요. 하지만 하나님은 묵묵부답이셨습니다. 바울은 하나님의 깊은 침묵 속에 담긴 메시지를 들었습니다. "내 은혜가 네게 족하다." 그는 그 가시야말로 영적인 교만에 빠지지 않도록 자기를 지켜주었다고 말합니다. 제거할 수 없는 아픔은 품고 가는 수밖에 없습니다. 어깨 통증과 테니스 엘보로 시달리는 제게 어느 선생님은 그 고통에 잘 적응하며 살라고 하더군요. 어쩌면 그런 게 삶의 지혜인지도 모르겠습니다.

남해에서 돌아와 함석헌 선생의 시 〈마음에 부치는 노래〉를 찾아 읽었습니다. 젊은 날 이미 우리 역사를 '고난' 혹은 '뜻'의 관점에서 읽어냈던 분이지만, 암담한 역사 현실 앞에서 가끔 흔들리기도 했던 모양입니다.
그래서 선생님은 자기 마음을 다잡기 위해서 이런 시를 쓴 것이 아닌가
싶습니다.

세상이 거친 바다라도
그 위에 비치는 별이 떠 있느니라
까불리는 조각배 같은 내 마음아
너는 거기서도 눈 떠 바라보기를 잊지 마라
역사가 썩어진 흙탕이라도
그 밑에 기름진 맛이 들었느니라
뒹구는 한 떨기 꽃 같은 내 마음아
너는 거기서도 뿌리 박길 잊지 마라
인생이 가시밭이라도
그 속에 으늑한 구석이 있느니라
쫓겨가는 참새 같은 내 마음아
너는 거기서도 사랑의 보금자리 짓기를 잊지 마라
삶이 봄 풀에 꿈이라도
그 끝에 맑은 구슬이 맺히느니라
지나가는 나비 같은 내 마음아
너는 거기서도 영원의 향기 마시기를 잊지 마라

– 함석헌, 〈마음에 부치는 노래〉

아케다

세상은 거친 바다 같고, 역사는 썩어진 흙탕과 다를 바 없고, 인생은 가시밭입니다. 눈을 감고 산다면 모를까 눈을 뜨면 암담하기 이를 데 없는 상황입니다. 자칫하면 더럽고 불의한 세상에 대한 저항을 포기하고 세속의 논리에 순응하며 살 수도 있습니다. 그렇기에 함 선생은 자기 마음을 정직하게 돌아봅니다.

'까불리는 조각배 같은 내 마음아', '뒹구는 한 떨기 꽃 같은 내 마음아', '쫓겨가는 참새 같은 내 마음아', '지나가는 나비 같은 내 마음아.'

거듭해서 등장하는 '내 마음아'라는 호격조사 속에서 저는 안쓰러움을 느낍니다. 만물보다 심히 부패한 것이 마음이라지요? 함 선생은 그런 마음의 실상을 알기에 흔들리기 쉬운, 까무룩 잠들기 쉬운 그 마음을 자꾸만 불러 일으켜 세우는 것일 겁니다. 눈을 떠 바라보면 거친 바다 위를 비추는 별이 있고, 썩어진 흙탕 밑에도 기름진 맛이 들어 있고, 가시밭 같은 인생에도 으늑한 맛이 있는 법입니다. 썩어진 흙탕 같은 세상에 깊이 뿌리를 내릴 수 있을까요? 가시밭 같은 인생 위에 사랑의 보금자리를 지을 수 있을까요? 일장춘몽 같은 인생을 살면서도 영원의 향기를 맡을 수 있을까요? 함 선생님은 그럴 수 있다고, 아니 그래야 한다고 말씀하시는 것 같습니다. 삶이란 그런 것이겠지요.

연암 박지원은 지초芝草나 반딧불도 썩은 흙이나 풀이 있어야 나올 수 있다 했습니다. 김수영은 〈거대한 뿌리〉에서 "진창은 아무리 더러운 진창이라도 좋다/나에게 놋주발보다도 더 쨍쨍 울리는 추억이/있는 한 인간은 영원하고 사랑도 그렇다"고 노래했습니다. 그는 고단하기 이를 데 없는 현실 속에 있었지만 세상과 적당히 타협하며 살려 하지 않았습니다. 작은 장벽을 만날 때마다 비명부터 지르고 보는 나의 심약한 마음에 비하면 김수영의 의지는 강철과 같습니다.

> 이 땅에 발을 붙이기 위해서는
> 제3인도교의 물 속에 박은 철근 기둥도 내가 내 땅에
> 박는 거대한 뿌리에 비하면 좀벌레의 솜털

> — 김수영, 〈거대한 뿌리〉 중에서

이 도저한 도전 정신, 어려움 앞에 굴복하지 않겠다는 강다짐이 새삼스럽게 느껴지는 요즘입니다.

이렇게 비장하지는 않지만 선생님의 모습 속에서 저는 '거대한 뿌리'를 봅니다. 그것을 믿음이라 해야 할지, 연민이라 해야 할지 모르겠습니다만 자신에게 주어진 생의 짐을 끝까지 지고 가려는 그 검질긴 마음속에서 나는 거룩을 봅니다. 가끔 손을 내밀어 주시고, 속마음을 허물없이 드러내 보여주셔서 고맙습니다. 가야 할 길이 아직 멀지만 그래도 동행이 있어 힘이 납니다. 이 가을에 마음 흐뭇한 일 많이 만나시기를 빕니다.

아케다

Chapter 6
Vespers

마 음 의   길

베스퍼스

나는 길들여지지
않는다

　　　　　　　　어제의 만남은 참 유익했습니다. 함
께 오신 재즈 뮤지션 덕분에 대화가 더 유쾌했던 것 같습니다. 재즈에 대
해서는 잘 알지 못하지만 이상하게도 그 음악을 듣고 있으면 이런저런
일로 들떴던 마음이 차분해지고, 애집하고 있던 일로부터 조금은 거리
를 둘 여유가 생기는 것 같아요. 〈부에나비스타 소셜 클럽〉이라는 영화
를 보면서 쿠바 출신 할배들이 만들어내는 그 조화롭고 자유로운 소리
에 매혹되었던 적이 있었습니다. 그들은 인생이란 너무 엄숙한 것도 비
극적인 것도 아니라고, 순간순간 다가오는 기쁨과 슬픔을 한껏 맛보면
서 즐겁게 견뎌내는 거라고 말하는 듯 했습니다. 어쩌면 아직 정오 무렵
을 지나고 있는 이들에게는 낯설 수도 있는 세계관일 겁니다. 하지만 오
후 4시에서 5시 어간을 지나고 있는 내게는 그 할배들이 보여주는 세계
가 어렴풋이 짐작되는 바가 있습니다.

메일을 통해 청년 모임의 강연 부탁을 받았을 때 늘 그러하듯이 처음에는 거절하려 했습니다. 오늘 이 시대 청년들의 절박한 심정을 어렴풋이 짐작은 하지만 그들의 속내를 속속들이 이해할 수 없음을 잘 알고 있기 때문이었습니다. 그 청년 세대를 가리켜 '망연자실할 법한 인생의 노도 앞에서 신음하는 이들'이라 하셨지요? 그러니 그들에게 내가 무슨 말을 들려줄 수 있겠습니까? 오후 5시의 시선으로 세상을 바라보는 이가 정오의 시간을 지나고 있는 이들에게 들려주는 이야기가 그저 '꼰대'(?)스런 말이 아닐까 우려됩니다. 하지만 그들에게 필요한 것은 모든 것이 잘 될 거라는 값싼 위로가 아니라 시퍼렇게 살아 생동하며 행동하라는 초대라고 말씀하셨지요? 그 말씀을 듣는 순간 마음 한 켠에 저릿한 고통이 느껴졌습니다. 그런 생동하는 삶으로부터 너무 멀리 떨어져 나온 나의 모습이 보였기 때문입니다. 삶이 뒷받침되지 않는 메시지는 공허하기 이를 데 없습니다. 그럼에도 불구하고 초월적 신앙과 역사적 신앙의 균형과 긴장을 추구하는 것이 하나님 나라를 지향하는 이들의 삶임을 재확인시켜 달라는 요구를 차마 거절할 수가 없었습니다.

세상에서 가장 슬픈 것이 있다면 '길들여진 젊음'일 겁니다. 리처드 바크의 《갈매기의 꿈》에 매료된 적이 있습니다. 모두가 하구에 모여들어 끼룩거리며 파도에 떠밀려온 물고기를 차지하기 위해 다툴 때, 홀로 높이 그리고 빠르게 날기 위해 훈련을 계속하던 조나단 리빙스턴 시걸의 모습은 진리 추구의 길에 들어선 나의 모습이어야 한다고 생각했습니다. 소설 앞머리에 나오는 "우리들 속에 함께 살고 있는 진정한 조나단 시걸에게"라는 헌사는 비근한 일상을 넘어선 세계로의 초대였습니다. 비행

훈련으로 깃털조차 다 빠져 앙상하게 마른 조나단의 모습은 사막의 수도자들과 다를 바 없었습니다. 동료 갈매기들은 갈매기의 전통과 법규를 따라 살지 않는 조나단을 비난했습니다. 그리고 자기들의 세계에서 추방했습니다. 추방은 쓰라린 것이지만 '홀로'된 바로 그때 조나단은 절대 자유의 경지에서 노니는 다른 갈매기들을 만납니다. 그 갈매기와의 만남을 통해 조나단도 시공을 넘어 비행할 수 있는 경지에 도달합니다. 이야기는 이후에도 계속됩니다만 이 정도로 그쳐야 할 것 같습니다. 다만 깨달음의 경지에 도달한 조나단이 동료 갈매기들을 그 놀라운 세계로 인도하려 하지만 다수의 갈매기들은 여전히 그를 갈매기 세계를 분열시키는 위험인물로 여겼다는 말만 해야 하겠습니다. 《갈매기의 꿈》은 어쩌면 플라톤의 '동굴의 비유'를 염두에 둔 것인지도 모르겠습니다.

리처드 바크는 '어느 메시아의 모험'이라는 부제가 붙은 소설 《환상》의 책머리에 《갈매기의 꿈》에서 엿보았던 세계를 다른 방식으로 전개하고 있습니다. 가르침을 청하는 이들에게 '주님'이 들려준 이야기입니다. 거대하고 맑은 강물 밑바닥에 군생이 부락을 이루어 살고 있었습니다. 강물은 젊은이와 늙은이, 부자와 가난한 자, 착한 자와 악한 자를 가리지 않고 그들 모두 위에 조용히 흘렀습니다. 생물들은 각자의 방식으로 강바닥의 바위와 나뭇가지에 꼭 매달려 있었습니다. 매달리는 것이 그들의 생활방식이었습니다. 그러나 어느 날 매달리는 것에 싫증이 난 한 생물이 다른 생물들의 만류를 뿌리치고 꼭 붙잡고 있던 손을 놓았습니다. 물론 강물은 그를 넘어뜨려 바위 위에 내던졌지요. 그 생물은 다시 매달리기를 거부했습니다. 그러자 흐름은 그를 밑바닥으로부터 들어 올려 자유롭게 했습니다. 다시는 멍들거나 다치지도 않게 되었지요. 이방으로부터 온 하류의 군생들이 그를 보고 외쳤습니다. "기적을 보라! 우리와 똑같은 생물이지만 그는 날고 있다! 메시아를 보라! 오셔서 우리 모두를 구하소서!" 강물 위를 떠내려가던 자는 자기는 메시아가 아니라며 저마다 잡았던 손을 놓기만 하면 강물은 즐거이 우리를 들어 올려 자유롭게 해 준다고 말합니다. 하지만 그들은 계속 바위에 매달린 채 '구세주여!'라고 외치기만 했습니다. 그 생물은 흐름을 타고 사라졌고 남은 이들은 자기들끼리 구세주의 전설을 만들었습니다.(리처드 바크, 《환상》, 신정옥 옮김, 평민사, 13-45쪽 참조)

매달리기만 할 뿐 손을 놓을 용기가 없어 사람들은 신화를 만들고, 그 신화를 소비하고 해석하느라 세월을 보냅니다. 하나님은 아브람에게 익숙하던 세계를 '떠나라' 하셨습니다. 그것은 '구름에 달 가듯이' 떠도는 나그네가 되라는 것이 아니라, 전적으로 새로운 삶의 방식으로의 초대였습니다. 등불을 꺼야 밤하늘의 별세계가 오롯이 드러나듯 내게 편안함을 주는 세계로부터 자꾸 떠날 때 더 큰 세계가 우리 눈앞에 개시됩니다. 자기가 통제할 수도, 조작할 수도 없는 세계의 현전! 그 세계 앞에 설 때 우리는 비로소 무엇을 먹을까 마실까 입을까 하는 염려에 경도된 삶에서 벗어날 수 있습니다. 욕망의 터 위에 세워진 세상은 우리가 서 있는 삶의 길에서 벗어나면 다시는 회복하기 어려운 지경에 빠질 거라고 위협합니다. 그래서 다른 세계에 눈을 돌리지 못하게 합니다.

말이 한눈을 팔지 못하도록 하기 위해 눈 옆으로 가리개를 씌워놓은 것을 보신 적이 있으신지요? 보면 딱하다는 생각이 듭니다. 그런데 가만 생각해보면 우리 꼴이 꼭 그런 것 같습니다. 학생들에게는 한눈을 파는 순간 네 친구가 너를 앞지를 거라고 가르치고, 직장인들에게는 방심하는 순간 루저로 전락할 수 있다고 말함으로 그들을 길들이려 합니다. 많은 이들이 투덜거리면서도 그 세계를 받아들입니다. 당연의 세계를 당연하게 받아들이는 것이지요. '왜 그래야 하느냐?'고 묻는 이들은 문제가 많은 사람으로 낙인찍힙니다.

경쟁을 내면화한 채 살 수밖에 없는 세상은 사람들을 모두 환자로 만듭니다. 자기 고유의 속도로 살지 못하고, 누군가가 정해놓은 속도에 맞춰 살아야 하니 병이 들 수밖에 없습니다. 우리는 어리석은 송나라 사람 이야기를 잘 압니다. 그는 밭에 심어놓은 보리가 얼마나 자랐는지 궁금해 날마다 밭으로 달려가 살펴보곤 했습니다. 그런데 아무리 보아도 너무 더디 자라는 것 같았습니다. 어느 날 보리 한 포기를 살짝 들어 올렸더니 키가 한결 커진 것 같았습니다. 그래서 그는 온종일 보리 키를 키워주느라 땀을 흘렸습니다. 자기 노동의 결과를 바라보며 그는 흐뭇해했겠지요. 하지만 며칠 후 그가 맞닥뜨린 것은 누렇게 죽어버린 보리밭이었습니다. 발묘조장拔苗助長이라는 말이 여기서 비롯되었다고 합니다. 발묘조장하는 일이 얼마나 많은 세상인지요? 자기 인생의 때에 누려야 할 것들을 누리지 못하고 기성세대의 욕망에 따라 경쟁의 세계로 내몰리는 이들의 마음이 건강할 리가 없습니다.

지금은 조금 힐링 열풍이 시들하기는 합니다만, 용어의 소비가 줄었을 뿐 현실은 조금도 달라지지 않았습니다. 앞으로는 심리상담사들의 전성 시대가 올 것이라고 예측하는 이들도 있더군요. 목회자들 가운데도 목회 상담을 마치 미래 목회의 유일한 대안인 것처럼 인식하는 이들이 점점 많아지고 있습니다. 정말 그런 것일까요? 사람들을 환자로 만드는 사회 구조는 그대로 놔두고 그 속에서 발생하는 환자들을 치유만 해주면 되 는 것일까요?

법인 스님의 책을 읽다가 공감되는 대목을 만났습니다. 그는 사람을 힘들게 하는 원인은 크게 세 가지라고 말합니다. 무지와 게으름, 그리고 비겁이 그것입니다. 물론 사회 구조도 한몫을 감당하고 있습니다. "그 사 회는 속도와 성장을 목표로 개인을 도구화하고 소모품으로 취급하는 국 가권력과 기업과 학교"입니다. 법인은 "어설픈 위로는 개인을 나약하게 만들고 탐욕과 독점을 교묘하게 감추고 있는 사회구조에 면죄부를 준 다"고 말합니다. 전적으로 공감합니다.

> 그러므로 아프다고, 괴롭다고 말하는 이들이여, 위로받기 전에 냉엄하게 스스로를 진단해 보라. 내 삶은 방향을 제대로 잡았는가, 나는 지금 남의 삶을 눈치 보며 흉내 내고 있지는 않은가. 진정한 힐링은 나를 내 삶의 주체로 세 우고 독창적으로 살아갈 때 가능하다. 이를 통해 자유와 행복은 성취된다.(법 인,《검색의 시대, 사유의 회복》, 불광출판사, 21쪽)

지금은 정신을 바짝 차리고 기존 질서에 익숙해지지 않으려고 애쓰지만 시간이 갈수록 현실에 길들여질까 두렵다고 하셨지요? 그건 정말 두려운 일입니다. 그렇기에 우리가 거듭거듭 들어야 하는 것은 '떠나라'는 하나님의 우렁우렁한 요구와 '나를 따르라'는 주님의 초대입니다. 내려놓지 못해 누추해진 이들을 우리는 정말 많이 봅니다. 노자는 일찍이 '공성이불거功成而弗居'를 가르쳤습니다. 공을 이루어도 그 속에 머물지 말라는 말입니다. 치기만만하던 시절 나의 진실이 왜곡되거나 짓눌릴 위협에 처할 때마다 스스로 되뇌던 말이 있습니다. '여기서 죽지 뭐!' 지금 생각하면 부끄럽기도 하지만 그건 나름의 자존심이었습니다. 견결했던 그 마음이 나를 지켜주었던 것 같기도 합니다. '나는 길들여지지 않는다.' 무슨 광고 카피 같긴 합니다만 이런 정도의 결기는 필요할 것 같습니다. 찬바람에 하나둘 떨어지는 낙엽을 봅니다. '방하착放下着.' 때가 되면 홀가분하게 떠나 근본으로 돌아갈 수 있다면 참 좋겠습니다. 가을의 남은 때를 즐기실 수 있으면 좋겠습니다.

나무가
부르는 노래

평안하신지요? 간밤에는 창문을 흔드는 바람 소리에 잠이 깼습니다. 베란다 창문이 좀 열려 있었나 봅니다. 창밖을 내다보니 시원하게 비가 쏟아지고 있었습니다. 모처럼 내리는 단비였습니다. 충남에서는 물 부족으로 제한 급수를 하고 있다는 소식을 들었습니다. 현지인들에게는 심각한 문제인데 내가 당사자가 아니라고 그 심각성을 깊이 공감하지 못했습니다. 이제 조금 숨을 돌릴 수 있을까요? 가만히 어두운 창가에 서서 바람이 휘젓고 있는 세상을 바라보았습니다. 물끄러미. 해야 할 일도, 하고 싶은 일도 떠오르지 않았습니다. 잠시 나무를 흔들다가 놓아주곤 하는 바람, 바람이 부는 대로 자유롭게 춤을 추는 나뭇잎을 보았습니다. 그리고 그 노래가 떠올랐습니다. "목사님께 들려드리고 싶은 마음이 어린아이처럼 커짐을 문득 참을 수가 없었습니다"라는 말과 더불어 보내온 노래 〈나무가 부르는 노래〉(나무엔 작사.

가수 나무

바람은 나무를 통해 노래하고, 나무는 바람 덕분에 노래를 부릅니다.
이 아름다운 어울림이 참 좋습니다.

작곡) 말입니다.

바람이 불기 전에는 나무가 노래할 줄 몰랐다
저 멀리 푸르른 나무들 그 바람을 아는 듯 설레어 하네
바람이 나무를 노래하네 오랜 기다림을 노래하네
그 노래 나무가 부르는 노래 바람과 함께 부르는 노래
바람이 불기도 전에 나무가 설레어 하네

담백하고 맑고 착한 소리가 제 귀에 들리는 듯했습니다. 세상에서 가장 깊은 맛은 담담한 맛이라지요? 자극적인 소리에 길들여진 사람들은 어떨지 모르겠지만 제 영혼은 꾸밈없이 부르는 님의 소리에 가장 크게 공명하곤 했습니다. 그 소리는 내가 겹겹이 입고 있던 허위의 옷을 벗게 만듭니다. 느슨하게 늘어져 있는 내 마음의 현을 조율해주는 듯합니다. 고맙습니다.

바람은 나무를 통해 노래하고, 나무는 바람 덕분에 노래를 부릅니다. 이 아름다운 어울림이 참 좋습니다. 혹시 함석헌 선생님의 〈인생은 갈대〉라는 시를 아시는지요? 그 일부만이라도 소개하고 싶군요.

인생은 마른 갈대 꽃 지고 잎 내리어
파란 몸 빈 마음에 찬 물결 밟고 서서
한 세상 쓰고 단 맛이 좋고나 하는 듯

푸른 가을 하늘을 배경으로 하느작거리는 갈대 혹은 억새를 보며 사람들은 다 아름답다고 말합니다. 하지만 시인은 꽃도 지고 잎도 다 떨어진 마른 갈대를 보고 있습니다. 화려한 시절은 다 지나갔습니다. 자아를 부풀게 했던 것들이 다 스러지자 마음조차 가난해졌습니다. 찬 물결 밟고 서 있지만 서럽지는 않습니다. 젊은 때는 쓴 맛과 단 맛을 가렸지만 이제는 그렇지 않습니다. 어느 것 하나 버릴 것 없는 자기 생임을 알기 때문입니다. 그렇기에 순하게 그 생을 마음으로 보듬어 안습니다.

> 인생은 꺾인 갈대 한 토막 뚫린 피리
> 높은 봉 구름 위에 가득한 숨을 마셔
> 처량한 곡조 한 소리 하늘가에 부는 듯

아무리 몸부림쳐 보아도 인생은 영원할 수 없습니다. 대지에 뿌리를 박고 안간힘을 다해 하늘을 지향해 보지만 결국 한계에 부딪치고 맙니다. 그래서 인생은 미완성입니다. 꺾인 갈대입니다. 하지만 그걸로 끝은 아닙니다. 시인은 꺾인 갈대에 구멍을 뚫으면 피리가 된다는 사실을 문득 깨닫습니다. 그렇지요. 소멸할 수밖에 없는 인생이지만 불멸을 노래할 수는 있습니다. 그래서 높은 봉 구름 위에 가득한 숨을 한껏 들여 마시고는 뚫린 피리 속에 숨을 불어넣습니다. 그 숨은 나의 숨인 동시에 너의 숨이고, 더 나아가 절대적인 님의 숨입니다. 히브리인들은 하나님의 영을 '숨' 혹은 '바람'이라 하지 않던가요? 그렇기에 시인은 얕은 숨이 아니라 높은 봉우리 저 구름 위에 가득한 숨을 마신다고 말합니다. 어쩌면 노래하는 마음이 이런 것인지도 모르겠습니다. 우리는 그저 제 숨에 맞게 노래를 잠시 부르다 가는 것이겠지요.

오늘 저는 금혼식을 맞이한 한 노부부의 잔치자리에 참석했습니다. 축시를 낭독하신 분이 "쉰 번의 봄, 여름, 가을, 겨울을 함께 살아냈다"며 두 분의 삶을 치하했습니다. 그렇지요. 생각해보면 기가 막힌 세월을 겪었을 겁니다. 기쁜 순간도 있었겠지만, 가슴이 무너지는 때도 있었을 겁니다. 그런 순간을 함께 겪어냈다는 것이 얼마나 아름다웠던지요. 사회자가 가족들과 친지들을 소개할 때 나는 나희덕의 시 〈품〉을 떠올렸습니다. '세상에!'라는 구절로 시작되는 이 시는 오동나무 한 그루에 까치가 이십 마리나 앉아있다고 노래합니다. 그 나무는 크기는 했지만 반 넘어 썩어가는 나무였습니다.

그 나무도
물기로 출렁이던 때
제 잎으로만 무성하던 때 있었으리

시인은 그 나무를 향해 연민의 시선을 보냅니다. 지금은 구새 먹어 볼품없게 되었지만 그 나무도 푸른 시기가 있었습니다. 다섯 번을 잘리면서도 기어코 줄기를 뻗어 올리던 시기, 삶의 의욕이 넘치던 때 말입니다(오동나무는 다섯 번을 잘라준 후에 나오는 줄기라야 아름다운 소리를 품은 악기로 재탄생할 수 있다고 하지요). 시인은 제 잎만으로도 무성하던 나무의 한 때를 떠올립니다. 청년의 날입니다. 하지만 그 푸르던 시간은 이미 지나갔습니다. 소리를 품은 악기로 변화될 가능성은 이미 사라졌습니다. 눈여겨보는 이도 없습니다. 하지만 그 외로운 오동나무를 찾아오는 손님이 있습니다. 까치떼입니다. 시인은 그 기적과도 같은 풍경을 보며 이렇게 노래합니다.

빈 가지가 있어야지,
제 몸에 누구를 앉히는 일
저 아닌 무엇으로도 풍성해지는 일

자기를 비우지 않으면 누군가를 앉힐 수 없다네요. 옳은 말입니다. 나를 비우는 것은 가난해지는 것이 아니라 '저 아닌 무엇으로 풍성해지는 일'입니다. 이런 삶의 비결을 익힐 수만 있다면 우리 삶이 인정의 황무지는 되지 않을 텐데요.

지금은 어둠이 소리 없이 찾아오는 시간입니다. 창문을 타고 흘러내리는 빗방울을 바라보니 괜히 쓸쓸한 생각이 드네요. 서가에서 빛바랜 시집 하나를 꺼냈습니다. 게오르그 트라클(Georg Trakl, 1887-1914)의 《귀향자의 노래》입니다. 이 시집과 만난 게 벌써 사십 년 전이니 저와 꽤 오랫동안 지냈습니다. 누렇게 변색된 종이가 세월을 느끼게 해줍니다. 가끔 이런 시집을 읽다가 식탁 위에 올려놓을라치면 아내는 얼른 치우라고 다그치곤 합니다. 그 가혹했던 시절의 우울에 사로잡혀 있던 나는 그의 시와 만나 큰 충격을 받았습니다. 겨우 스물일곱 해를 살다가 떠난 시인이 보여주는 세계인식이 마치 인생을 다 산 사람처럼 보였기 때문입니다. 그의 시어 곳곳에서 나는 순수한 세계에 당도하고 싶은 열망과 동시에 소멸에의 의지를 읽을 수 있었습니다. 도저한 허무가 느껴지기도 했습니다.

> 그날의 찬란한 빛은 흘러가고
> 저무는 저녁의 얼룩진 다청색.
> 목동의 고운 피리소리도 사라졌다.
> 저무는 저녁의 얼룩진 다청색.
> 그날의 찬란한 빛은 흘러가 없다.
>
> – 게오르그 트라클,《귀향자의 노래》중 〈回旋曲〉, 손재준 역주, 민음사, 세계시인선34, 49쪽.

'그날'이 언제인지는 모르겠지만 그날의 찬란한 빛은 흘러갔습니다. 저물녘의 다청색도 얼룩져 있습니다. 쓸쓸합니다. 1차 세계 대전의 불길한 기운을 느끼며 그는 이미 늙어버렸던 것인지도 모르겠습니다. 가끔은 지나칠 정도로 씩씩한 이들을 보면서 그들의 힘이 좀 빠지면 좋겠다는 생각에 사로잡히기도 합니다. 그러면 죄짓는 일에 그렇게 유능할 수는 없을 것이기 때문입니다. 이제 두서없는 이야기를 끝내겠습니다. 제 넋두리를 들어주셔서 고맙습니다. 오늘 저녁, 님이 부르신 〈욥의 기도〉를 다시 들어보려 합니다. 평안을 빕니다.

바늘로
우물 파기

　　　　　　모처럼 단비가 내리는 오후입니다. 찾아왔던 이들이 다 돌아가고 홀로 앉아 라흐마니노프의 '베스퍼스Vespers'를 들었습니다. 성무일과 중 '저녁기도'를 뜻하는 베스퍼스가 제 마음에 저릿하게 다가온 것은 날씨 탓도 있는 것 같습니다. 스웨덴 라디오 콰이어의 목소리에 담긴 채 무장무장 밀려오는 음의 파도에 몸과 마음을 맡기니 참 평안해졌습니다. 처리해야 할 많은 일들에 대한 근심도 잠시 물러갔습니다. 예배로의 부름으로부터 시작되어 주님에 대한 찬미, 빛을 모심, 시편 기도, 부활의 노래, 마니피캇, 글로리아를 거쳐 승리의 노래에 이르는 합창곡들이 지친 제 마음을 부드럽게 어루만져 주었습니다. 얼마나 큰 위안이었던지요.

　　늘 푸근하고 따뜻한 마음으로 날 찾아와 주어 고맙습니다. 이역만리에서 살고 있어 기회는 많지 않지만 만날 때마다 들려주시는 이야기에 깊은 감동을 느끼곤 합니다. 벌써 그곳으로 이주한지 4년이 되었다구요? 그러면 대략 50대 초반에 이 땅을 떠난 거네요. 대개 그 나이쯤 되면 외국에 살던 이들도 돌아오고 싶어 하던데 참 특이한 경우인 것 같아요. 사업을 위해 간 것도 아니니, 노후의 안락한 삶을 누리기 위해 간 것도 아니고, 다만 상처받은 땅에 사는 사람들의 이웃이 되고 싶어 떠난 길임을 나는 대충 짐작할 뿐입니다. 재미있게 목회하던 교회를 후임자에게 홀가분하게 물려주고 사서 고생을 하러 간 그 마음을 세상 사람들은 어리석다고 할지도 모르겠습니다. 하지만 할 수 없지요. 그분이 부르신 것이라면.

아시아에서 말씀을 전하는 것을 성령께서 막으시고, 비두니아로 가려던 길조차 막혀 갈 바를 알지 못하던 바울이 떠오릅니다. 이리 갈까 저리 갈까 망설이면서 무시아를 지나 드로아에 이르렀을 때 그는 밤에 환상을 봅니다. 마케도니아 사람 하나가 그의 앞에 서서 "마케도니아로 건너와서, 우리를 도와주십시오" 하고 간청했습니다. 바울은 즉시 그것을 하나님의 부름으로 알고 마케도니아로 건너갑니다. 그런 즉각적 응답이야 말로 역사의 전환점인지도 모르겠습니다. 아브라함은 살고 있는 땅과 난곳과 아버지 집을 떠나 하나님이 보여주는 땅으로 과감히 이주했습니다. 애굽에 머물고 있던 히브리인들은 광야를 향해 과감하게 행진하기 시작했습니다. 갈릴리의 어부들은 '나를 따르라'는 부름을 듣자 즉시 배와 그물을 버려두고 예수를 따랐습니다. 신앙은 '떠남'과 '따름' 사이에서 형성됩니다. 떠날 줄 모르는 이들은 따를 줄도 모릅니다. 그게 오늘의 내 모습이 아닌가 싶어 두렵습니다.

아는 사람이라고는 누군가의 소개로 알게 된 한 사람 밖에 없었다고 하셨지요? 소통할 수 있는 언어조차 없었으니 안다고 할 수도 없었겠네요. 처음 그분의 소개로 신앙공동체에 참여했을 때의 그 낯선 느낌을 아직도 기억하고 계신지 모르겠습니다. 그 난감한 시간을 속으로 가늠해 보는데, 뜬금없이 오래 전 암벽등반을 즐기던 시간이 떠올랐습니다. 아직 바위에 서툴 때 직각에 가까운 벽 앞에 서면 일종의 현기증 같은 두려움에 사로잡히곤 했습니다. 그래도 그 암벽을 오르고 싶다는 매혹이 두려움을 이겼기에 도전을 계속했을 겁니다. 아차 하는 순간 추락할 수도 있었기에 온 몸과 마음을 발로 딛고 서거나 손으로 붙잡아야 하는 한 점에 집중할 수밖에 없었습니다. 고도로 집중된 그 시간이 쌓이고 또 쌓여 선을 이룹니다. 수직으로 이동한 거리는 공간으로 환산된 시간이었습니다. 바위에 오르기 위해서는 균형감각은 물론이고 다소의 과감함과 높은 집중력 그리고 바위와 일체가 되기 위한 노력이 필요했습니다. 암벽에 매달렸던 그 시간처럼 내가 집중했던 시간이 또 있을까 싶습니다.

낯선 세계에서 살아가는 것 역시 그런 것이 아닐까 짐작해봅니다. 그 낯선 공동체에서 만나는 사람 하나하나가 정말 소중한 이들이라는 생각이 들었고, 비록 통역을 통해서이긴 하지만 서로의 진정을 이해하게 되자 마침내 해야 할 일이 보였다고 하셨지요? 어쩌면 그것이 하나님의 계시였는지도 모르겠습니다. 삶의 무게가 버거운 듯 비틀거리면서도 진실하게 살려고 애쓰는 젊은이들과 만나고, 그들에게 참살이가 무엇인지 일깨워주려고 애쓰는 동안 스스로 치유됨을 느꼈다 하신 말씀 충분히 이해가 됩니다. 언어의 한계 때문에 이야기가 더 깊어지지 못하는 것을 아쉬워하며 내년에는 대학에 들어가서 언어를 더 익혀야 하겠다는 말씀에 깊이 감동했습니다. 하지만 저는 언어보다 더 근본적인 것은 서로의 마음에 가 닿으려는 절실함과 진정성이라고 생각합니다. 바로 그것이 마틴 부버가 말하는 '근원어Grund-worte'가 아닐까요? 근원어는 자기의 전 인격을 걸어 말하는 언어입니다. 근원어가 말해질 때 새로운 관계가 형성됩니다. 언어가 혼탁해진 시대를 살아서 그런지 요즘은 언어가 오히려 불통의 도구가 되고 있다는 생각이 들 때가 많습니다. 쓸데없는 말인 줄 알면서도 이렇게 주절주절 말을 늘어놓는 것은 지금 우리 시대의 언어에 대한 절망이 그만큼 깊기 때문입니다.

오직 하나의 언어만 통용되는 시대, 오직 한 사람만 말할 권리를 갖고 다른 이들의 말은 억압되거나 거짓의 낙인이 찍히는 시대처럼 위험한 때가 또 있을까요? 공무원 면접 시험장에서 응시자들에게 '국정교과서에 대해 어떻게 생각하느냐?'고 묻는 세상이 과연 정상적인 사회일까요? 기업의 면접장에서도 같은 일이 벌어졌다고 합니다. 각자가 구명도생해야 하는 이 위태로운 세상에서 양심의 자유는 이렇게 위축되고 있습니다. 세월호를 연상시키는 내용이 들어간 작품을 무대에 올릴 수 없는 세상, 공당의 대표라는 사람이 우리 국민들이 강남구 수준만 되면 선거도 필요 없다고 말해도 아무렇지도 않은 세상, 사람들 속에 공포를 내면화시켜 자기 말을 스스로 검열하도록 하는 세상에서 말을 다루는 자들은 깊은 자괴감을 느낄 수밖에 없습니다. 파커 J. 파머의 말이 자꾸 떠오릅니다.

한 사회가 권위주의적 통치체제로 흘러가기 시작할 때 가장 먼저 차단되는 장소는 공적인 삶이 영위되는 곳들이다. 사람들은 체포의 위험을 무릅쓰지 않고 길거리에 모일 수 없다. 공적인 시위는 불법으로 선언되고 강제로 종식된다. 종교 공동체를 포함한 자발적 결사는 금지된다. 또 모든 결사적인 삶은 권력의 승인을 받아야 한다. 엉터리 정치 집회가 무대 위에 오르고 정권에 의해 각본과 안무가 짜인다. 정치적인 통제의 1차 도구인 공포가 사회에 깊게 깔리면서 사람들은 더 이상 서로를 믿지 못하게 된다. 법과 힘 그리고 상호 불신에 의해 고립된 개인은 중앙권력의 인질이 되어 손쉽게 중성화되거나 제거될 수 있다. (파커 J. 파머, 《비통한 자들을 위한 정치학》, 김찬호 옮김, 글항아리, 174쪽)

이런 불신 세상에서 이익을 보는 이들은 파렴치하고 뻔뻔한 자들입니다. 그렇기에 기득권을 지키는 것을 최우선의 관심으로 여기는 이들은 세상을 혼돈 속으로 몰아넣기 위해 끊임없이 일을 꾸밉니다. '민생' 혹은 '국민', 더 나아가 '국가'를 입에 달고 살지만 그들의 관심은 자기 이익의 극대화일 뿐입니다. 거짓 예언자들은 예나 지금이나 평화가 없는 데도 '평안하다 평안하다' 하며 사람들의 의식을 마비시켜 현실을 보지 못하게 만듭니다. 남왕국 유다의 멸망기에 활동했던 예레미야는 하나님을 등진 백성들의 실상을 이렇게 고발하고 있습니다.

나의 백성 가운데는 흉악한 사람들이 있어서, 마치 새 잡는 사냥꾼처럼, 허리를 굽히고 숨어 엎드리고, 수많은 곳에 덫을 놓아, 사람을 잡는다. 조롱에 새를 가득히 잡아넣듯이, 그들은 남을 속여서 빼앗은 재물로 자기들의 집을 가득 채워 놓았다. 그렇게 해서, 그들은 세도를 부리고, 벼락부자가 되었다. 그들은 피둥피둥 살이 찌고, 살에서 윤기가 돈다. 악한 짓은 어느 것 하나 못 하는 것이 없고, 자기들의 잇속만 채운다. 고아의 억울한 사정을 올바르게 재 판하지도 않고, 가난한 사람들의 권리를 지켜주는 공정한 판결도 하지 않는 다.(예레미야 5:26-28)

　세월이 그만큼 흘러도 세상은 어쩌면 이렇게 변하지 않는 것일까요? 2,600년 전 세상이나 지금이나 인간들이 살아가는 풍경은 비슷한 가 봅니다. 그러나 세상이 그래도 이만큼 유지된 것은 그런 가운데서도 사람 다운 삶을 지향한 이들이 있기 때문일 겁니다. 현상을 유지하고 싶은 이 들에게 박해를 받으면서도 그 강고한 체제에 틈을 만들던 사람들 말입니다. 2006년에 노벨 문학상을 수상한 터키 소설가 오르한 파묵은 자기의 소설 쓰기를 가리켜 '바늘로 우물 파기'라 말했습니다. 생각만 해도 아득한 일입니다. 하지만 그는 자기의 인생을 소설에 복무하는 것으로 여기는 사람입니다. 그렇기에 그는 "무슨 일이 있더라도 매일 새벽 일찍 일어나 글을 쓴다", "남은 생애를 수도승처럼 방 한구석에서 (글을 쓰며) 보낼 수 있다"고 말할 수 있었던 것입니다. 그는 작가에서 필요한 최고의 덕목이 인내라고 말합니다(이난아, 《오르한 파묵-변방에서 중심으로》, 민음사, 31 쪽). 어찌 그것이 작가만의 덕목이겠습니까? 하나님 나라를 꿈꾸는 이들은 그러한 마음으로 살아야 하지 않겠습니까?
　서로 서 있는 삶의 자리는 조금 달라도 우리가 갈망하는 세상의 꿈은 같다는 사실에 감사합니다. 저만치 어딘가에서 온몸으로 어둠과 부딪쳐

파란 불꽃을 일으키는 사람들이 있다는 사실을 알기에 우리는 가슴에 돋아나는 절망을 도려내고 다시금 길을 떠날 용기를 얻습니다. 그곳 젊은이들과 더불어 만들어가는 희망 이야기가 아름다운 메아리가 되어 이 척박한 땅까지 울려왔으면 좋겠습니다. 늘 자중자애 하시고, 청안청락 하시기를 빕니다.

인생은
'오늘'의 점철 點綴

평안하신지요? 이제 소설 절기에 이르렀네요. 교회력으로는 일 년의 마지막 주일을 막 지냈습니다. 다음 주부터는 대림절이 시작됩니다. 대림절의 촛불을 하나하나 밝혀 나가면서 또 다시 기도를 올려야 하겠습니다. 시대가 빚어내는 어둠과 혼돈이 더욱 깊어지고 있습니다. 윤동주는 1942년 6월에 "등불을 밝혀 어둠을 조금 내몰고,/시대처럼 올 아침을 기다리는 최후의 나"(《쉽게 씌어진 시》 중에서)라고 노래했지요. 그 마음으로 살아야 할 것 같습니다. 이제 이 나라는 국제사회에서 노골적으로 조롱받는 지경에 이르고 말았습니다. 외국 유수의 언론이 대한민국의 민주주의 후퇴를 우려 섞인 시선으로 바라보고 있습니다. 다른 이들의 눈에는 그렇게도 분명하게 보이는 것이 왜 우리 국민들의 눈에는 안 보이는 걸까요? 내면화된 공포심 때문일까요? 아니면 숭배할 우상 없이는 기다리지 못하는 허약함 때문일까요?

"내가 누구를 보낼까? 누가 우리를 대신하여 갈 것인가?" 하고 탄식하시는 주님의 음성을 듣고 이사야는 "제가 여기에 있습니다. 저를 보내어 주십시오" 하고 응답했습니다. 그때 주님이 이사야에게 주신 말씀 기억하시지요?

너는 가서 이 백성에게 '너희가 듣기는 늘 들어라. 그러나 깨닫지는 못한다. 너희가 보기는 늘 보아라. 그러나 알지는 못한다' 하고 일러라. 너는 이 백성의 마음을 둔하게 하여라. 그 귀가 막히고, 그 눈이 감기게 하여라. 그리하여 그들이 볼 수 없고, 들을 수 없고 또 마음으로 깨달을 수 없게 하여라. 그들이 보고 듣고 깨달았다가는 내게로 돌이켜서 고침을 받게 될까 걱정이다(이사야 6:9-10).

기가 막힌 말씀입니다. 예언자가 말씀을 전하는 까닭은 둔감해진 영혼에 타격을 가해 그들을 화들짝 깨어나도록 하려는 것이 아닙니까? 그러나 들을 마음이 없는 사람은 아무리 이야기를 해도 듣지 않을 뿐더러 그 마음을 더욱 완고하게 닫을 것임을 주님은 너무나 잘 알고 계셨습니다. 재앙이 거듭되는 데도 완고함의 껍질을 깨지 못해서 더 큰 재앙을 자초했던 바로는 어쩌면 우리들 속에 있는 어리석음의 다른 이름인지도 모르겠습니다. 충격과 공포에 사로잡힌 이사야가 "주님! 언제까지 그렇게 하실 것입니까?" 하고 묻자 주님은 "성읍들이 황폐하여 주민이 없어질 때까지, 사람이 없어서 집마다 빈 집이 될 때까지, 밭마다 모두 황무지가 될 때까지, 나 주가 사람들을 먼 나라로 흩어서 이곳 땅이 온통 버려질 때까지 그렇게 하겠다"(이사야 6:11b-12)고 하십니다. 바닥까지 내려가기 전에는 돌이키지 못하는 것이 인간이란 종내기의 버릇이라는 말인가요? 자기에게 돌아올 유산의 몫을 챙겨 먼 곳으로 이주해서 방탕한 생활을 했던 둘째 아들을 보면 그런 것도 같습니다(누가복음 15장). 그는 돼지가 먹는 쥐엄나무 열매를 먹으며 연명하다가 마침내 제 정신이 들어 아버지 집을 떠올리게 되었다지요?

누군가의 호된 꾸지람을 듣고 돌이킬 줄 아는 사람은 어떤 의미에서는 큰 사람입니다. 아무리 맞아도 돌이킬 줄 모르는 이들이 더 많으니 말입니다. 제가 전하는 말씀이 가끔은 "장군죽비가 되어 어깨를 후려치는 것 같았고, 때로는 싸리비로 마당을 정갈하게 쓸어내는 것 같기도 했고, 때로는 양철북 소리처럼 쟁쟁하게 들려왔다"고 하셨지요? 세월이 흘러도 '새로운 존재'로 거듭나지 못하는 자신의 모습이 부끄러워 몸 둘 바를 모르겠다며 얼굴을 붉히실 때, 오히려 제가 부끄러워졌습니다. 저의 말과 삶의 괴리를 누구보다 제가 잘 알기 때문입니다. 물론 말씀을 따라 살아보려고 애는 쓰지만 그 일은 결코 쉽지 않습니다. 배는 그만 먹으라고 하는 데도 숟가락질을 멈추지 못하는 사람들처럼 우리는 몸과 마음에 밴 습기習氣를 떨쳐버리지 못하고 삽니다. 그렇다고 하여 지레 포기할 수도 없습니다.

엘리 비젤의 자전적 소설인 《팔티엘의 비망록》 서문에서 들려주는 이야기가 생각나는군요. 의인 한 사람이 소돔에 찾아갔습니다. 그는 밤낮으로 거리와 시장을 오가며 욕심과 도둑질, 거짓과 무관심을 버리라고 외쳤습니다. 소돔 사람들은 그의 말을 듣고 코웃음을 쳤습니다. 얼마 지나지 않아 그의 말에 귀를 기울이는 사람조차 없어졌습니다. 살인자는 여전히 살인을 했고, 현명한 사람들은 여전히 침묵을 지켰습니다. 의인의 존재는 그저 풍경이나 마찬가지였습니다. 어느 날 한 아이가 그에게 다가와서 말합니다. "가련한 분, 아무리 외쳐보아도 소용이 없다는 것을 모르시겠어요?" 의인은 "알고 있단다"라고 답합니다. "그런데도 왜 계속하세요?" "왜냐고? 처음에는 내가 사람들을 변화시킬 수 있다고 믿었단다. 하지만 지금은 그럴 수 없다는 걸 알게 되었지. 내가 지금도 외치고 있는 것은 그들이 나를 변화시키지 못하도록 하기 위해서란다."

엘리 비젤은 2차 세계 대전의 격랑 속에서 세상이 온통 광기에 휘몰리고 있을 때 인간의 인간됨에 대해서 끊임없이 물은 작가입니다. 나찌의 만행으로 깊은 상처를 입었던 유럽의 지식인들 가운데는 소련의 공산주의 실험에 많은 기대를 걸었습니다. 하지만 스탈린의 공포정치는 그들의 기대를 다 무너뜨리고 말았습니다. 위의 작품에서 러시아로 귀환했던 주인공 팔티엘도 증오를 부추기는 현실 속에서 깊은 절망감을 맛봅니다. 인류를 구원하기 위해 누군가를 희생시켜야 한다고 말하는 이들은 아무도 구원할 수 없다는 사실을 그는 뼈저리게 느끼는 것이지요. 작가의 의무는 끊임없이 그 시대의 광기를 폭로하고 사람들을 몰아가고 있는 바람의 정체를 드러내는 것입니다. 엘리 비젤은 소돔에 간 의인 이야기를 통해 작가의 의무를 환기시키려 했습니다. 듣는 이가 없어도 외쳐야만 한다는 것, 그것은 작가만의 의무가 아니라 하나님의 말씀을 받은 자의 슬픈 숙명입니다. 듣지 않는다 하여 외치지도 않는다면 결국 타성의 늪에 빠져들게 될 것입니다.

엉뚱한 이야기를 하고 있네요. 제가 드리고 싶은 말씀은 당장 자신의 삶에 변화가 없다 하여 자책하거나 지레 포기하지 말라는 것입니다. 변화는 내가 일으키는 것이 아닙니다. 그것은 갈망하는 자에게 위로부터 주어지는 선물입니다. 물론 아무런 노력을 하지 않아도 된다는 말이 아닙니다. 줄탁동시啐啄同時라는 말 아시지요? 병아리가 알에서 나오려면 새끼와 어미 닭이 안팎에서 서로 껍질을 쪼아야 한다는 말입니다. 병아리 혼자만의 노력으로는 껍질을 깰 수 없습니다. 그런데 어미 닭이 껍질을 쪼는 것은 안에서 밖으로 나오려는 노력이 무르익었을 때입니다. 성경은 그런 때를 '카이로스'라고 말합니다. 복음서에서 예수님께서 자주 말씀하시던 '나의 때'가 바로 그것입니다. 바울에게는 다마스커스에서의 체험이 그의 카이로스였습니다. 종교개혁도, 역사 속에서 일어났던 혁명도 마찬가지입니다. 혁명은 어느 천재적인 개인의 기획으로 도래하지 않습니다. 그것은 도둑같이 찾아옵니다. 물론 매개 역할을 하는 이들이 있어야 하겠지만요. 아직 때가 무르익지도 않았는데 어떤 일을 무리하게 추진하다 보면 지치고 낙심할 수밖에 없습니다. 인내가 필요합니다.

변화에의 갈망이 깊어지면 때가 오지 않겠습니까? 라이너 마리아 릴케는 《기도시집》을 "지금 시간이 기울어가며 나를/맑은 금속성 울림으로 가볍게 톡 칩니다"(《기도시집》, 김재혁 옮김, 세계사, 11쪽)라는 구절로 시작합니다. 시간이 가볍게 톡 친다는 표현이 참 감칠맛나지 않습니까? 시인은 그 가벼운 터치에 감각이 바르르 떨며 깨어난다면서 그럴 때라야 비로소 조형의 날을 손에 쥔다고 말합니다. 예술가들은 그런 때를 기다리는 사람인지도 모르겠습니다. 기다림의 시간은 막연하지만 긴장된 시간이기도 합니다. 때가 오지 않는다 하여 조바심칠 것 없습니다.

사람은 누구나 자기중심적입니다. 자아의 중력을 이겨낼 수 있는 사람은 성인일 겁니다. 범인凡人들은 안간힘을 다해 욕망의 중력에 저항해보지만 번번이 실패하곤 합니다. 어쩌다 한 두 번 성공할 때도 있지요. 그럴 때면 자신을 격려하고 칭찬할 필요가 있습니다. 잘 하지 못한 것에 대해 너무 예민하게 반응하다 보면 낙심하기 쉽습니다. 자신이 대단한 존재라고 생각하지 말아야 합니다. 넘어지기도 하고, 실수도 하며 사는 거지요. 지향만 잃지 않으면 됩니다. 위를 바라보며 한 걸음씩만 바로 내디디면 됩니다. 인생이란 오늘의 점철點綴이라지 않습니까? 우리는 울 줄도 알아야 하지만 웃을 수도 있어야 합니다. 하나님은 가끔 우리들의 못난 짓 때문에 웃으시지만, 그 웃음은 비웃음이 아니라 우리의 부족함과 연약함을 아시기에 짓는 포용의 웃음입니다. 그 웃음 때문에 우리는 넘어진 자리를 딛고 다시 일어서곤 합니다.

가을에 거두어들인 것들을 갈무리하느라 분주하시지요? 토종 종자들을 지키려는 그 노력이 참 귀합니다. 생각처럼 일이 간단하지 않더라며 고개를 가로 저으시던 모습이 떠오르네요. 그래도 그것이 꼭 해야 할 일이라 여기기에 더디더라도 그 일을 하시려는 것이겠지요. 배추를 잘라낸 후에 흙속에 남은 배추 꼬랑지는 긴 겨울 추위를 견디고 난 후에 노란 장다리꽃과 더불어 되살아나겠지요? 거기서 얻어진 씨앗이라야 튼실한 배추로 환생할 수 있다고 합니다. 씨도리배추는 비록 초라해 보이지만 안으로 생명을 감추고 있기에 장엄한 생명입니다. 말없이 전개되는 자연의 법칙처럼 우리도 엄살하지 않고 주어진 세월을 살아낼 수 있으면 좋겠습니다. 늘 마음으로 하시는 일을 응원합니다.

발가벗음,
발가벗기움

평안하신지요? 세월이 빠르다는 게 참으로 실감나는 나날입니다. 떠나기 싫은 듯 미적거리던 가을은 한 순간에 자취를 감추고 겨울 찬바람이 마치 점령군처럼 의기양양하게 찾아와 마음의 준비를 하지 못한 우리를 다그칩니다. 그래도 성급한 이들은 벌써 연말 분위기를 조성하느라 벽면과 가로수에 빛을 두르느라 분주합니다. 성탄절 장식을 서두르는 교회들도 있습니다. 예배당 한 켠에 구유를 마련하는 교회도 늘고 있다지요? 구유를 만드는 전통은 성 프란체스코로부터 비롯되었다고 하더군요. 그는 1223년에 머물고 있던 그레치오 성당에 구유를 만들어놓았습니다. 베들레헴에 갔을 때 주님이 태어나신 마구간 구유를 보고 느꼈던 감동을 재현하고 싶었던 것이지요. 하나님의 아들이 무력하기 이를 데 없는 아기의 모습으로 세상에 내려오셨다는 사실을 보여주는 상징으로서의 구유. 하지만 화려하고 큰 예배당에 만들어진 구유는 제게 참 복잡한 감회를 안겨줍니다. 교회는 과연 구유의 정신을 회복할 수 있을까요?

프란체스코 성인 이야기를 조금 더 하고 싶습니다. 그는 중부 이탈리아의 여러 도시를 돌아다니며 복음을 전하다가 건강이 악화되자 고향인 아씨시로 돌아가 산 다미아노 수도원에서 클라라와 자매들의 돌봄을 받았습니다. 죽음이 임박했음을 직감한 그는 형제들에게 부탁해 그들이 처음 수도회를 시작한 포르티운쿨라로 옮겨갔습니다. 그리고 자기가 죽으면 옷을 벗겨 맨바닥에 잠시 눕혀달라고 부탁했습니다. 마침내 어스름에 이른 시간 그는 하나님 곁으로 옮겨갔습니다.

전설에 의하면 종달새 무리가 예배당 위를 날면서 즐겁게 노래를 불렀다고 합니다. 그의 영혼이 하늘로 돌아감을 축하하는 것이었을까요? 형제들은 그의 유언대로 그의 옷을 벗겨 맨바닥에 눕혔습니다. 세상에 왔을 때의 모습 그대로 그는 세상을 떠난 것입니다. '벌거벗음'은 그의 인생에서 낯선 것이 아닙니다. 주님 안에서 새로운 삶을 시작하려 했을 때 그는 아버지 피에트로와 아씨시의 귀도 주교 앞에서 옷을 벗음으로써 세속과 결별했습니다. 그러던 그가 이 세상을 떠나 생명의 나라로 옮겨가기 전에 또 다시 벌거벗었던 것입니다. 로렌스 커닝햄은 벌거벗음의 의미를 이렇게 설명하고 있습니다.

남루한 옷가지를 비롯한 모든 것을 내던지고 프란체스코는 그가 설교와 시를 통해 그렇게도 아름답게 찬미했던 어머니 대지의 품에 안겼다. 그의 벌거벗음은 또한 우리가 흙에서 와서 흙으로 돌아간다는 사실을 나타내는 몸짓 언어였다. '재는 재로, 티끌은 티끌로.' 그런 몸짓 뒤에 숨겨진 건 물론 카타리파와 하나님이 창조하신 세계의 물질성을 깎아내리는 이들에 대한 꾸짖음이었다. 예수와 마찬가지로 우리는 흙으로부터 이 물질적인 세계에 태어났으며 창조의 아름다움은 바로 이 세계로부터 밝게 빛난다.(로렌스 커닝햄, 《가난한 마음과 결혼한 성자 아씨시의 프란체스코》, 김기석 옮김, 포이에마, 170쪽)

구유로 상징되는 가난과 벌거벗음이야말로 대림절을 지나는 우리가 회복해야 할 가치가 아닌가 싶습니다. 물론 이미 많은 것을 누리고 사는 제가 벌거벗음을 말한다는 게 가당치 않은 일인 것은 잘 압니다만, 자꾸만 그런 사실을 상기하지 않는다면 우리는 예수의 가난과 영 결별하고 말 것 같아서 드리는 말씀입니다.

프란체스코처럼 스스로 벌거벗으려 하는 이들이 있는가 하면 자신의 의사와 관계없이 벌거벗겨지는 사람들도 있습니다. 그들은 대개 사회적 약자들입니다. 성경에서는 그런 이들은 '땅의 사람들'이라 부르지요. 빚에 몰려 종이 된 사람들, 일하고도 품삯조차 제때에 받지 못하는 사람들이야말로 벌거벗기운 사람들입니다. 국가의 존재 이유는 그런 이들을 보호하고 그들의 살 권리를 회복시켜주는 것이 아닐까요? 하지만 오늘의 현실은 그렇지 못합니다. 벼랑 끝으로 내몰린 이들의 목소리는 경청되지 않습니다. 오히려 그들은 사회 통합과 안전을 깨뜨리는 불온한 이들로 취급받고 있습니다. 힘들다는 외침은 무능하다는 꾸짖음으로 덮어버리고, '세상이 왜 이 모양이냐'는 탄식은 의도적으로 무시해 버립니다. 누군가 일어나 공의를 회복하라고 외치면 기득권자들은 일제히 일어나

'조용히 해' 혹은 '가만히 있으라'며 그들의 요구를 무질러버립니다. 서민들의 지갑은 투명한 유리지갑처럼 적나라하게 드러나 있고, 모든 국민들의 일상은 파놉티콘panopticon에 숨어 있는 권력의 시선에 고스란히 노출되어 있습니다. 정보의 비대칭성은 결국 지배와 피지배의 권력관계로 고착되고 맙니다. 정부는 노동자들의 정당한 요구를 외면한 채 노동유연성이라는 미명 하에 노동자들의 해고를 쉽게 하는 내용의 노동법을 제정하려 하고 있습니다. 기간제 노동자들의 계약기간도 현행 2년에서 4년으로 늘리려 합니다.

헬조선이라는 말이 낯설지 않는 세상입니다. 이럴 때면 떠오르는 그림이 있습니다. 외젠 들라크루아의 〈단테의 조각배〉(1822)입니다. 먹구름이 낀 하늘을 배경으로 하여 조각배 한 척이 파선의 위기를 겪고 있습니다. 저 멀리로 불타고 있는 성벽이 보입니다. 이미 물에 빠진 이들은 필사적으로 배에 매달리려 합니다. 하지만 몸에 아무 것도 걸치지 않은 그들은 어리석게도 서로를 밀쳐내려 합니다. 배 위에는 세 사람이 서 있습니다. 하나는 근육질의 등을 보이며 노를 젓고 있는 사공입니다. 그리고 옷을 걸치고 있는 두 사람이 있습니다. 한 사람은 흰옷에 수도사의 붉은 두건을 쓰고 있습니다. 그는 옆 사람의 몸에 의지한 채 오른손을 들어 올리고 있습니다. 당황한 모습입니다. 그가 바로 이탈리아의 시인 단테입니다.

그의 곁에는 갈색 망토를 두르고 월계관을 쓴 사람이 서 있습니다. 그는 당혹스러워하는 단테의 왼손을 가만히 감싸고 있습니다. 그 아수라장 속에서도 지극히 평온한 표정을 유지하고 있는 그는 로마시대의 시인 베르길리우스입니다. 그러니까 이 그림은 단테의 《신곡》에 나오는 지옥

외젠 들라크루아, 〈단테의 조각배〉

여행의 한 장면을 그린 것임을 알 수 있습니다. 들라크루아는 이 그림을 통해 1789년의 프랑스 혁명 이후 극심한 변화를 겪고 있던 프랑스 사회가 갈 길을 묻고 있던 것이 아닐까요? 광기와 폭력이 사람들의 가녀린 삶을 조각내던 시대에 그는 베르길리우스처럼 역사의 길을 안내할 사람을 그리워했던 것 같습니다.

사실 이 그림을 우리가 처해있는 현실에 빗대는 것은 적절하지 않습니다. 그림 속에 등장하는 벌거벗기운 자들은 자기들의 죄 때문에 죄옥에 떨어진 죄인들입니다. 그들은 스틱스 강의 검은 물결 속에서도 남을 밀쳐내거나 목을 조르려 합니다. 하지만 지금 우리 현실 속에서 난파당하고 벌거벗기운 이들은 자기들의 죄 때문에 그 지경에 이른 것은 아닙니다. 홀로 살겠다고 다른 이들을 배 밖으로 밀쳐낸 사람들 때문에 그리된 것입니다. 지옥은 나의 행복을 위해 '너'를 배제하려는 마음에서 빚어지는 것이 아닐까요? 우리도 베르길리우스 같은 길 안내자가 있으면 좋겠습니다. 하지만 지금 지도자연하는 이들에게 우리가 무엇을 기대할 수 있을까요?

권력의 단맛에 취한 이들은 다른 이들의 말에 귀를 기울이려 하지 않습니다. 더 큰 권력 앞에 납작 엎드리는 이들을 볼 때마다 깊은 비애를 느낍니다. 인간적인 교양이나 양심은 발동되지 않습니다. 욕심을 내려놓으면 비루해지지 않을 수 있지만 그것을 내려놓을 수 없어 삶이 남루해집니다. 가끔 제게 와서 자기 신념에 위배되는 일을 요구받을 때 어찌해야 좋을지 모르겠다고 말하는 이들이 있습니다. 거절하자니 쫓겨날 수도 있다는 공포심이 그를 사로잡고, 따르자니 양심이 괴로운 것이지요. 그런 상황으로 사람을 내모는 현실이 문제이긴 합니다만 저는 간명하게 대답하곤 합니다. 자기 삶의 원칙을 위반하면서라도 살아남고 싶은 열망이 크다면 그렇게 하라고. 하지만 그것이 끝내 자기에게 어두운 그늘로 작용할 것 같은 생각이 들면 소신껏 일하다가 쫓겨날 때가 되면 쫓겨나라고 말입니다. 남 이야기여서 쉽게 말한다는 책망을 들을 수도 있지만 저는 이게 맞다고 생각합니다.

광야에서 사탄은 예수에게 자기 앞에 엎드려 절하기만 하면 천하만국을 다스릴 권세를 주겠다고 말했습니다. 사탄은 예수에게 쫓겨났지만 그는 지금도 건재합니다. 그의 유혹에 넘어가는 이들이 많기 때문입니다. 높아지려는 욕망, 남보다 큰 권력을 갖고 싶은 욕망을 내려놓지 못해 우리는 사탄의 종이 됩니다. 자꾸 비우고 내려놓지 못하는 이들은 벌거벗기운 자들입니다. 그 사실을 자기만 모릅니다. 에스겔은 우상 앞에 절을 하는 예루살렘 사람들을 준엄하게 꾸짖으며 이렇게 말합니다.

> 내가 너를 그들의 손에 넘겨 주면, 그들이 네 누각을 헐고, 네 높은 단을 무너뜨릴 것이며, 네 옷을 벗겨 버리고, 네 모든 장식품을 빼앗은 다음에, 너를 벌거벗겨 알몸으로 버려 둘 것이다(에스겔16:39).

벌거벗기운다는 것처럼 수치스러운 일이 또 있을까요? 달콤한 정부貞婦의 말에 귀를 기울이는 이들의 운명이 그러합니다. 과도한 욕망의 길 끝에는 수치가 있습니다. 제 눈에는 이게 너무나 확연하게 보입니다. 프란체스코는 스스로 발가벗었고 주님은 그에게 흰옷을 입혀 주셨습니다. 그러나 자기 욕망을 위해 공의를 훼손하고 누군가에게 지옥을 안겨주는 이들은 벌거벗기는 수치를 당하게 될 것입니다.

바깥 바람이 차가워서 옷깃을 여미게 되는 계절입니다. 반코트를 갖춰 입고 목도리를 두르고 나서는데 알몸으로 오고 계시는 주님이 떠올랐습니다. 우리가 주님의 옷이 되어 드려야 할 것 같습니다. 모처럼의 편지를 너무 무겁게 썼습니다. 늘 동행이 되어 주셔서 고맙습니다.

의미의
저장소

　　　　　　　　　　잘 지내고 있지요? 어떻게 지내시나
궁금했습니다. 세계의 여러 공동체를 경험하기 위해 길을 떠날 때 그 장
한 결정에 박수를 보내면서도 쉽지 않은 일에 지치지나 않을지 우려가
없지 않았습니다. 하지만 늘 밝고 유쾌하게 현실과 대면하는 성정을 아
는지라 잘 해내리라 생각했습니다. 벌써 여러 달이 흘렀네요. 캐나다의
후터라이트 공동체는 이제 내게도 친밀한 곳이 되었습니다. 장소에 대한
기억은 언제나 그곳에 머물던 사람에 대한 기억과 함께 하는 경향이 있
습니다. 겨울의 전령이 그곳에도 다녀갔다지요? 이곳 역시 마찬가지입
니다. 엊그제 첫눈이 내렸습니다. 모처럼 마음이 동해 사무실 식구들과
함께 북한산 자락을 걸었습니다. 흰 눈을 이고 있는 풀과 나무를 보며 모
두 즐거워하더군요. 나는 유난히 겨울 산을 좋아하는데, 계곡 사이로 불
어오는 칼칼한 바람조차 싱그럽게 느껴졌습니다.

여기는 아무리 추워도 영하 20도까지는 내려가지 않는데, 그곳은 영하 40도까지 내려간다지요? 건강에 각별히 유의하셔야 할 것 같습니다. 몇 해 전 사막화 방지를 위한 숲 조성 문제 때문에 몽골에 간 적이 있습니다. 그때가 10월 초였는데 이미 눈보라가 몰아치고 있었습니다. 울란바토르 시내에서 차를 타고 지나가다가 인도에서 사람이 불쑥 솟아나오는 장면을 보고 놀랐습니다. 몽골 청년에게 물어보니 집 없는 사람들이 혹독한 추위를 이기기 위해 난방용 파이프가 지나는 지하에서 살기도 한다는 것이었습니다. 그런 이들이 아주 많다고 들었습니다. 영하 40도 아래로 떨어지는 날이 많은 겨울철에 가축들이 폐사하는 일이 많다더군요. 캐나다도 1-2월이면 그 정도로 추운 지역이 많다니 놀랍습니다. 이번 겨울에 몇 번 거처를 옮겨야 할지도 모른다구요? 하필이면 공동체의 분립을 왜 겨울에 하는지 모르겠군요. 하지만 모두 즐겁게 준비를 하고 있다니 잘 되겠지요. 이제는 공동체 식구들과 더불어 나누는 이야기가 꽤 깊어지셨더군요. "왜 이런 여정에 접어들게 되었어요?" 하고 묻는 그들에게 대답할 말을 찾다보면 한국교회의 부끄러운 현실에 대해서 말할 수밖에 없었다고 하셨지요. 곤혹스러웠을 것 같습니다.

이야기를 하는 동안 한국교회의 아름다운 전통에 대해서도 새삼스럽게 깨닫게 되었다구요? 선가에서 사용하는 말 가운데 '회광반조 조고각하廻光返照 照顧脚下'라는 말이 있습니다. 회광반조란 자기를 돌아보아 심성을 밝게 한다는 뜻이고, 조고각하란 발 밑을 살핀다는 말입니다. 우리 교회사를 돌이켜 생각해보면 부끄러운 일만 있었던 것은 아닙니다. 현실 기독교의 부끄러운 모습 때문에 그런 것들이 온통 가려지고 말았을 뿐이지요. 잘 살펴보면 우리가 거두어들여야 할 아름다운 열매들이 참 많습니다. 순교자들이 많았던 후터라이트 공동체 사람들에게 믿음을 지키기 위해 순교를 당하거나 고난의 길을 걸어갔던 한국교회 선각자들의 이야기는 아마도 깊은 인상을 주었을 겁니다.

〈후터라이트 연대기〉에는 약 2,000명 정도의 순교자들 이야기가 기록되어 있다구요? 그들은 기록행위를 통해 공동체의 기억을 허비하지 않았군요. 기억을 박제해놓는 것이 아니라, 그 역사를 읽어가면서 과거와 현재가 일체감을 형성하는 것이겠지요. 해방신학자인 호세 세베리노 끄로아토Jose Severino Croatto는 출애굽사건이나 예수사건 등을 '의미의 저장소reservoir of meaning'라고 명명했습니다. 후터라이트 공동체 사람들에게 '연대기'가 바로 의미의 저장소이겠습니다. 그것은 자기들의 현재를 자꾸만 돌아보게 만드는 거울인 동시에 그들이 지향해야 할 방향을 가리키는 이정표일 겁니다. 과거와의 대화를 통해 의미를 형성해 나간다는 것처럼 소중한 일이 또 있을까요?

그러고 보니 부끄러운 생각이 듭니다. 한국교회에 속해 있으면서도 이 땅을 밝히기 위해 피와 땀을 흘린 이들의 이야기에 귀를 기울이지 못하고 살아왔습니다. 한국교회에 드리운 어둠을 밝히기 위해서라도 그분들의 뜨거운 영혼과 접속해야겠다는 생각이 듭니다. 시인 김수영은 "버드 비숍 여사를 안 뒤부터는 썩어빠진 대한민국이/괴롭지 않다 오히려 황송하다 역사는 아무리/더러운 역사라도 좋다/진창은 아무리 더러운 진창이라도 좋다"(〈거대한 뿌리〉 중에서)고 노래했습니다. 시인의 절절한 아픔이 느껴집니다. 진창 같은 역사라도 우리 역사로 수용해야지요. 하지만 그

못지않게 중요한 것은 우리 역사의 아름다움을 재발견하는 일일 겁니다. 특히 어두운 역사를 밝히기 위해 자신의 삶을 불쏘시개로 내놓은 기독교의 선각자들과 자꾸 만나야 하겠습니다. 스스로 의도하지 않았지만 삶을 통해 영혼의 성좌를 이룬 이들에게 빚진 마음으로 살아야 하겠습니다.

후터라이트 공동체의 일상적 예배 이야기가 참 흥미로웠습니다. 매일 저녁 5시 30분이면 종소리가 울리고, 모든 공동체 식구들이 교회에 모여 각자의 지정석에 앉는다지요? 목사들과 공동체의 리더들이 회중을 바라보며 맨 앞자리에 앉고, 좌측에는 남자들이 그리고 우측에는 여자들이 나이 순서대로 앉는 모습을 그려보았습니다. 5살부터는 교회 예배에 참석하도록 되어 있어 맨 앞줄에는 꼬마들이 초롱초롱한 눈으로 앞을 응시한다구요? 어린이들조차 예배의 소중한 구성원으로 받아들이는 전통이 참 아름답다는 생각이 들었습니다. 예배가 시작되면서 목사가 찬송가의 가사 한 줄을 낭독하고 회중들은 낭독된 가사를 합창하는 것은 책이 귀하고 문맹률도 높았던 시기에 생긴 전통을 계승한 것이겠지요. 그런 이중적 과정 때문에 가사를 깊이 음미하게 되고, 책을 읽지 못하는 어린이들이나 노인들이 소외되지 않는다는 사실도 매우 흥미롭습니다.

무엇보다 흥미로웠던 것은 설교에 관한 이야기였습니다. 설교자는 옛날부터 전해 내려오는 설교집에서 선택한 설교를 낭독한다지요. 매주 설교를 준비해야 하는 이 땅의 설교자들이 들으면 귀가 번쩍 뜨일 이야기입니다. 설교 표절 이야기가 자주 등장하는 것을 보면 한편의 설교를 준비하는 것이 얼마나 힘든 일인지를 미루어 짐작할 수 있습니다. 물론 엉뚱한 일에 마음이 팔려서 설교를 충실히 준비하지 않는 게으른 목회자

베스퍼스

들이 없는 것은 아닙니다. 그곳에서는 스스로 준비한 설교를 하기보다는 옛 설교집에 나오는 설교를 낭독하는 것을 미덕으로 여긴다니 놀랍습니다. 어쩌면 그것이 공동체의 신앙적 정체성을 재확인하기 위한 장치가 아닌가 하는 생각이 들긴 합니다만, 설교가 텍스트와 콘텍스트를 대면시키는 행위임을 생각할 때 옛 설교집을 낭독하는 설교가 시의적절한 것인지는 의문입니다.

저는 꽤 오래 전부터 개신교회가 새로워지기 위해서는 예배 혹은 전례典禮가 새로워져야 한다고 생각했습니다. 생애 주기에 따른 공동 기도문이 없다는 것이야말로 신앙의 지속성이라는 측면에서 가장 큰 약점이라 생각합니다. 전례는 그리스어 'leitourgia'에서 온 말입니다. 이것이 라틴어로 번역되면서 'liturgia'가 되었습니다. 레이투르기아는 '백성'을 뜻하는 '라오스laos'와 '일'을 뜻하는 '에르곤ergon'이 결합된 단어입니다. 그러니까 전례는 '백성의 일'이라는 뜻입니다. 이 단어는 기독교 전통에서 하나님의 백성이 마땅히 해야 할 일이라는 뜻으로 통용되고 있습니다. 라오스는 모세로 인해 야훼의 법을 받은 이스라엘을 지칭하는 히브리어 '콰할quhal'의 그리스어 번역입니다. 이들은 법 안의 백성인 셈이지요. 신약에서 라오스에 대비되는 단어는 '오클로스oklos'입니다. 그들은 법 안에 살고 있지만 법 밖의 존재로 간주된 자들입니다. 민중신학은 예수운동이 '오클로스'와 함께 하는 운동이었다고 말합니다. 그렇다고 하여 예수 운동이 라오스를 배제한 것은 물론 아닙니다. 이야기가 곁길로 가기는 했습니다만 '하나님의 백성이 마땅히 해야 할 일'이 기독교인들의 내면 속에 각인되기 위해서는 '반복'이 필수적입니다. 후터라이트 전례로부터 우리가 취해야 할 것이 무엇인지 깊이 생각해 보아야 하겠습니다.

예배가 끝났다고 선포하면 뒷줄에 앉아 있던 연장자들부터 시작하여 차례로 퇴장한다지요? 그것은 박해시기에 교회 문을 먼저 나서는 사람들이 먼저 잡혀갔기 때문에 생긴 전통이라는 설명을 들으며, 공동체를 위해 고난을 기꺼이 받아들이려는 어른들의 뜨거운 마음이야말로 공동체의 가장 귀한 자산이라는 생각이 들었습니다. 어느 사회이든 어른의 권위는 세월이 흐른다고 저절로 획득되는 것이 아니라 공동체에 대해 책임을 지려는 마음을 통해 형성되는 것이지요. 스스로 어른입네 하면서 터무니없는 권위의식으로 주변을 지옥으로 만드는 이들이 얼마나 많은지요. 큰 방 안에 의자들만 횅뎅그렁하게 놓여있는 후터라이트 교회는 어쩌면 초라해 보일 수도 있겠습니다. 하지만 그러한 단출함 속에서 오히려 경건한 영성이 형성되고 유지된다는 사실을 한국교회가 배워야 할 것 같습니다. 많은 이들이 저물녘부터 도시 곳곳에서 빛을 발하는 붉은색 십자가 네온을 보면서 무덤 같다고 말합니다. 이 말 속에는 교회가 교회답지 못하다는 질책이 숨어 있습니다. 아직도 가야 할 길이 멀기만 합니다.

사람들은 한국교회에 희망이 없다고 말합니다. 설사 그렇다 하더라도 교회를 일으켜 세우기 위해 진력해야 합니다. 괜히 고리삭은 노인처럼 탄식만 하고 있을 수는 없습니다. 삭연하기 이를 데 없는 현실일수록 따뜻한 바람이 되어 사람들을 감싸 안는 이들이 필요합니다. 작정하고 떠난 길이니 가슴 가득 그런 바람을 품을 수 있기를 바랍니다. 추운 겨울, 건강에 유의하시고 유쾌한 웃음으로 공동체의 벗들에게 봄소식이 되면 좋겠습니다.

베스퍼스

그 길이
나를 찾아왔다

        잘 지내시지요? 페이스북에 올라오는 영상을 보니 여전히 분주하시더군요. 기타를 치거나 하모니카를 부는 모습을 볼 때마다 '참 멋지구나' 감탄하곤 했습니다. 어려서부터 공부보다는 잡기에 능했다고 눙치곤 하지만 실은 피나는 훈련의 결과임을 잘 압니다. 물론 좋아서 하는 일이긴 하지만요. 비교적 안정적인 직장을 떠나서 마을 공동체 운동을 시작한다고 했을 때 조금 걱정스러웠던 게 사실입니다. 그야말로 황무지에 서듯 아무런 대책도 없어 보였기 때문입니다. 생계 문제를 해결하기 위해 새벽에 우유 배달을 하다가 눈길에 넘어져서 다리를 다쳤을 때 좀 안쓰러운 생각이 들었습니다. 하지만 그래도 뜻을 굽히지 않고 마을 사업을 지속하는 것을 보고 존경스러운 생각이 들기도 했습니다.

        마하트마 간디는 인도에 불어닥친 초기 자본주의의 물결을 불길한 시선으로 바라보며 '마을이 세계를 살린다'고 말했지요. 수공업적인 노동을 통해 지구적으로 자본화되는 세상에 맞서자고 사람들을 초대했습니다. 당시에는 매우 무모해 보였겠지만 그의 제안은 지금의 우리에게는 '오래된 미래'라 할 수 있는 혜안으로 여겨집니다. 조한혜정 선생님의 《다시, 마을이다》에 나오는 한 대목도 같은 사실을 가리키고 있습니다. "근대는 '마을을 버린 사람들'에서 시작해서 '마을을 만드는 사람들'로 끝이 날 것이다." 비록 깊이 이해한다고 할 수 없지만 이 말 속에 미래의 희망이 있다는 생각이 듭니다.

오늘의 신자유주의 경제 질서는 거의 모든 사람들을 외길로 몰아넣습니다. 그 길은 갈수록 좁아지기에 살아남기 위해서는 치열한 경쟁을 피할 수 없습니다. 숨은 가빠지고, 주변을 둘러볼 여유도 없습니다. 느림은 허용되지 않습니다. 칼하인츠 A. 가이슬러가 《시간》이라는 책에서 했던 말이 떠오릅니다.

열심히 일하지 않는 사람이 사회적으로 인정받으려면 열심히 소비해야 한다. 일에 열광하는 그런 삶에서는 시간이 남아서는 안 된다. 그렇게 시간이 없는 삶에 익숙해지면 자유로운 시간을 의미 있게 활용할 줄 모르게 되며 시간이 있는데도 시간이 없다고 주장한다.(칼하인츠 A. 가이슬러, 《시간》, 박계수 옮김, 61쪽)

분주함이 사회적 신분을 나타내는 기호처럼 받아들이는 세상에서 여유로움은 게으름과 등치되곤 합니다. 그래서일까요? 사람들은 할 일이 없으면 불안해합니다. 뭔지 모를 조바심에 쫓기고, 자기를 닦달합니다. 안달뱅이들은 다른 이들에게 너그러울 수 없습니다. 제도로서의 자유는 확대되었는지 모르겠지만 내적인 자유의 공간은 점점 줄어들고 있습니다. 자본이 만들어놓은 틀 안에서 적응하며 사는 동안 사람들은 점점 노예적 존재로 변모합니다. 슬라보예 지젝은 오늘의 세계는 우리에게서 꿈꿀 능력마저 억압하고 있다고 말합니다. 세상의 종말은 상상할 수 있지만 자본주의의 종말은 상상하기 어렵다는 말도 했습니다. 자본주의는 돈으로 모든 것을 해결할 수 있다고 말합니다. 노동뿐만 아니라 출산이나 결혼, 장례까지도 아웃소싱하는 세상이라는 것이지요. 현대 사회의 우상은 '돈'이라 말해도 과언이 아닐 것입니다.

그런 세상에서 탈영토화를 단행한다는 것은 보통 어려운 일이 아닙니다. 애초에 사회복지사가 되려 했던 때의 결심과 달리 자꾸만 문제를 풀어가는 기능인으로 전락하는 것 같아서 도저히 견딜 수 없다고 하셨지요? 그런 예민한 자기 성찰이 가능했던 것은 그 일을 밥벌이로 여기지 않았기 때문일 겁니다. 그렇다 해도 사람들은 대개 그런 현실에 적응하며 살아갑니다. '밥벌이의 지겨움' 운운 하면서요. 이상과 현실 사이의 괴리가 커갈수록 사람들은 더욱 공격적으로 욕망에 몰두합니다. 다른 삶을 시작한다는 것은 정말 용기가 필요한 일입니다. 박노해 선생의 사진에세이집인 《다른 길》 서문은 '그 길이 나를 찾아왔다'라는 제목을 달고 있습니다. 두어 대목만 인용해 보겠습니다.

한 시대의 끝 간 데까지 온몸을 던져 살아온 나는, 슬프게도 길을 잃어버렸다. 나는 이 체제의 경계 밖으로 나를 추방시켜, 거슬러 오르며 길을 찾아 나서야 했다. '앞선 과거'로 돌아 나오고자 하는 기나긴 유랑길이었다.

막막함과 불안과 떨림의 날들. 난 모른다. 언제였는지. 어디서 왔는지, 어떻게 왔는지 난 모른다. 길을 잃어버리자, 그 길이 나를 찾아왔다. 아주 오래 전부터 누군가 나를 부르고 있었다. 지도에도 나오지 않는 길에서 만난 그 땅의 사람들이 나의 살아있는 지도였고 나의 길라잡이었다.

- 박노해, 《다른 길》, 느린걸음, 6-7쪽

길을 잃어버렸다는 사실을 알아차리는 사람이 얼마나 될까요? 길을 잃어버린 줄을 설사 깨닫는다고 해도 대개는 내친 걸음 포기할 수 없어 가던 길을 계속 가곤 합니다. 나도 그 중에 하나인지도 모르겠습니다. 시인은 지도를 포기하고 마음 속 '별의 지도'를 따라 걷기 시작했고, 길을 잃어버렸습니다. 그때 길이 그를 찾아왔고, 그는 마침내 오래된 부름 앞에 설 수 있었습니다. 부럽습니다. 그 홀가분한 떠남이. 우리가 쉽게 떠나지 못하는 것은 가진 것이 많아서 일겁니다.

마을 운동을 시작하면서 제일 어려운 것이 마을 주민들과 허심탄회하게 소통하는 것이었다고 하셨지요? 늘 관계기관에 뭔가를 요구하고 원하는 것을 얻어내는 일에 발밭은 이들은 스스로 주체가 되어 마을 일을 풀어갈 의사도 능력도 없었을 겁니다. 그럼에도 불구하고 마을 분들과 지속적으로 만나고 조언을 구하자 한 분 두 분 마음을 열기 시작했다지요? 사랑과 인내가 아니고는 할 수 없는 일입니다. 갈등을 풀어가는 과정 이야기를 하던 중, EBS 지식채널에서 보았다며 들려준 늑대 무리 이야기는 정말 재미있었습니다. 무리 내에서 싸움이 벌어지면 우두머리 늑대가 개입을 하는데, 제압의 방법은 '폭력'이 아니라 '장난'이었다지요? 힘이 더 세 보이는 늑대에게 장난을 걸어 그 늑대로 하여금 동료에게 보였던 공격성을 잊게 함으로 늑대 무리의 평화를 유지한다는 것, 정말 대단한 일입니다. 사람들의 날카로운 부분을 조금 둥글게 바꾸는데 유머만한 게 없지요. 그래서 그렇게 늘 웃으시는 거였군요. 마을 주민들이 그렇게 조금씩 마음을 열면서 마을 공동체가 든든히 서기 시작했고, 이제는 적극적으로 동참하는 이들이 늘어나고 있다니 참 반가운 일입니다.

내게 무엇보다 흥미롭게 보이는 것은 사람들이 가지고 있는 창작 본능을 발휘할 수 있도록 해주는 프로그램입니다. 사실 지금까지 예술이라는 것은 특정한 엘리트들의 전유물처럼 인식되어 왔습니다. 대부분은 사람들은 누군가가 만들어놓은 것을 보면서 감상하는 정도로 만족해왔습니다. 하지만 엄청난 작품은 아니라 해도 사람들이 자기 손으로 뭔가를 만들고 표현해본다는 것은 참 귀한 일입니다. 바로 그런 노작 과정은 알게 모르게 마음을 닦는 과정일 수도 있겠다는 생각이 듭니다. 스스로 아름다움을 창조하거나 아름다움을 아름다움으로 향유할 수 있는 능력이 커질수록 사람은 외적 조건에 휘둘리지 않게 됩니다. 내적으로 빈곤한 사람일수록 외적으로 자기를 치장하는 일에 열중합니다. 장신구만을 뜻하는 것은 아닙니다. 직함에 집착하는 이들도 내적으로 빈곤하기는 마찬가지입니다.

마을 운동의 가장 큰 장점은 사람들 사이의 관계망이 형성되는 것이라 하셨지요? 다양한 관계망 속에서 살아가는 사람일수록 생의 위기가 닥쳐올 때 그것을 극복할 가능성이 크다는 말에 깊이 공감했습니다. '소속에의 욕구'는 존재론적 불안에 시달리는 모든 사람들의 본능인 것 같습니다. 그래서인가요? 사람들은 참 다양한 모임에 소속된 채 살아갑니다. 향우회, 동창회, 동호회, 학부모회, 전우회, 계 모임… 길거리로 내몰린 이들의 경우 그러한 관계의 그물망에서 거의 완벽하게 소외되더군요. 일상적 삶으로 복귀하기 어려운 것도 그 때문인 것 같습니다. 교회는 그러한 다양한 관계로부터 격절된 이들의 벗이 되어주어야 한다는 말씀에 깊이 공감합니다. 쉽지 않은 일이지만 그 일은 해야만 하는 일입니다. 어느 목사님이 SNS에 쓴 글을 보았습니다. 자기 개인의 아픔에 대해 말하면 은혜스럽다고 하고 세월호 참사나 비정규직 문제 등 우리 사회가 안고 있는 아픔에 대해 말하면 불편하게 생각한다는 것입니다. 그건 정말 누구나 느끼는 현실입니다. 사사화된 신앙의 문제는 어제와 오늘의 문제는 아닙니다. 기둥이 기울고 서까래가 삭은 오늘의 교회를 바로 세우기 위해서는 공적인 문제에 대한 관심을 회복해야 합니다.

오래 전 홍천의 작은 시골 교회를 담임하던 선배로부터 들은 이야기가 떠오릅니다. 그는 자기 교회에 걸린 십자가의 내력을 들려주었습니다. 어느 날 길을 걷다 보니 가로수의 지지대 혹은 버팀목으로 사용되던 나무가 바닥에 버려져 있더랍니다. 가로수의 뿌리가 깊어져 더 이상 버팀목이 필요치 않았던 것이지요. 선배는 그 버림받은 버팀목을 무심히 지나칠 수가 없었습니다. 그래서 그것을 가져다가 십자가로 만들었던 것입니다. 누군가의 버팀목이 되어주다가 필요가 사라지면 버려지기도 하는 것이야말로 십자가 정신이 아니겠냐는 것이지요?

마을 살리기 운동은 돈이 지배하는 세상에 대한 가장 효과적인 저항이라는 생각이 듭니다. 그 길 위에서 낙심하지 않고 버텨주어 고맙습니다. 언제든 필요하면 도울 수 있는 길을 찾겠습니다. 이곳저곳에서 작은 마을들이 되살아날 때 잃어버렸던 정도 회복될 것이고, 해체되었던 관계망도 복구될 것입니다. 이 일은 우리의 일인 동시에 주님의 일이라는 생각이 듭니다. 이르는 곳마다 식탁공동체를 이루셨던 예수 그리스도께서 우리보다 앞서나가고 계십니다. 불통의 세상을 소통의 세상으로 바꾸기 위해 하는 노력은 결코 작은 일이 아닙니다. 고맙습니다. 깊어가는 겨울, 몸 성히 마음 성히 잘 지내시면 좋겠습니다.

조르바의
춤

평안하신지요? 동지녘으로 가면서 밤
도 길어졌지만 바람도 제법 칼칼합니다. 분주한 일상에서 조금 벗어나
삶의 좌표를 가늠해볼 수 있으면 좋으련만 현실은 그럴 여유를 허락하
지 않습니다. 해야 할 많은 일들이 우리를 재촉합니다. 분주함이 신분을
나타내는 기호처럼 인식되는 세상에서 '멈추어 섬' 혹은 '사유'는 사치스
러운 군더더기인지도 모르겠습니다. '다기망양多岐亡羊'이라는 고사성어
를 아시지요? 잃어버린 양을 찾으러 다녀봤지만 갈림길이 많아 결국 놓
치고 말았다는 뜻입니다. 지금 제 심정이 그렇습니다. 여기저기 기웃거
리다가 그만 길을 잃어버린 것 같은 느낌입니다. 오늘은 '오로지 그 중심
을 꼭 붙잡으라允執厥中'는 중용의 말이 자꾸 떠오릅니다. 요임금이 순에
게 왕위를 선양하면서 건넨 말이라지요? 어쩌면 삶이란 하나의 중심을
향한 순례 과정인지도 모르겠습니다. 그 중심을 잃어 삶이 가리산지리산

　　　　　　　　　　　　　　　　　　　　　　　　　베스퍼스

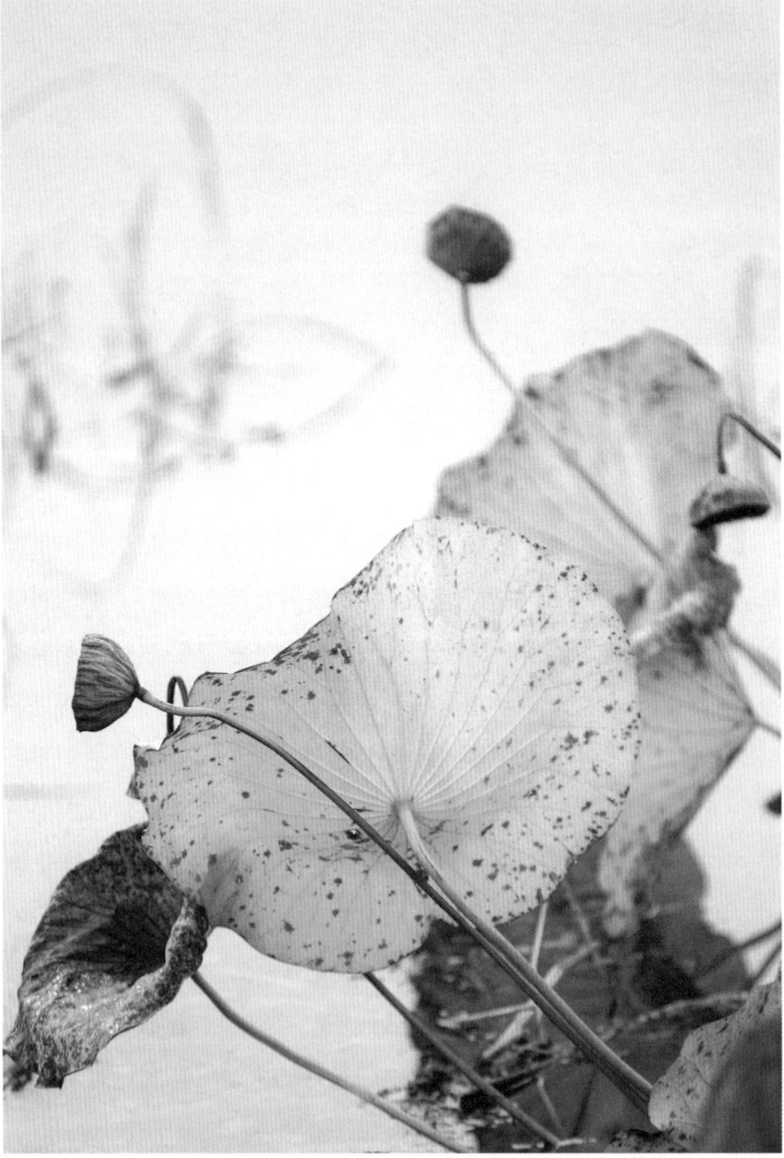

엉망입니다. 흩어진 마음에 평안이 있을 수 없는 법, 그래서 지금 우리는 진정한 안식을 누리지 못합니다.

제 이야기를 이렇게 부끄러움도 모른 채 하고 있네요. 제 사무실 문을 열고 들어오시는 순간 하시고 싶은 말씀이 무엇인지 대충 짐작했습니다. 새로 나온 제 책 제목에 빗대서 '광야에서 길을 잃었다'고 하셨지요? 눈 밝은 이의 뒤를 따라가면 저절로 오아시스에 이를 수 있겠거니 했지만, 모래 먼지 불어오는 벌판에서 그만 방향을 잃었다는 말씀에 가슴이 아렸습니다. 어지간해서는 그런 말씀을 하실 분이 아니라는 사실을 알기에 더욱 그랬습니다. 그 난관을 어떻게 돌파해야 할지 이미 답을 알고 있으면서도 굳이 저를 찾아오신 것은 그 무거운 마음을 어딘가에 부려놓지 않으면 견딜 수 없었기 때문일 겁니다.

정현종 선생은 "어디 우산을 놓고 오듯/어디 나를 두고 오지도 못하고/이 고생이구나" 하고 노래했습니다. 그 심정 이해가 되지 않나요? 고래 힘줄보다 질긴 '나'를 '나'로부터 분리하기가 여간 어려운 것이 아닙니다. 그래서 시인은 노래합니다. "나를 떠나면/두루 하늘이고/사랑이고/자유인 것을." 이게 쉬운 일이었으면 예수님이 십자가를 지실 일도 없었을 겁니다. 삶이란 어쩌면 끊임없이 '작은 나'와 결별하고 '참된 나'를 찾아가는 과정인지도 모르겠습니다. 함석헌 선생님은 자기 스승 유영모 선생님의 글을 참고하여 이런 글을 썼습니다.

참 찾아 예는 길에 한 참 두 참 쉬지 마라
참참이 참아가서 영원한 참 갈 것이니

진리를 추구하는 사람 손에 쥐어주시는 노잣돈 같지 않습니까? 모름 지기 참을 찾는 이들은 꾸준해야 하고, 참을성이 있어야 하고, 참든 맘에 대한 그리움이 깊어야 합니다. 대부분의 사람들은 인생이 참을 찾는 과 정임을 망각한 채 살아갑니다. 그렇기에 결과에만 집착하며 일희일비一喜 一悲합니다.

히브리의 지혜자는 "계획은 사람이 세우지만 결정은 주님이 하신다" (잠언 16:1)고 가르칩니다. 살다보면 누구나 이 말씀을 실감할 수밖에 없습 니다. 모든 일을 완벽하게 준비했다고 생각했는데 뜻밖의 변수가 생겨서 계획이 어그러지는 일이 얼마나 많습니까? 스스로 믿음으로 산다고 생 각하는 사람일수록 일이 순조롭지 않을 때 절망감을 크게 느낍니다. 하 나님이 자기를 돕지 않는 것처럼 생각되기 때문입니다. '하나님이 어떻 게 나에게 이렇게 하실 수가 있지?' '하나님이 계시다면 어떻게 이런 일 이 벌어지지?' 이해할 수 없다 하여 그것을 하나님 탓으로 돌리는 것은 '영적인 유아기'를 벗어나지 못한 이들의 일반적 태도입니다. 영적인 유 아기에 머물고 있는 이들은 온 우주가 나서서 자기를 도와주어야 한다 고 생각합니다.

자기 뜻이 관철되지 않을 때 그들은 분노합니다. 그 탓을 다른 이들에 게서 찾습니다. 모색하고 대화하고 설득하려는 노력은 포기한 채 상대 를 굴복시키려 합니다. 그들은 자기 스스로 만든 혹은 타자들이 자기에 게 부여한 이미지에 갇힌 채 살아갑니다. 자기는 근사한 사람이고 홀로 올바른 사람입니다. 상황을 온전히 파악하고 있는 것은 오직 자기뿐입니다. 그렇기에 그는 자기 뜻을 받아들이지 않는 이들을 이해할 수 없습니다. 그는 어린아이를 꾸짖듯 주위 사람들을 꾸짖습니다. 함께 대화해야 할 사람들을 훈육의 대상으로 바라봅니다. 함께 일하는 이들에 대한 신뢰가 무너지는 순간 그의 고립은 심화되고 주위에는 아첨꾼들만 남습니다.

길이 보이지 않을 때는 잠시나마 고독 속에 머물러야 합니다. 성찰의 능력은 '홀로 있음'과 무관하지 않습니다. 모든 사회적 관계에서 잠시 물러나 본연의 자기 자신을 돌아보아야 합니다. "내가 이 정도밖에 안 됐나?" 하는 자기 연민으로부터도 속히 벗어나야 합니다. 자기의 허상을 대면한다는 것은 늘 아픈 일입니다. 하지만 그 허상이 무너지지 않으면 참된 자기와 만날 기회는 그만큼 줄어듭니다. 실패는 늘 쓰라리지만 그것이 계기가 되어 더 나은 존재가 될 수 있다면 크게 낙심할 일은 아닙니다. '광야'는 바로 그런 '홀로 있음'의 자리입니다. 하나님의 일을 하는 이들은 일쑤 광야로 들어갔습니다. 그것이 스스로 선택한 것이든, 어쩔 수 없이 쫓겨 들어간 것이든 광야는 그들의 영혼을 새롭게 주조하는 용광로였습니다. 모세가 그러했고 엘리야가 그러했습니다. 척박하기 이를 데 없는 광야는 사람들의 생각을 단순하게 만드는 곳입니다. 테오도르 모노는 사막의 아름다움을 이렇게 전해줍니다.

사막은 또한 '생략하는 법'을 가르쳐 준다. 한 사람에게 하루 2.5ℓ의 물, 간소한 음식, 몇 권의 책, 몇 마디 말이면 족하다. 저녁은 전설, 이야기, 웃음 가득한 밤샘으로 이어진다. 나머지 시간은 명상과 정신 수양으로 보낸다. 두뇌는 오직 한 곳을 향하고, 드디어 우리는 하찮은 일, 쓸데없는 것들, 수다스러움에서 벗어난다. (테오도르 모노, 《사막의 순례자》, 현암사, 71-72쪽)

사막은 생략하는 법을 가르쳐 준다는 말이 크게 와 닿습니다. 사막 혹은 광야는 우리의 의식을 온통 사로잡고 있는 허장성세를 물리치게 해줍니다. 본질적인 것과 비본질적인 것의 차이를 몸으로 체험하게 해줍니다. '없이 사는 법'을 가르쳐줍니다. 삶을 위해 정말 필요한 것은 그렇게 많지 않다는 사실을 깨닫게 해줍니다. 사막에 머물러 본 적도 없으면서 이런 말을 하는 것이 영 쑥스럽군요. 하지만 제가 말하는 광야가 반드시 특정한 장소를 일컫는 말이 아님을 아시지요?

아직 결과가 나오지도 않았는데, 지레 절망할 필요는 없을 것 같습니다. 지금 이 시점에서 필요한 일은 기독교인으로서의 자기 정체성을 확실하게 정립하는 것입니다. 정말 믿음의 사람이라면 하나님의 뜻을 거스르면서 거두는 성공이 실은 실패이고, 하나님의 뜻을 따르느라 겪게 되는 실패가 아님을 알 것입니다. 하나님을 믿는다는 것은 그렇기에 장엄한 일입니다. 어떤 성공은 우리를 부자유하게 만들고, 어떤 실패는 우리를 자유롭게 만들기도 합니다.

어제 헤어진 후 니코스 카잔차키스의 《그리스인 조르바》를 펼쳐 들었습니다. 그리고 화자인 '나'와 조르바가 야심차게 기획했던 벌목 사업이 무참하게 실패로 끝나는 장면을 펼쳤습니다. 둘은 인부들이 벌목한 나무를 해변으로 끌어올 수 있는 방법을 구상했습니다. 그래서 케이블이 달린 구조물을 만들고 통나무를 그리로 내려 보내려 했습니다. 첫 번째 통나무를 달아 내리자 구조물 전체가 흔들렸고 케이블에 매달렸던 통나무는 통숯으로 변해버리고 말았습니다. 두 번째, 세 번째 통나무는 철탑까지 무너뜨렸습니다. 구경을 하고 있던 사람들은 다 혼비백산하여 도망갔고 해변에는 조르바와 '나'만 남았습니다. 그들의 전 재산은 그렇게 순식간에 사라지고 말았습니다. 그런데 조르바는 태연자약합니다. 나이프를 들어 양고기를 베어 먹고 술도 가져다가 마셨습니다. '나'도 그 만찬에 동참했습니다. 술잔을 부딪치고 토끼피보다 붉은 크레타의 포도주를 마셨습니다. 애착하고 있던 것이 순식간에 사라지자 상실감 못지않게 홀가분함이 그들을 사로잡았던 것입니다. 그 느낌을 '나'는 이렇게 말하고 있습니다.

혈관에는 힘이 넘쳐흐르고 가슴은 선한 마음으로 가득 차는 기분이었다. 양이었던 사람은 사자가 되었다. 인생의 슬픔은 잊히고 고삐는 사라졌다. 짐승이고 하느님이고 인간과 화합하여 우주의 일부분이 되는 기분이었다.(니코스 카잔차키스,《그리스인 조르바》, 이윤기 옮김, 열린책들, 417쪽)

양이었던 사람이 사자가 되고, 우주의 일부분이 되는 느낌이 어떤 느낌일까요? 왠지 장쾌하지 않습니까? 애집하던 것이 스러질 때 우리도 그렇게 자유를 느낄 수 있을까요? 다음 순간 '나'는 조르바에게 춤을 가르쳐 달라 합니다. 조르바는 해변에서 경중경중 춤을 춥니다.

조르바의 춤을 바라보며 나는 처음으로 무게를 극복하려는 인간의 처절한 노력을 이해했다. 나는 조르바의 인내와 그 날램, 긍정에 찬 모습에 감탄했다. 그의 기민하고 맹렬한 스텝은 모래 위에다 인간의 신들린 역사를 기록하고 있었다.(앞의 책, 419쪽)

몸치에다 박치이긴 합니다만 저도 이런 춤을 한번 출 수 있으면 좋겠습니다. 겨울이 깊어갑니다. 부디 너무 많은 염려로 건강을 잃지 않으시기를 빕니다. 할 수 있는 최선의 노력을 다 하되 결과에 지나치게 연연하지 마세요. 만약 기획했던 일이 수포로 돌아간다면 다소 쓰리기는 하지만 그렇다고 해서 하늘이 무너지지는 않을 겁니다. 또 일이 순조롭게 진행된다 하더라도 너무 쾌재를 부르지는 마십시오. 그것조차 우리를 부자유하게 만들 수 있기 때문입니다. 모든 것을 시절 인연이려니 여기고 오늘을 기뻐하며 사십시오. 실제적인 도움이 되지는 못하지만 언제나 제가 곁에 있음을 기억해주십시오. 다시 한 번 평안의 인사를 올립니다.

길을 잃으면
어때

　　뭔가 함께 도모하지는 않더라도 바라
만 봐도 마음이 절로 흐뭇해지는 이들이 있습니다. 시간의 무게를 함께
견뎌왔기 때문일까요? 아니면 각자가 지향하는 삶에 대한 신뢰 때문일
까요? 어제의 모임은 참 즐거웠습니다. 일로 모인 것이 아니라 제가 좋
아하는 표현대로 '그냥' 모인 것이기에 더욱 좋았습니다. 어제 우리는 답
답한 교계의 상황에 대해 이야기하지도 않았고, 그 자리에 없는 사람에
대해 품평하느라고 감정을 낭비하지도 않았습니다. 오직 우리들의 존재
에서 피어오르는 말만 나누었습니다. 그래서인가요? 헤어진 후에도 공
허하지 않았습니다.

　미셸 푸코는 이상화된 세계인 유토피아와 착종된 현실 세계인 디스토
피아의 '사이-공간'을 '헤테로토피아heterotopia'라고 명명했습니다. 그곳
은 삶의 여정 가운데 갑작스럽게 찾아오는 휴식의 공간입니다. 그곳에

들어가는 순간 중력처럼 우리를 잡아끄는 염려로부터 벗어나는 곳 말입니다. 그런 장소가 곳곳에 있다면 우리는 그곳을 발판삼아 차가운 현실을 넉넉히 건너갈 수 있을 것입니다. 그런 장소가 하나 둘 사라질 때 우리 삶은 빈곤해지고, 절망에 맞설 수 있는 힘은 약화됩니다. 사람들은 저마다 떠도는 별들처럼 외롭습니다. 그 외로움을 이길 수 있는 힘은 사랑이고, 사랑은 우정의 연대와 무관하지 않습니다.

미국에서 대공황이 절정에 달했던 1930년대에 가톨릭 노동자 운동을 시작했던 도로시 데이는 "이 외로움 앞에 내놓는 이번 삶의 유일한 답은 공동체"(도로시 데이,《고백》복있는사람, 425쪽)라고 말했습니다. 공동체를 이룬다는 것은 서로의 존재를 환대하는 법을 배우는 것일 겁니다. 타자가 드러내고 있는 차이를 관용하는 것만으로는 부족합니다. 그 차이를 존중할 수 있을 때 비로소 공동체는 서로에게 선물이 되는 모임이 될 수 있습니다. 공동체를 통해 우리가 배워야 하는 것은 나와 생활방식도 가치관도 다른 이들을 환대하고 나의 이웃으로 받아들이는 법입니다. 우리는 어려서부터 낯선 사람들을 의심하도록 길들여졌습니다. 그렇기에 허심탄회하게 마음을 열고 타자들과 만나지 못합니다. 아, 물론 이것을 일반화할 수는 없습니다. 제 경우가 그렇다는 말입니다. '그'와 '나' 사이에 있어야 할 적절한 거리를 인정하려 하지 않는 이들을 보면 불편해집니다. 그렇다고 하여 사이가 너무 버름해지면 차갑다는 소리를 듣게 마련입니다. 적절한 거리를 유지하는 게 '사이 좋음'일 텐데 이게 참 쉽지가 않습니다.

베스퍼스

도로시 데이도 그런 어려움을 겪었던 것 같습니다. 그래서 그는 농장 안에 피정의 집을 두고 가끔 그곳에 머물곤 했습니다. 고독과 침묵이 없이는 공동체도 불가능하다는 사실을 절감했던 것 같습니다. 그는 자기가 피정의 집을 마련하려고 그토록 애쓴 것은 다른 사람을 위해서가 아니라 자기 자신을 위해서였다면서 이렇게 말합니다.

나 역시 굶주리고 목말라서 기운 차릴 음식이 필요하기 때문이다. 맑은 일을 하자면 나 역시 먹어야 한다. 다른 이들에게 아무 도움도 주지 못하는 마른 샘이 되지 않으려면 나 역시 이처럼 달디단 샘물을 마셔야 한다(앞의 책, 461쪽).

'달디단 샘물'이 무엇인지는 어지간히 눈 밝은 사람은 다 알지만 그 샘물을 길으러 가는 이들이 많지 않습니다. 분주하기 때문이지요. 늘 처리해야 할 일이 많기 때문입니다. 어쩌면 하나님께서 출애굽 공동체에게 '안식일 계명'을 주신 것은 멈출 줄 모르는 인간의 버릇을 너무나 잘 아셨기 때문인지도 모르겠습니다. 멈추는 것이 지혜의 시작입니다. '바를 정正' 자는 '한 일一'과 '그칠 지止' 자가 결합된 것입니다. 세상의 모든 것은 흐름 속에 있지만 때로는 그 흐름을 단절하고 멈추어 서보아야 내가 선 곳이 어디인지, 어디를 향하여 가고 있는지를 알 수 있습니다.

오랜 기간 순례길을 걸으면서 겪은 일을 들려주셔서 고맙습니다. 매우 흥미로웠고 유익했습니다. 걷고 또 걷다 보니 그 길 위에 하나님이 계시더라 하셨지요? 그 말은 온 몸의 힘을 빼고 터덜터덜 정처 없이 걸어보지 않은 이들이 이해하기 어려운 말일 겁니다. 순례길에 나선 이들은 육체적으로나 정신적으로 끊임없는 도전에 직면할 수밖에 없고, 자기 자신의 연약함에 놀라기도 하더군요. 길을 걷다 보면 길을 잃기도 하구요. 낯선 곳에서 길을 잃으면 별별 생각이 다 듭니다. 친숙하던 세계가 느닷없이 적대적인 공간으로 바뀐 것 같은 불안감에 사로잡히기도 합니다. 하지만 길을 잃어보지 않는다면 길을 찾는 기쁨 또한 맛보기 어려운 법입니다. 구글 지도를 켜놓고 걷는 이들도 있더라 하셨지요? 그들은 헤매지 않고 목표한 지점에 정확히 도착할 수는 있겠지만 낯선 길에서 기꺼이 동행이 되어주는 분과 만날 기회는 얻지 못할 겁니다.

작년 유럽의 여러 도시를 천천히 걸어 다니다가 길을 잃어버렸던 기억이 떠오릅니다. 잠깐 동안은 당황했지만 결국에는 길을 찾을 거라 생각하며 느긋하게 도시를 둘러보았습니다. 같은 장소로 몇 번씩 돌아오기도 하고, 반대 방향으로 갈 때도 있었습니다. 그런데 바로 그곳에서 정말 예기치 않았던 사람과 만나거나, 장소와 만나곤 했습니다. 길을 잃지 않았더라면 만날 수 없었던 인연을 생각하면 길 잃음이야말로 은총이 유입되는 통로라는 생각이 들기도 했습니다. 길을 잃을까 노심초사하는 이들에게 나는 '일어날 일이 그저 일어나게 하라'고 말합니다. 그러면 길이 우리를 이끌 것입니다. 사실 세상을 어지럽히는 것은 정해진 길로 정확히 걸어가는 사람들이 아닐까요? 가끔 한눈을 팔거나 해찰하다가 길을 잃기도 하는 이들이 오히려 타자에 대해 너그러운 경우가 많습니다.

한없이 이어지는 숲길을 걸어가면서 단 한 사람도 만나지 못했을 때, '그 광활함과 고요함 앞에서 나라는 존재가 얼마나 작은지 절감했다'고 했지요? 그곳에 만약 동행이 있었더라면 그런 느낌이 덜했을지도 모르겠습니다. 그러나 온전히 혼자였기에 그 광활함과 고요함 속에 잠겨들 수 있었을 것입니다. 내가 광야를 그리워하는 것은 오늘의 느른한 일상에 지쳤기 때문입니다. 아무도 없는 텅 빈 곳에서 홀로 자신과 마주하는 시간이 절실합니다. 하나님이 당신의 사람들을 광야로 보내신 뜻을 알 것 같습니다. 이육사는 〈광야〉에서 "모든 산맥들이/바다를 연모해 휘달릴 때도/차마 이곳을 범하든 못하였으리라" 하고 노래했지요. 산맥조차 범할 수 없는 그 고요함과 텅 빔 앞에 설 때, 사람들은 비로소 자기가 애집하고 있는 일들이 하찮다는 사실을 자각하게 될 겁니다. 이육사는 매화 향기 홀로 아득한 그곳에 가난한 노래의 씨를 뿌리겠다고 했습니다. 그 노래는 어떤 노래일까요?

시속 1km 남짓한 속도로 걸으면서 자기를 빠르게 지나쳐 가는 젊은 이들에게 말을 건네거나 축복하면서 자기 보폭에 맞춰 걸어가던 70대 후반의 할머니 이야기도 인상 깊었습니다. 할머니는 그날 몇 해 전 세상을 떠난 자기 친구를 기억하고 또 그를 위해 기도하며 걷고 있었다지요? 그 시간이야말로 자기 치유의 시간이요, 세상과 화해하는 시간일 수도 있겠다는 생각이 들었습니다. 그렇지요. 우리는 바빠서 우리 곁에 있는 사람들 혹은 바람처럼 스쳐 지나갔던 이들의 존재가 우리에게 어떤 의미인지 묻지 못한 채 살고 있습니다. 가까운 이들은 당연히 늘 그곳에 있는 것처럼 생각하는 것이지요? 일상으로부터 거리를 두어야만 그들의 존재는 둥두렷하게 드러납니다. 부재야말로 그의 존재를 가장 절실하게 드러내줍니다. 할머니는 그 긴 길 위에서 자기 자신의 인생과 만나고 있었던 것이 아닐까요? 또한 그 할머니는 순례를 떠나기에 적당한 나이는 없다는 사실을 상기시켜주기 위해 그곳에 계셨던 것이 아닌가 하는 생각도 드네요.

연말이 다가오면서 내 삶을 돌아보니 너무 많은 것들에 둘러싸인 채 살아갑니다. 내려놓고 또 내려놓아야 맑아지고 가벼워질 텐데 자꾸만 뭔가를 더하며 살고 있습니다. 비누도 절반으로 잘라내고, 여벌로 간직했던 속옷도 버리고, 일회용 면도기도 몇 개 버리면서 배낭의 무게를 최소한으로 만들어야 했다 하셨지요? 사실 살아가면서 꼭 필요한 것은 그렇게 많지 않습니다. 우리 방이나 장롱에 켜켜이 쌓인 옷이나 살림살이를 보면 마치 내 죄의 무게를 보고 있는 것 같아 마음이 편하지 않습니다. 하지만 더 심각한 것은 우리 내면에 가득 차 있는 것들이지요. 오죽하면 예수님께서 밖에서 안으로 들어가는 것이 사람을 더럽게 하는 것이 아니라, 안에서 밖으로 나오는 것이 사람을 더럽게 한다 하셨을까요? 우리 내면을 자꾸 비워내지 않으면 악취를 풍길 수밖에 없습니다. 맑은 향기를 풍기며 사는 이들은 거의 다 자기 비움의 명수들입니다.

새해에는 비움을 자꾸 연습해야 하겠습니다. 그 길을 이미 경험하셨으니 많은 조언을 부탁드립니다. 포근하기는 하지만 겨울입니다. 고뿔 조심하시고 내내 평안하시기를 빕니다.

베스퍼스